CU00793788

Les Farfadets, Ou Tous Les Démons Ne Sont Pas De L'autre Monde

Berbiguier de Terre-Neuve du Thym, Alexis-Vincent-Charles, 1765-1851

Nabu Public Domain Reprints:

You are holding a reproduction of an original work published before 1923 that is in the public domain in the United States of America, and possibly other countries. You may freely copy and distribute this work as no entity (individual or corporate) has a copyright on the body of the work. This book may contain prior copyright references, and library stamps (as most of these works were scanned from library copies). These have been scanned and retained as part of the historical artifact.

This book may have occasional imperfections such as missing or blurred pages, poor pictures, errant marks, etc. that were either part of the original artifact, or were introduced by the scanning process. We believe this work is culturally important, and despite the imperfections, have elected to bring it back into print as part of our continuing commitment to the preservation of printed works worldwide. We appreciate your understanding of the imperfections in the preservation process, and hope you enjoy this valuable book.

HARVARD
MEDICAL LIBRARY

VERITAS

VERITATEM QUÆRAMUS

PER MEDICINAM

IN THE
Francis A. Countway
Library of Medicine
BOSTON

D SEMELAIGNE
18, Avenue de Madrid

LES
FARFADETS.

PROPRIÉTÉ DE L'AUTEUR.

Berbiguier

de terre neuve du thym

LES
FARFADETS,

OU

TOUS LES DÉMONS

NE SONT PAS DE L'AUTRE MONDE.

PAR AL.-VINC.-CH. BERBIGUIER,
DE TERRE-NEUVE DU THYM.

> Jésus-Christ fut envoyé sur la terre par Dieu
> le père, afin de laver le genre humain de ses
> péchés ; j'ai lieu de croire que je suis destiné
> à détruire les ennemis du Très-Haut.

ORNÉ DE HUIT SUPERBES DESSINS LITHOGRAPHIÉS.

TOME TROISIÈME.

A PARIS,

Chez { L'AUTEUR, rue Guénégaud, n°. 24 ;
{ P. GUEFFIER, Imprimeur, même rue, n°. 31 ;

Et chez tous les Marchands de nouveautés des quatre
parties du Monde.

1821.

LES FARFADETS,

ou

TOUS LES DÉMONS

NE SONT PAS DE L'AUTRE MONDE.

CHAPITRE PREMIER.

Introduction au troisième volume. Un mot sur les Farfadets de la Bretagne.

J'avais eu en vue, dans ma première Dissertation, placée à la tête de mon premier volume, de donner à mon argument une étendue et un développement d'une plus grande importance. Je voulais rassembler les différentes opinions des peuples qui habitent aujourd'hui le sol de la France, et démontrer que le plus grand nombre de mes concitoyens pense encore comme moi; j'y aurais ajouté les témoignages authentiques des peuples de l'Europe, et mon Discours préliminaire eût été un recueil complet d'autorités irréfragables; mais le temps et les frais considérables d'une pareille entreprise m'en ont détourné. Je laisse à des âmes plus zélées le soin de courir cette carrière et d'imiter mon travail.

Pour moi, je me charge de leur donner quelques matériaux et de contribuer de mes recherches à leur louable entreprise.

Je joins ici, pour premier morceau, une note communiquée par M. *Margeot de la Villemeneue*, sur les croyances de la Bretagne, son pays natal.

Tradition ; usages de la Bretagne ; notes de M. Margeot de Villemeneue.

« Il existe en Bretagne, parmi les habitans des campagnes, une tradition ; ils sont persuadés que l'on voit des petits hommes hauts de trois pieds, qu'ils appellent *gorics*, et qui se tiennent auprès des marais, où souvent l'on voit briller une flamme que l'on appelle *feu-follet*. Le voyageur, trompé par cette espèce de lumière, est aussitôt attaqué par ces petits hommes nommés *démons* ou *farfadets*, qui, semblables à ces oiseaux qui ne peuvent supporter l'éclat du soleil, ne s'offrent aux voyageurs qu'au milieu des ombres ; c'est là que les génies des ténèbres ont coutume de se tenir ; c'est là qu'ils se précipitent sur ceux qui se sont égarés. Mal-, heur à eux, car ils sont sûrs de souffrir les plus cruels tourmens: cependant il leur arrive quelquefois de les faire danser avec eux, ensuite de les renvoyer sans leur faire du mal; mais cela est très-rare. C'est sur-tout auprès des monumens élevés par nos aieux les Gaulois, en l'honneur de leurs divinités, qu'ils ont coutume de faire leur demeure, et même de danser autour de ces pierres que Cicéron appelle *mirificæ moles* (masses merveilleuses). Ils se cachent sous celles qui étaient autrefois consacrées par les Druides, qui faisaient couler le sang des victimes humaines pour apaiser la colère de leurs dieux sanguinaires. Celles qui servaient aux sacrifices présentaient la figure d'une table qui était élevée sur quatre énormes blocs de pierre, et qui formait un carré, mais souvent très-inégal. La grandeur de ces tables était différente ; souvent elle était de huit pieds de long sur quatre de large, et l'on y voyait des petits trous carrés qui servaient à écouler le sang des victimes offertes en sacrifice.

Dans presque toute la Basse-Bretagne, lorsque l'on porte un enfant ou *efant* au baptême, on lui met du pain noir au col pour en éloigner les sorts qu'on voudrait lui jeter. Il y a encore une autre croyance assez remarquable :

une femme ne souffre point qu'on passe son enfant pardessous les tables, de crainte que dans ce passage un *mauvais vent* (*strobinolé* , en breton) ne vienne le frapper ; dans ce cas , il ne pourrait guérir de la vie. Ils sont persuadés aussi que deux corbeaux président à chaque maison , et qu'ils annoncent la vie ou la mort. Jamais dans le canton de Lesneven on ne balaie une maison la nuit : on prétend que c'est en éloigner le bonheur ; que les trépassés s'y promènent, et que le mouvement du balai les blesse et les écarte. Ils appellent cet usage qui est défendu, *à Scubuan anaoun* (le balaiment des morts). »

Cette note est d'autant plus précieuse qu'elle nous apprend une tradition d'un peuple qui s'est toujours conservé sans mélange , encore neuf, même après dix-huit siècles, habitant un pays qui fut toujours le berceau du patriotisme , et où les croyances se livrent de père en fils comme un dépôt héréditaire. Simples et fiers, les Bretons ignorent les vaines subtilités, que d'autres appellent la science ; ils voient et ils croient ; ils entendent et ils conçoivent ; un éclat de rire n'est pas pour eux une preuve, ni un bon mot une réfutation. Foulant l'antique sol des vieux Francs , ce sol encore vierge, rien ne s'est mêlé à leur croyance, et la nature semble se dévoiler plus clairement à leurs regards désintéressés. Tel est le peuple que je prends à témoin de ma foi, non pas que je n'aie que son seul témoignage pour moi (toutes les roches et les coteaux de la France parlent à chaque instant en ma faveur); mais parce que ce témoignage m'est offert par une personne digne de l'estime de l'homme instruit et de l'honnête homme. Je prends ici occasion de lui présenter toute l'expression de ma reconnaissance et de mon attachement.

Comme l'incrédulité réelle ou factice est inépuisable, je le prie, dans le cas où d'autres notions tomberaient sous sa plume, de me les communiquer, pour leur assigner une place honorable dans mes Mémoires.

CHAPITRE II.

Encore un mot sur la succession de mon oncle. Les hommes de loi sont de terribles gens.

Je donnerai dans mes Pièces justificatives toute la correspondance relative à la succession de feu M. Berbiguier, mon oncle; elle fera connaître toutes les peines que je me suis données pour activer la fin d'une liquidation que je sollicitais, moins pour moi que pour la masse générale de mes cohéritiers. Je vais, par anticipation, faire lire à mes lecteurs la lettre que j'ai écrite aux hommes de loi, sous la date du 13 avril 1820. Je la fais connaître par anticipation, parce qu'elle est du plus grand intérêt, et qu'elle donne la mesure du farfadérisme des hommes noirs. La voici :

A MM. les Avocats, Avoués et Notaires, membres des assemblées relatives à l'affaire de défunt Berbiguier.

Messieurs,

« Forcé depuis huit ans d'habiter Paris dans l'espoir de voir finir, au premier jour, un procès long et ruineux, qu'il me soit permis de vous faire entendre quelques plaintes, et d'interpréter par elles les sentimens de plusieurs de mes cohéritiers encore plus malheureux que moi.

» Qu'il me soit permis de vous rappeler que notre transaction a eu lieu, il y a déjà quatre ans ; que la taxation des frais a été fixée il y a six mois, et de vous supplier d'avoir égard à ces deux justes motifs de plaintes.

« Prenez garde, Messieurs ; je suis bien loin de vous soupçonner, moi, aucune intention coupable ; mais tous mes cohéritiers, peut-être, ne seront pas aussi justes et aussi patiens. Prenez garde, Messieurs, six mois se sont écoulés depuis la taxation des frais, et c'est dans cet intervalle que les pièces semblent pleuvoir de tous côtés, que les assemblées se multiplient, que le même quart-d'heure les voit commencer et finir. En conscience, Messieurs, dites-moi quelle interprétation voulez-vous que donne à une telle conduite l'impatience de mes pauvres cohéritiers ou légataires.

» Vous nous excuserez, je pense, car le désespoir est comme l'injustice, il ne garde plus de mesure et n'a point de bornes.

» Je me crois donc obligé, par votre négligence, d'adresser, au nom de tous, une plainte à la Chambre des notaires. Réussirons-nous, ne réussirons-nous pas ? Peu nous importe, ce ne sera pas notre faute.

» Je vous prie, Messieurs, de me faire réponse le plus tôt possible.

» Agréez l'assurance de ma considération distinguée.

B. »

J'ai reçu la réponse suivante, en date du lendemain, 14 avril.

A M. Berbiguier.

Monsieur ,

« J'ai été chargé par mes confrères et M. Y...
de répondre à la lettre que vous nous avez
adressée hier. Vous demandez une prompte
réponse , et vous voyez que nous ne vous faisons pas attendre.

» Nous reconnaissons tous le puissant intérêt
que vous avez à voir terminer la liquidation de
la succession Berbiguier. Nous désirons même ,
autant que qui que ce soit, de voir arriver cette
fin , parce que cette affaire dure depuis trop
long-temps. Mais permettez-moi de vous dire
qu'il y a de l'injustice à mettre sur notre compte
tous ces retards. Vous savez combien de difficultés ont été élevées depuis la transaction ,
soit de la part de la veuve Berbiguier , soit de
la part de l'exécuteur testamentaire. D'un autre
côté , des changemens de qualité par le décès
de quelques héritiers , les délais indispensables
pour les communications avec ceux qui habitent
loin de nous; toutes ces circonstances ont amené
les délais trop longs qui ont retardé la clôture
des opérations. Depuis que les frais ont été taxés
nous nous réunissons tous les huit jours , non
pas pendant un quart-d'heure , comme vous le

pensez , mais pendant des séances de trois
heures , c'est-à-dire , depuis sept jusqu'à dix ;
et hier au soir nous ne nous sommes séparés
qu'à près de onze heures. Ces conférences, que
vous paraissez soupçonner de motifs peu honnêtes , sont indispensables pour terminer l'affaire. Ce n'est pas pour augmenter les hono-
raires ; car, que l'affaire dure un an de plus ou
un an de moins , ils n'en seront pas plus considérables.

»Nous devons nous réunir jeudi prochain pour
prendre connaissance de la dernière partie du
travail de M. Y..., et nous avons l'espoir de
terminer avant la fin du mois, ou tout au plus
tard vers le 15 mai , pourvu que la veuve ne
nous fasse pas de nouvelles difficultés ; ce que
nous ne pensons pas , mais que nous ne pouvons pas prévoir.

» Ainsi, Monsieur, veuillez expliquer à vos
cohéritiers toutes les causes qui ont amené tous
ces retards. Dites-leur que nous avons l'espérance de finir avant peu ; mais dites-leur sur-
tout que nous nous occupons sans relâche de
l'opération , et qu'il ne tient pas à nous de
l'avancer davantage.

» Agréez, Monsieur, l'assurance de la parfaite
considération avec laquelle , etc.

Signé **L.** *, avoué.* »

Le voilà donc connu ce secret plein d'horreur!,
Voilà la preuve bien acquise que presque tous
les hommes de loi, comme presque tous les
médecins, sont des farfadets.

J'ai poussé nos liquidateurs dans leurs derniers retranchemens ; ma lettre a produit l'effet
que j'en attendais; les ennemis des farfadets
sont maintenant convaincus que les agens de
l'enfer ont fait traîner pendant près de neuf
ans la liquidation d'une succession dont les
hommes noirs ont eu une bonne part.

La lettre que je leur ai écrite était honnête,
je ne m'écarte jamais de la route que je me
suis tracée. La réponse était aussi très-anodine,
les farfadets ont l'art de se bien déguiser; ils
nous caressent souvent pour mieux nous entraîner avec eux.

Voyez comme la réponse qu'on m'a faite est
d'un style recherché : les farfadets n'ont rien
de naturel, les hommes noirs ne comptent pas
même comme les autres habitans de la terre,
ils ont un *Baréme* à eux. Dans le leur, un et
un font trois, trois et trois font dix-huit, dix-
huit et dix-huit font cent. C'est ainsi qu'on
peut donner une explication à tout ce qui s'appelle parcelle dans les études des farfadets à
grandes manches.

Mais ce n'est rien que tout cela, mes chers

lecteurs, vous aurez, au nombre de mes Pièces justificatives, l'état général des dépens exposés pour parvenir à la liquidation de la succession de mon oncle. Vous serez épouvantés lorsque vous en apercevrez l'addition.

J'en ai assez dit pour le moment contre les hommes noirs. Quelques-uns de mes amis prétendent même que j'ai été trop loin, attendu que la vengeance des avocats et des procureurs est toujours terrible. Et que me feront-ils de plus ? Est-ce qu'ils ne m'ont pas assez persécuté en leur qualité de farfadets ? Oseront-ils se dépouiller de leur invisibilité pour se montrer à découvert à mes yeux ? Je les attends ; qu'ils me fassent mettre en prison. Jésus-Christ y a bien été enfermé par les farfadets de son temps, pourquoi n'ambitionnerais-je pas d'être traité comme le fut le Rédempteur des hommes ?

CHAPITRE III.

Nouveaux détails sur les opérations diaboliques
des Farfadets.

Je suis forcé de revenir encore, pour le bien public, à mes révélations sur le pouvoir que

les farfadets ont reçu de Belzébuth, leur prince,
chef du gouvernement diabolique. Ils agissent,
comme je l'ai déjà dit, dans toutes les régions
de notre globe terrestre, pour exécuter les
ordres criminels qu'ils reçoivent de cet usurpateur, qui croit pouvoir s'arroger une partie
des droits de la divinité.

Mais avant d'entrer de nouveau dans la lice
que je me suis ouverte, je crois devoir adresser
quelques mots à ceux de mes lecteurs qui
louent mon courage, et qui devraient se faire
un devoir de partager ma victoire. Vous devriez, leur dis-je, par amour pour votre pays
et son gouvernement, l'éclairer sur les choses
qui peuvent tourner au détriment de vos
familles, en ne travaillant que pour leur avantage ; prévenez par là les maux cruels qui vont
arriver, et les suites funestes qui feraient iné-
vitablement gémir vos enfans. Jugez de l'avantage que vous vous procurerez, si vous n'em-
ployez vos peines et vos soins que pour le
bonheur de l'humanité. Sans cela vous serez
maudits, détestés par vos concitoyens, en raison
des victimes que vous aurez laissé sacrifier aux
fureurs infernales. Préférez-vous être méprisés,
bannis, chassés, plutôt que d'être aimés et respectés de tous les honnêtes gens, qui, comme
moi, voudraient vous faire partager leur gloire?

Voyez nos ennemis les farfadets, ils sont tous réunis contre nous ; voyez-les s'introduire dans vos appartemens pour séduire vos femmes et vos filles ;

Voyez-les ouvrir vos bureaux pour pénétrer dans vos secrets ;

Voyez-les entraîner vos fils et vos commensaux dans leurs affreux repaires ;

Entendez-les chanter les louanges du grand Belzébuth et les vertus de Rhotomago.

Ils nient la puissance de Dieu, et ils donnent pour preuve de leur dénégation leur impunité momentanée ; ils récusent le témoignage des honnêtes gens, et ils sont prêts à faire de fausses dépositions contre l'innocence.

Voyez-les se groupper auprès de cette femme impudique, et fuir cette jeune beauté vertueuse qui leur cache ses attraits par le moyen d'un voile protecteur.

Jetez un regard sur tous les lieux publics, vous les verrez partout où il s'agit de faire du mal, et fuir les lieux où les hommes vertueux se rassemblent.

Ecoutez leurs discours pernicieux ; ils prêchent la désobéissance aux lois, l'insubordination, l'inceste, l'adultère et le parricide.

Entrez dans leurs appartemens, ils sont tapissés de gravures et de tableaux obscènes ;

III.

l'image de notre Rédempteur y est remplacée par une Vénus impudique ; les nudités les plus voluptueuses y tiennent la place de leurs patrons ou de leurs patronnes. Que dis-je de leurs patrons et de leurs patronnes ? ils n'en ont plus : en faisant pacte avec le démon ils ont renoncé à l'effet de l'eau purifiante de leur baptême, ils ont renoncé à la consolation d'être dirigés par le saint ou la sainte auxquels ils avaient été voués quand ils furent présentés sur les fonts baptismaux.

CHAPITRE IV.

Depuis neuf ans que je suis à Paris, toutes mes démarches ont un but utile. J'y laisserai, en partant, d'utiles leçons.

VOILA près de dix ans que mes affaires me retiennent à Paris. Sous différens prétextes Messieurs les hommes de loi me renvoyaient de mois en mois, et finissaient toujours par ne rien terminer. Sûrement qu'ils attendaient que Dieu me retirât de ce monde pervers, afin de s'acquitter plus facilement avec moi.

Pendant mon séjour dans la capitale j'ai toujours été à même de faire des connaissances

avec lesquelles j'ai eu le plaisir de causer de bien
des choses, tant morales que physiques, tant
célestes que terrestres.

Quand on me parle des productions de la
campagne aux environs de Paris, et qu'on me
demande comment je trouve les fruits, les légu-
mes, les végétaux, etc., je réponds que je ne les
ferai jamais renchérir, tant je les trouve peu
savoureux. — Quoi! vous ne trouvez pas nos
cerises bonnes? nos poires, nos pêches, nos
raisins, ne sont-ils pas excellens? — Ah! mon
Dieu, on ne vend rien de naturel à Paris. Les
fruits n'ont, comparativement avec ceux de
mon pays, qu'une apparence très-mesquine,
et c'est encore là leur moindre défaut; car,
du reste, ils ne sentent rien et n'ont aucune
saveur. Les autres productions sont de même.
Et comment voulez-vous que j'aime quelque
chose dans un pays où tout se dénature jusques
à la fleur printannière? — Mais, est-il bien
possible que les fruits de la Provence soient à
tel point savoureux, que vous ne puissiez souffrir aucuns de ceux de nos contrées? — Assurément, car si vous les voyiez, vous ne pourriez plus souffrir les vôtres; et si vous en
goûtiez, ce serait pis encore, vous ne pourriez
plus en approcher d'autres de votre bouche.
— Mais, cette grande différence dans la bonté

de vos fruits, ne proviendrait-elle pas de la température de votre climat toujours chaud qui est chez vous à quatre degrés de plus qu'ici? — Il est vrai que cela doit y contribuer beaucoup ; mais ce qui contrarie bien mieux la maturité de vos fruits, c'est la méchanceté des farfadets qui, par leurs infâmes travaux, enlèvent aux fruits de la campagne le goût, la beauté et l'éclat que le soleil, qui est encore assez fort ici, pourrait leur donner, puisque vous n'êtes que sous le quarante-huitième degré cinquante minutes de latitude septentrionale. — Comment, Monsieur, il se pourrait que des êtres malfaisans, et qui nous sont encore inconnus, fussent les principales causes des privations que nous éprouvons? Avant de vous avoir entendu, notre ignorance nous faisait attribuer tout cela à l'intempérie des saisons. — Oui, Mesdames ou Messieurs, c'est aux farfadets que vous devez de ne pas manger de bons fruits dans la capitale. Je vous dirai bien plus : ce sont eux qui, dans les diverses saisons de l'année, vous procurent la pluie, le vent, la grêle, les orages ; et le tout, pour le seul plaisir de pourrir les plantes que vous avez cultivées pour alimenter l'homme et la bête. Par la mort de vos récoltes le malheureux cultivateur est réduit à la dernière misère, le rentier n'a plus le moyen d'acheter de quoi se nourrir, le capitaliste est obligé de vendre ses fonds pour ne pas mourir de faim. Personne, pas même les rois, ne peuvent se procurer une nourriture saine ; et *indè*, les maladies de langueur, qui sont, pour la plupart, terminées par une mort certaine. Voilà les résultats des opérations des infâmes farfadets. Veuillez bien, Messieurs et Dames, vous rappeler de ce que je vous révèle à ce sujet. Vous aviez quelque peine à me croire, et maintenant je vous trouve mieux disposés ; mais avant de quitter Paris, je me ferai un devoir de vous laisser mes réflexions et mes conseils par écrit, parce que j'ai la présomption de croire que cela vous sera très-utile, ainsi qu'à tout le monde en général.

Voilà comment je me vengerai des habitans d'une ville où j'ai eu beaucoup à souffrir par le nombre des farfadets qu'elle renferme, mais qui, pour la plupart, ne sont pas Parisiens.

N'est-ce pas dans Paris que j'ai fait la connaissance de MM. Pinel, Moreau ; Prieur, Lomini, Chaix, Bonnet, Michel et de madame Vandeval ?

N'est-ce pas dans Paris que j'ai été le plus cruellement persécuté ?

N'est-ce pas dans cette grande capitale que

se réunissent, de tous les points de l'Europe, les étudians en droit et en médecine ?

N'est-ce pas encore dans Paris que les far- fadets peuvent trouver plus facilement qu'ail- leurs une retraite, pour se soustraire aux re- gards des hommes vertueux ?

Il est vrai que si tous les inconvéniens que je viens de relater se trouvent réunis dans la plus belle des cités, j'y ai aussi rencontré des consolations.

C'est dans cette même cité que je suis venu agrandir mes connaissances physiques et mo- rales ; c'est là que reposent les cendres de mon oncle chéri ; c'est là que j'ai pu lire dans l'âme de l'astucieux Chaix, qui, abusant du titre de compatriote, cherchait à me mieux tromper sous les dehors de l'amitié ; c'est là que j'ai com- posé cet étonnant remède qui a opéré des cures si miraculeuses ; c'est là que j'ai fait la connais- sance de bien dignes amis qui m'ont consolé dans mes peines, et qui n'ont pas peu contribué à me rendre à la santé que j'avais perdue ; c'est là que j'ai trouvé un imprimeur qui, avec ses presses et ses caractères, ne contribuera pas peu à rendre ma réputation européenne et universelle.

Or, le bien que j'ai éprouvé dans la capitale compense bien le mal qu'on m'y a fait.

Partant de ce principe, je dois travailler pour le bonheur des Parisiens, plutôt que de leur souhaiter des malheurs.

Les Parisiens seront les premiers à lire mon ouvrage, et je n'en suis pas fâché.

Parisiens, Parisiens, vous avez un ami bien sincère dans Alexis-Vincent-Charles Berbiguier de Terre-Neuve du Thym, *le fléau des farfadets;* il ne vous quittera pas sans vous avoir délivrés des agens du diable. Vous êtes naturellement bons : je dois vous protéger, parce que je suis convaincu que ceux qui ont reçu la lumière dans les murs de la grande ville sont en immense majorité vertueux, et que, s'il se commet des crimes là où habitent nos rois, la plupart de ces crimes sont commis par des étrangers : et la raison en est toute simple, c'est que parmi les étrangers il y a beaucoup plus de farfadets que parmi les Parisiens.

Parisiens, Parisiens, vous êtes dignes de mes conseils, je vous en donnerai encore. Ne prenez pas en mauvaise part les petites épigrammes que j'ai lancées contre les productions de votre sol. J'en ai de suite fait l'aveu; si elles ne sont pas meilleures, ce sont les farfadets qu'il faut en accuser.

III.

CHAPITRE V.

*Il y a déjà quelque temps que je m'aperçois
de l'efficacité de mon remède contre les
Farfadets.*

JE m'aperçois bien que les opérations que je
fais tant dans ma chambre que dans mes courses,
contrarient beaucoup les farfadets. Il est facile
de se convaincre que ma science a déjà opposé
de fortes barrières à leur méchanceté. Il est certain qu'on ne souffre pas autant cette année de
la pluie, du vent, ni de la grêle, qui portèrent
chez nous la dévastation dans les années précédentes. Enfin, je crois que Dieu a béni mes
bonnes intentions et mes peines, quand je
considère les effets qui en sont résultés.

Toutes les personnes qui composent la société
où je me trouve, m'ont beaucoup remercié
de l'intérêt que je prends à la bonne cause, et
ne cessent de me prier de ne pas oublier,
avant mon départ, de mettre par écrit les
détails intéressans que j'ai promis de leur
laisser.

Avant de m'avoir connu, aucune de ces personnes n'avait pu présumer d'où nous venaient les maux qui désolent la terre. Les uns les attribuaient à des causes surnaturelles, les autres croyaient que Dieu nous les envoyait pour nous punir de nos péchés. J'ai parlé, et tout le monde m'a écouté. J'ai démontré, et ma démonstration n'a eu bientôt plus de contradicteurs. C'est pourtant dans Paris que j'ai opéré tant de conversions! ce qui vient à l'appui des observations que j'ai faites dans mon précédent chapitre, en faveur des vrais Parisiens, qui savent ce que c'est que les esclaves d'un despote, qui servent fidèlement le crime, applaudissent leur maître, et font souvent plus qu'il ne leur commande; qui savent que les saisons doivent toujours se succéder dans l'ordre accoutumé; qu'elles doivent être tantôt froides, tantôt chaudes, sèches ou humides, et que quand elles prennent une direction différente, il faut l'attribuer aux satellites du chef des anges rebelles, qui ont le funeste avantage, par le moyen de leur art infernal, de nous les rendre insupportables.

Mais d'où vous vient, va-t-on me dire, votre prédilection pour les vrais Parisiens? Je vais, peut-être, pour répondre à cette ques-

tion, m'écarter de mon sujet ; mais je le dois
aux braves et honnêtes gens qui sont nés dans
la capitale ; voici donc ma réponse :

Les Parisiens sont bons et crédules, parce
qu'ils croient que tous les hommes leur ressemblent et ne sont pas capables de les tromper. Avant mon arrivée dans leur ville, ils ne
croyaient pas aux farfadets, parce que personne ne leur avait révélé leur existence.

Ils avaient bien su discerner que quelques
étudians en droit et en médecine étaient des
farfadets ; mais ils se contentaient de les appeler des *saute-ruisseaux* ou des *carabins*, parce
qu'ils ne connaissaient pas encore leurs qualités farfadéennes.

Il est donc maintenant évident que c'est
par mon remède que je suis parvenu à instruire les Parisiens, et que je détournerai de
la route du farfadérisme ceux de messieurs les
étudians qui s'y étaient laissé entraîner.

Ainsi, désormais, plus de *saute-ruisseaux*,
plus de *carabins*. Messieurs les étudians en
droit et en médecine, après avoir lu mon
ouvrage, aimeront mieux sans doute servir
Dieu que Belzébuth.

CHAPITRE VI.

J'ai fait connaissance d'un nommé Bonnet.
Mes relations avec lui.

Lorsque j'eus habité pendant quelque temps
l'hôtel de Limoges, un monsieur, nommé Bonnet,
chercha l'occasion de faire connaissance avec moi.
Il en fut de même de plusieurs autres personnes
de la maison, avec lesquelles il paraissait être lié.
L'occasion se présenta ; et à la première entrevue, la conversation tomba sur diverses choses
dont chacun raisonna, selon ses connaissances
et ses facultés. On se retira sans avoir proféré
une seule parole contre mes ennemis les farfadets. Je conviens que j'en fus bien fâché.

Un autre jour, j'eus occasion de voir ce
M. Bonnet, chez madame Gorand. Il me témoigna, après m'avoir complimenté , le désir
qu'il avait de me rendre service relativement
au procès qui me retenait si injustement à Paris
depuis tant d'années. Il employa ce moyen ,
parce qu'il avait quelquefois entendu parler de
mes affaires, soit par les personnes qui s'y intéressaient, soit peut-être aussi par moi-même. Si

vous voulez, me dit-il, me confier toutes les pièces relatives à votre procès, je vous promets de le terminer sous huit jours, à l'aide des opérations à moi connues, que je ferai dans ma chambre en votre faveur.

Il avait été question, dans la dernière entrevue que j'avais eue avec mes avocats, que mon affaire allait être terminée, je ne jugeai donc pas à-propos de me jeter comme un fou et en homme désespéré, à la tête de ce monsieur, et d'accepter ce qu'il me proposait. Je le remerciai donc très-civilement de ses offres honnêtes.

Dans une troisième entrevue, M. Bonnet me fit encore les mêmes offres. Je le remerciai de nouveau, et pour cause. J'avais tout lieu de me méfier d'un homme qui me disait qu'il ferait telle ou telle chose, qu'il emploierait tel ou tel moyen, et que je le verrais suer sang et eau pour parvenir à ce qu'il me proposait d'opérer. Je devais croire que cet homme ne pouvait posséder tous ses secrets que par son aggrégation à la société magique.

Pendant les autres soirées que nous passâmes avec lui chez madame Gorand, la conversation s'engagea sur la religion, sur les divers travaux farfadéens, et sur les maux que les farfadets me font éprouver depuis si long-temps malgré ma courageuse résistance. M. Bonnet me demanda si j'étais comme la prude ?.... Je cherchai dans mon esprit à donner une interprétation favorable à sa question, mais je n'y trouvai qu'une insolence qui, dans le langage farfadéen, signifiait peut-être que je me croyais un Dieu, ou semblable à Dieu. Je répondis que je ne portais pas mes prétentions si haut, mais que j'espérais seulement d'être au nombre de ses fidèles serviteurs, et que c'était là toute mon ambition. Mon farfadet fut étonné de ma fermeté, et chercha le moyen de terminer là une conversation qui, sans doute, devait lui devenir pénible ; car il n'est rien qui contrarie davantage les farfadets, que la persévérance de ceux qui ont consacré leur vie au culte de la Divinité, et qui croient à tous les saints mystères de notre sainte religion.

Qu'on juge maintenant si j'ai dû être maltraité depuis que je suis persécuté par les farfadets. Je ne sors jamais des mains de l'un d'eux, sans tomber dans celles d'un autre disciple du diable. Non, saint Antoine n'a pas été autant persécuté que moi. Il résista à la tentation, mais il n'attaqua pas de front ses ennemis comme je n'ai jamais cessé de le faire.

CHAPITRE VII.

Je continue à m'entretenir de choses et autres avec M. Bonnet et plusieurs autres personnes.

Le lendemain de ma dernière entrevue avec M. Bonnet, j'allai chez mon horloger chercher ma montre que je lui avais donnée à réparer, et je rentrai le soir, à neuf heures précises chez M. et madame Gorand, maîtres de notre hôtel, où je trouvai déjà la société réunie.

Je pris place, et la conversation s'engagea. Madame Gorand fit la remarque que j'avais ma montre. Il est vrai, lui dis-je, je viens de la chercher, cette chère montre, elle me coûte plus en réparations qu'elle n'a de valeur réelle. Ce ne serait rien encore, si les peines que prend mon horloger avaient un résultat satisfaisant ; mais vous verrez que dans deux ou trois jours les mêmes causes qui l'ont dérangée si souvent, viendront encore la détraquer. Les farfadets me cassent, me bouleversent tout dans ma chambre ; et au milieu de leur tintamare diabolique, ils ont la cruauté de ne rien épargner de ce que j'ai chez moi.

Je finis par tirer ma tabatière, et par honnêteté (car je n'ai jamais cessé d'être honnête avec mes ennemis) j'en offris à M. Bonnet, qui accepta mon offre, et profita de ma bonhomie pour me parler de ma montre, que je lui fis voir d'après sa demande, et dont il trouva la boîte si mince, qu'il m'offrit de m'en vendre une bien plus forte.

Je le remerciai, en lui observant qu'elle serait trop chère pour moi, et que mon intention était de ne rien acheter, que je ne fusse débarrassé de mon procès et des persécutions de MM. les farfadets.

La conversation changea bientôt de direction, mais ne m'empêcha pas de réfléchir à la proposition qui venait de m'être faite par un homme que je suspectais déjà de farfadérisme.

Madame Gorand me remercia de l'avoir guérie pendant deux fois des persécutions qu'elle éprouvait, et M. Bonnet se retira le premier, honteux et confus sans doute de n'avoir pas pu me faire tomber dans le piége qu'il venait de me tendre; ce qui dut me faire penser que tous les moyens sont bons à MM. les farfadets pour augmenter les souffrances de leurs victimes.

M. Bonnet voulait me vendre une montre dont il aurait eu le pouvoir de diriger les ressorts. Porteur de cette montre, j'aurais eu à souffrir de ses variations. Lorsque les farfadets seraient venus me persécuter, l'aiguille aurait resté presque toujours à la même place, pour que je trouvasse plus longues les heures de mes persécutions ; tandis que lorsque, par hasard, j'aurais pu goûter un moment de jouissance, les mêmes aiguilles auraient marché au galop, pour me donner à croire que je n'étais pas aussi malheureux que je me l'imaginais.

En vérité, ma pénétration m'étonne quelquefois moi-même : comment n'étonnerait-elle pas mes lecteurs ? Je devine jusqu'à la plus secrète pensée des farfadets, et ils ne peuvent rien faire que je ne sache quel est le mobile qui les fait mouvoir.

Je vous remercie, ô mon Dieu ! de m'avoir doué de cette pénétration : elle est votre ouvrage ; elle est toute divine, elle ne m'appartient pas. Vous avez voulu compenser par quelques-unes de vos bontés célestes, les tourmens inouis auxquels j'ai été condamné, pour subir une épreuve qui me sanctifie et doit me rendre digne de vos bontés infinies.

Merci, mon Dieu ! merci, cent fois et mille fois merci.

CHAPITRE VIII.

M. Bonnet est un Farfadet.

J'avais deviné M. Bonnet, il trouva l'occasion de m'en punir bientôt ; en le quittant, j'entrai dans ma chambre, et j'entendis à l'instant un bruit bien différent de ceux que j'avais entendus jusqu'alors. Je me rappelai que j'avais donné du tabac à M. Bonnet, et que ce bruit en était le résultat. Il m'avait demandé ma montre, que je lui avais laissé voir et toucher ; il l'avait également ensorcelée. J'ouvre ma tabatière, et je jette le tabac qu'elle contenait ; je pose ma montre dans l'intention de ne pas la consulter, et je me détermine à passer la nuit, dans l'intention d'observer le travail de mon nouveau maître.

Ses camarades ne vinrent pas le seconder, ils étaient sûrement convenus avec leur nouveau capitaine de lui laisser tous les honneurs de l'expédition, pour m'intimider par un autre genre de travail qui ne m'était point connu, et me mettre, selon eux, dans une position difficile.

Mais les coquins se trompèrent, j'étais trop

III.   3

instruit sur leurs forfaits pour ne pas m'être aperçu de suite que je devais ces nouvelles injures à M. Bonnet, qui se disait mon ami et m'accablait de ses offres réitérées de services pour me mieux tromper.

Je passai la nuit toute entière sur le qui vive. Le lendemain matin, je descendis chez madame Gorand pour lui faire part de ce qu'on m'avait fait depuis le moment que je l'avais quittée. Cette dame partagea mon indignation, et me promit, sur la prière que je lui en fis, de monter elle-même à l'appartement de M. Bonnet, qui était au-dessus du mien, afin de l'inviter à cesser tous ses mauvais procédés contre moi, et lui dire que la crainte de sortir de mon caractère m'empêchait de faire la démarche dont elle voulait bien se charger.

Madame Gorand exécuta sa promesse : elle alla trouver M. Bonnet, et s'acquitta de sa commission avec la meilleure grâce du monde ; elle eut la complaisance de venir me rendre compte du résultat de sa démarche, et m'assura que, d'après ce que le farfadet lui avoit dit, je devais m'attendre à être plus tranquille.

Le soir, en rentrant chez M. et Madame Gorand, j'y trouvai encore les mêmes personnes que j'y avais vues la veille ; je parlai de ce qui m'était arrivé dans la nuit, en lançant indirectement mes sarcasmes contre l'auteur de mes nouvelles souffrances. M. Bonnet, contre lequel je me déchaînais, était présent ; mais il se garda bien de répondre, malgré que mes reproches s'adressassent à lui, et que la veille il m'eût parlé de ma montre et pris de mon tabac.

Ce maudit farfadet feignit de prendre part à ma situation malheureuse ; ses gestes étaient expressifs, mais il n'osait pas m'adresser la parole, crainte, sans doute, que je ne le provoquasse ouvertement. Il se reconnaissait donc coupable ? La chose est évidente, il se vit hors d'état de me répondre. Je ne dus pas l'apostropher. On devient ridicule lorsqu'on attaque quelqu'un qu'on est certain de terrasser.

Je ne ressemble nullement à ces spadassins qui ne sont courageux que lorsqu'ils s'imaginent de pouvoir provoquer sans danger un poltron qui ne veut pas répondre à leurs attaques. J'ai pour principe de ne discuter qu'avec ceux qui ont le talent de se défendre. Aussi, quelle gloire aurais-je retirée, si, dans plusieurs occasions qui se sont présentées, j'avais contredit le farfadet Chaix ? il n'aurait pas pu me répondre, et mes coups, pour me servir des termes qu'emploient les maîtres d'armes, *n'auraient jamais porté qu'au blanc.*

A vaincre sans péril on triomphe sans gloire !.....

CHAPITRE IX.

M. Bonnet, après m'avoir bien tourmenté, a jeté un sort sur celui qui a pris sa place dans son appartement.

J'avoue cependant que, d'après les promesses qui me furent faites par madame Gorand, je devais m'attendre à recouvrer quelque peu de repos; je fus trompé encore dans mes espérances, la nuit suivante fut aussi terrible pour moi que la précédente.

En me levant je descendis chez mon hôtesse, pour la prier de me rendre le même service qu'elle m'avait rendu la veille auprès de M. Bonnet; elle me le promit, et j'ai su ensuite que le farfadet l'avait repoussée sans l'entendre, sans doute, parce qu'il voulait marcher sur les traces de tous ses condisciples en farfadérisme, qui ne sont véritablement heureux que lorsqu'ils ont exécuté à la lettre les ordres du grand Belzébuth, à qui ils ont sacrifié leur âme immortelle.

Malgré tout cela je ne voulais pas me priver du plaisir de voir mon aimable hôtesse; elle fait

tout pour me rendre la vie moins pénible. Je
ne devais donc pas renoncer à m'arrêter chez
elle, quoique M. Bonnet s'y trouvât; elle me
l'avait fait promettre cent fois.

Le soir, j'entrai dans son salon, comme d'habitude : il y avait quelques étrangers, je fis
quelques pas pour me retirer ; mais l'aimable
maîtresse de céans me dit : Restez, Monsieur
Berbiguier, nous avons à causer.

A ces mots je pris place, et je commençai
par me plaindre de tout ce que je souffrais.
M. Bonnet rompit le silence pour proférer une
hérésie ; il eut l'audace de me dire que c'étaient
les prêtres qui me montaient la tête, et que
tous les faits que je citais n'avaient existé que
dans mon imagination. Monsieur, lui dis-je,
je vous le prouverai quand vous voudrez, apprenez que je sais respecter les ministres de la
religion ; que je sais bien distinguer, sans leur
secours, ce que la perfidie des hommes pervers est dans le cas de me faire endurer. Je
prie Dieu de me donner la force de supporter
tant de peines, d'éclairer les bons sur leurs
vrais intérêts, de confondre les ennemis de
la suprême grandeur, et par conséquent ceux
de la tranquillité et du bonheur du genre humain. Cette manière de voir et de me conduire

pourrait-elle, à votre jugement, passer pour du fanatisme? Il ne répondit rien.

Les personnes témoins de cette scène imprévue craignant, sans doute, que je ne m'échauffasse trop, et s'apercevant que ma tête était près du bonnet (je m'avise aussi de faire des calembourgs) , détournèrent la conversation et la firent tomber sur un autre sujet.

Après quelques minutes de repos je remontai à mon appartement, où j'éprouvai les mêmes désagrémens que la veille. Mais mon nouveau maître s'apercevant que les personnes de la maison étaient instruites de la conduite qu'il tenait à mon égard, chercha les moyens de se démettre d'une autorité arbitraire, qui était connue de tout le monde ; pour y parvenir il se transporta chez MM. Pinel et Moreau, mes premiers persécuteurs, au pouvoir desquels il me remit de nouveau.

Je connus, au changement de travail, que je n'étais plus sous la domination de mon dernier farfadet, mais bien sous celle de mes anciens persécuteurs. M. Bonnet partit quelque temps après pour aller dans son pays voir son épouse et son fils, et il revint ensuite dans le même hôtel, où il attendait de jour en jour l'ordre de partir pour aller remplir un emploi.

Pendant ce temps il ne s'est occupé qu'à me faire tourner la tête. Belle satisfaction !...

Il me saluait lorsqu'il me rencontrait dans l'escalier : il me voyait souvent chez notre hôte ; mais lorsqu'il y entrait j'en sortais, et je n'y revenais que lorsqu'il n'y était plus. Il se plaignait de ma fermeté et de ma résolution , il en parlait à toutes les personnes de la maison, qui lui répondaient : Il faut bien qu'il se soit passé quelque chose entre vous deux, puisque M. Berbiguier se trouve forcé à se conduire ainsi envers vous.

Enfin ce farfadet m'adressa la parole la veille de son départ , et me dit qu'il partait le lendemain, je ne sais pour quel pays ; que si j'avais quelque chose à dire ou à transporter , il s'en chargerait avec plaisir. Fidèle à mes principes, je ne lui répondis rien , et je continuai tranquillement d'allumer ma chandelle, en feignant de ne pas entendre ce que mon Bonnet disait à mes oreilles. Je ne rompis le silence que pour dire un bon soir très-affecté, et rien de plus.

Le lendemain, la compagnie qui avait été présente à cette scène, me dit que le flegme que j'avais conservé au moment du discours de M. Bonnet, et sur-tout la manière grave et sérieuse avec laquelle j'avais dit avec fermeté mon *lon soir* , les avaient singulièrement amusés , et que le souvenir les en ferait rire encore très-long-temps, car rien n'était plus plaisant.

M. Bonnet était parti , je devais me croire délivré d'un ennemi ; mais il est dans ma des-tinée d'être poursuivi jusqu'à la mort, et j'ai tout lieu de le croire, car je ne suis pas plutôt débarrassé d'un bourreau qu'il en renaît un autre pour mon malheur.

Mes lecteurs le savent, avant son départ M. Bonnet m'avait remis au pouvoir de Mes-sieurs Pinel et Moreau. Ceux-ci recommencè-rent de plus belle les mêmes opérations qu'ils avaient naguères dirigées contre moi.

Mais le Bonnet farfadérisé ne s'en tint pas à un maléfice, il en opéra un nouveau, duquel il attendait peut-être la possession d'une nouvelle victime , qu'il voulait sans doute sacrifier au culte de Satan.

Avant de quitter son appartement il y fit des opérations qui devaient atteindre ceux qui viendraient dans l'hôtel pour l'y remplacer.

Il fit des libations diaboliques, il imbiba les murailles de sa chambre de tous les ingrédiens qu'il devait s'être procurés du grand-maître des farfadets, pour jeter un sort sur le premier hon-nête homme qui en respirerait l'odeur.

Je vois d'ici tous mes lecteurs frémir d'indignation contre ce misérable. Quoi ! se dit-on, le pouvoir des farfadets est donc bien grand, puisqu'ils peuvent atteindre, sans qu'ils s'en doutent, tous les honnêtes gens qui se dévouent au culte de Notre-Seigneur Jésus-Christ?

Oui, mes chers lecteurs, cela est à ce point, tout ce que je vous dis est à la lettre, j'en ai la preuve matérielle.

Je vous l'ai dit déjà mille et une fois, tout ce que j'affirme est confirmé par des faits qui ne peuvent, sous aucun rapport, être révoqués en doute.

Je viens de vous apprendre qu'avant de partir M. Bonnet avait ensorcelé son appartement pour nuire à celui qui l'habiterait après lui. La preuve de mon assertion est dans le chapitre qui va suivre. Lisez-le, commentez-le, et dites ensuite si Berbiguier de Terre-Neuve du Thym, le *fléau des farfadets*, a jamais eu recours à un mensonge.

Un mensonge, grand Dieu ! c'est le plus grand de tous les crimes à mes yeux ; j'assimile le mensonge à un faux témoignage, il eut de tous les temps le même résultat. Voici la preuve que je vous ai promise.

CHAPITRE X.

M. Delmas remplaça M. Bonnet dans son ap-
partement. Mon remède a guéri ce M. Delmas.
Sa reconnaissance.

Les désirs de M. Bonnet ne tardèrent pas
à être accomplis. Ce méchant farfadet était bien
digne de la confiance de son grand-maître. On
vient de voir ce qu'il fit avant de partir, on
va apprendre ce qui s'ensuivit ; il l'avait sans
doute prévu lui-même.

Un Monsieur, nommé Delmas, vint le premier occuper la chambre ensorcelée ; il ne put
reposer pendant les premières nuits de son arrivée, et il ne savait à quoi attribuer ce dé-
sagrément, tout nouveau pour lui. Il en parla
à madame Gorand, qui avait souffert elle-même
de la même manière, et qui, convaincue de ma
science, conseilla à son nouveau locataire
de se confier à moi, pour sortir de ce cruel
état d'insomnie qui le chagrinait bien vivement.

L'hôtesse me fit part ensuite de l'entretien
qu'elle avait eu avec son nouveau locataire, me
pria de me trouver le soir chez elle, et de faire

tomber la conversation sur les maléfices et les insomnies. Je le lui promis et me rendis à mon poste à l'heure donnée.

J'y trouvai M. Delmas, ainsi que d'autres personnes. La conversation ne tarda pas à s'engager. On parla de maladies de toute espèce. Je citai la mienne et les moyens que j'avais cru devoir prendre pour y mettre fin, ou du moins pour l'adoucir. Madame Gorand parla aussi des tourmens qu'elle avait éprouvés, des causes qui les avaient produits, et ajouta que moi seul y avais apporté remède.

Les autres personnes présentes à cet aveu, et que j'avais également guéries, se réunirent à madame Gorand pour attester la vérité du fait, et dirent que j'avais guéri de la même manière beaucoup d'autres personnes dans la ville. Toutes ces attestations prouvèrent clairement à M. Delmas que j'étais très-capable de soulager mes semblables des insomnies et des maléfices, quoique je n'eusse jamais pu me soulager moi-même.

M. Delmas me pria, d'une manière qui annonçait assez combien il souffrait, de le mettre, sinon entièrement à l'abri de ce genre de supplice encore neuf pour lui, mais au moins d'y apporter quelque adoucissement. J'invitai ce Monsieur à avoir un peu plus de confiance

en moi , et de se persuader qu'avec l'aide de
Dieu je ferais plus que d'adoucir ses maux, puis=
que je croyais pouvoir me flatter d'avance
d'en détruire les causes. J'appris à ce Monsieur
tout ce qu'il devait faire pour parvenir à sa
guérison radicale. Il me remercia beaucoup ,
et me promit de suivre exactement mes sages
ordonnances.

Ce n'est pas tout , ce M. Delmas avait des
amis qui avaient aussi le malheur d'être attaqués
de cet horrible mal. Il me dit qu'il allait leur
faire part des moyens que je venais de lui
indiquer pour sa guérison ; qu'il les inviterait
non seulement à en faire usage , mais encore
qu'il les engagerait à venir à Passy avec lui ,
dans la maison d'un de ses amis, où ils opé-
reraient avec beaucoup plus de facilité et de
tranquillité qu'à Paris.

Ce qui fut projeté fut exécuté. Tous ces Messieurs se rendirent à Passy, et y firent mon
remède anti-farfadéen. Ils furent tous parfaitement guéris du maléfice des ennemis des hommes,
et cela en moins de vingt-quatre heures ; de
sorte que j'eus le plaisir de voir M. Delmas
revenir sain et sauf dès le lendemain matin. Il
me remercia beaucoup de son heureuse délivrance, ainsi que de celle de ses amis. Il ajouta ,
qu'ayant fait part de ce succès à ses connais-

sances, pendant le dîner, l'une d'elles, qui avait déjà quelque idée de l'efficacité de mon remède, lui proposa d'y joindre un verre d'eau-forte, afin d'y consumer plus facilement le cœur et le foie de mouton, qui étaient, par leur nature, la base fondamentale du remède. Ce Monsieur demeura fort long-temps à l'hôtel, et lorsqu'il le quitta, il poussa la complaisance jusqu'à me laisser une attestation signée de sa main, dans laquelle il donne les preuves les plus éclatantes de l'efficacité de mes procédés, à l'aide desquels il a été guéri radicalement de toutes les persécutions des farfadets, disciples de Satan, de Lucifer, de Belzébuth, et fidèles soutiens des sombres demeures. M. Delmas me protesta qu'il ne serait réellement heureux que lorsqu'il aurait trouvé l'occasion de pouvoir rendre à ses semblables les mêmes services que ceux que je lui avais rendus.

Quelle différence de procédés on rencontre dans la société! c'est la preuve qu'il y a un auteur du bien et un auteur du mal. M. Bonnet, comme tant d'autres, ne me soupçonnait pas capable de raisonner juste, et m'accusait de me laisser fanatiser par les prêtres, qu'on ne peut pas même soupçonner sans commettre un péché. M. Delmas, au contraire, qui ne me connaissait pas plus que

M. Bonnet, prend en moi une confiance sans bornes, et n'a pas à s'en plaindre. Pourquoi cette diversité d'opinions ? parce que l'un est inspiré du malin esprit, et que l'autre est dans la bonne route, celle que nous devrions suivre tous, la seule qui conduise au bien, la seule dans laquelle nous pouvons espérer de faire notre salut et obtenir de la miséricorde divine la place qu'elle réserve aux âmes pures dans son saint paradis.

Ceci n'est point une anecdote tirée d'un livre ou dont la tradition se soit transmise de siècle en siècle ; c'est un fait dont je garantis moi-même l'exactitude, et qui a eu pour témoins nombre de personnes logées avec moi à l'hôtel de Limoges. Pour pouvoir me donner un dé-menti, il faut soupçonner la mauvaise foi de tous ceux qui l'attesteront comme moi.

J'en conclus qu'il est agréable de pouvoir faire le bien; et si je l'osais, je deviendrais *optimiste.*

L'optimisme consiste à dire que tout est bien. Ne serait-il pas possible que Dieu ait voulu mettre en opposition M. Bonnet avec M. Del-mas? L'un croit ensorceler celui qui le rempla-cera dans la chambre qu'il occupait à l'hôtel de Limoges, l'autre a confiance au remède d'un véritable serviteur de Dieu, et donne la preuve

irrésistible que tôt ou tard le bien l'emporte
sur le mal.

Or, pour donner cette preuve, il faut donc
que le bien et le mal se montrent alternative-
ment sur la terre. Donc que tout peut devenir
bien. Soyez optimistes.

~~~~~~

CHAPITRE XI.

Des Piqueurs et des Piqûres.

On se demandait, il y a un an, ce que c'était
que les piqueurs, et à quel dessein on faisait des
piqûres. Les journaux ont divagué pendant
long-temps, sans pouvoir définir ce nouveau
genre de méchanceté, j'ose même dire de scélératesse ; car personne, certainement, ne cher-
chera à justifier des assassins qui se rendaient
invisibles pour pouvoir piquer le beau sexe.

La décence ne permettait pas aux jeunes
personnes qui se trouvaient piquées, de faire
des dépositions démonstratives. La plupart
d'entre elles préféraient souffrir que d'aller se
plaindre. Les dames d'un certain âge furent
aussi attaquées : alors le mal fut plutôt découvert, parce que celles-ci, tout aussi honnêtes,

sans doute, que les demoiselles, mais moins timo-
rées pour désigner la place où la blessure avait
été faite, hâtèrent la découverte des malfaiteurs.

On prétendait que ces coquins n'en voulaient
qu'aux jeunes personnes ; mais leur fureur était
telle, qu'ils attaquaient tout le sexe indistincte-
ment, de sorte que les dames étaient obligées
de se munir de double et triple vêtement, pour
se mettre à l'abri de ces dangereuses insultes,
ou de courir dans les rues comme des folles. On
ne pouvait pas les blâmer de se prémunir contre
une telle atrocité. Le commerce en était la
victime, puisque personne ne sortait plus, de
crainte de rencontrer un piqueur.

Les sociétés et les spectacles de la capitale
étaient déserts : les ouvrières même, qui avaient
de l'ouvrage à porter, n'osaient plus sortir aussitôt que le soir arrivait; et comme nous étions alors
en hiver, il dut en résulter que les rues devinrent
désertes dès quatre heures du soir. Paris, cette
ville si grande, si belle, si florissante, ressemblait en ce moment à un petit bourg de pro-
vince, ou à une ville de guerre, où personne
ne sort plus sitôt que la retraite est battue
après le coucher du soleil.

Par qui les piqueurs pouvaient-ils être dirigés
et portés à cet excès d'audace, si ce n'est par
les farfadets? Voilà donc que les personnes qui

les évitaient, avaient raison de ne pas vouloir être poursuivies par des démons déchaînés contre le genre humain. Ces monstres troublaient la paix et anéantissaient le commerce pendant le temps où, pour l'ordinaire, les bourses se délient pour se procurer des amusemens qui semblent abréger la longueur des soirées souvent fatigantes de l'hiver.

Malgré tout ce que j'ai vu et éprouvé de la méchanceté des hommes, je ne me figurais pas que les piqueurs pussent exister; mais le témoignage de tant de personnes dignes de foi, les articles que je lisais dans les journaux, m'en eurent bientôt convaincu.

Alors, je fus obligé de me prémunir contre ces nouveaux farfadets, et quoique je ne fusse pas dans le cas de croire qu'un crime prémédité contre les dames pût en rien me concerner, puisque mon physique est si différent de celui des êtres que nous distinguons sous le nom de femme, je n'en prenais pas moins mes précautions, lorsque je revenais le soir de Saint-Roch et que j'étais obligé de parcourir les quais pour faire ma prière ordinaire de distance en distance. Je me méfiais tellement de toutes les personnes qui passaient ou s'arrêtaient près de moi, que je m'empressais de m'éloigner bien vîte, dans la crainte d'une blessure qui aurait pu devenir très-dangereuse.

Et , d'ailleurs , j'étais plus savant que le vulgaire, qui ne savait à quoi attribuer une action criminelle qui ne paraissait pas avoir de motif, parce qu'il ignorait encore que les farfadets ne font le mal que pour le seul plaisir de le faire, et pour chagriner ceux qui n'appartiennent pas à leur société diabolique.

Ce qui paraissait intriguer davantage les bons Parisiens, c'est lorsqu'on leur disait qu'on ne pouvait pas arrêter un seul piqueur ; qu'ils disparaissaient comme un éclair sitôt qu'ils avaient fait leur piqûre.

Si mon ouvrage avait été publié lorsque les piqueurs firent tant de mal dans la capitale, tout le monde aurait su pourquoi on ne pouvait pas parvenir à en découvrir un seul.

Les piqueurs-farfadets ne commettaient leur crime qu'à l'aide de leur invisibilité : qui sait même s'ils ne se déguisaient pas alors en puces ou en poux, pour pouvoir, avant que l'heure du coucher n'arrivât, jouir du même plaisir qu'ils se procurent lorsque les vierges dorment dans leur lit ?

Et ce qui me fait croire volontiers à cette supposition , c'est qu'il est constant que les piqueurs attaquaient plus particulièrement les demoiselles que les jeunes gens ; car s'ils avaient voulu susciter des malheurs , ils se seraient adressés à des hommes qui auraient été aptes à les servir dans leurs projets , tandis qu'ils ne piquaient que des êtres faibles qui n'ont que leur douceur pour consolation.

Mais ce qui finit de convaincre ceux qui veulent approfondir quel pouvait être le but des piqueurs , c'est qu'il est constant que , neuf mois après les piqûres , il naquit dans Paris beaucoup plus d'enfans naturels que dans les temps ordinaires.

Ne cherchons donc point d'autres causes au motif qui dirigeait les piqueurs , que celles que je viens de faire connaître : ils voulaient même, avant l'heure du coucher , satisfaire leurs impudiques désirs.

A force de rassembler toutes les anecdotes qui font connaître les cruautés et le caractère de mes ennemis, je parviendrai peut-être bien à faire partager par tout le monde la haîne que j'ai vouée à tous les farfadets.

Les gouvernemens doivent me seconder. La destruction des disciples du diable est une chose nécessaire à la tranquillité des peuples et au bonheur des rois qui aiment leurs sujets veulent jouir de leur félicité , qui sera toujours troublée par les farfadets.

CHAPITRE XII.

En même temps que les piqûres, les inonda-
tions, le froid, les glaces, furent l'ouvrage
des Farfadets.

LES farfadets ne se bornèrent pas aux piqûres : ils jouissaient du plaisir de faire couler
le sang du beau sexe, et dans le même moment
ils commettaient d'autres crimes.

Tandis que leurs émissaires ou leurs délégués
faisaient leur métier pour faire couler le sang
sur la terre, les chefs montaient dans les nuages
pour les rompre et faire tomber l'eau par tor-
rens. Ils produisirent une inondation presque
générale, qui fut suivie de malheurs incalculables, et même irréparables. Les eaux, dans
leur débordement, renversèrent des maisons,
des moulins, déracinèrent des arbres, rompirent
les digues, et réduisirent à la mendicité ceux
qui, par le fruit d'un travail pénible, croyaient
s'être mis à l'abri du besoin.

Ce désastre abominable, suscité par les farfadets, se fit sentir plus particulièrement dans
le royaume de Hollande que dans tout autre

pays. Tout y fut submergé, ou peu s'en fallut. Sa situation présentait presque l'effet du déluge universel. Beaucoup de maisons et même des villages étaient sous les eaux. Des familles entières furent victimes d'un fléau que rien ne put arrêter, et dont les ravages sont en quelque sorte plus sensibles que ceux d'un incendie, parce qu'ils empêchent la navigation et les travaux qui en résultent, et confondent dans le même malheur le négociant, l'ouvrier, le cultivateur et le journalier.

Dans le même moment on éprouvait à Paris un froid horrible qui, augmentant par degrés de jour en jour, pouvait nous faire supposer que le sol de la France allait ressembler à celui qui est arrosé par la Néva.

Cependant, comme la vertu de l'homme est de savoir souffrir, je n'en continuai pas moins mes prières et mes stations anti-farfadéennes, malgré la rigueur du froid qui augmentait à chaque instant.

Ce n'était pas alors pour les biens de la terre que je craignais. Si je priais, c'était pour nous préserver des débâcles, qui font des ravages considérables, quand les glaçons se brisent pour rendre aux eaux le cours dont elles étaient privées par la congélation. Le froid fut si excessif, que les orangers et les oliviers périrent, en grande partie, dans la Provence méridionale.

La rivière de la Seine fut arrêtée dans son cours. Les eaux se glacèrent, et la glace n'avait guère moins de dix-huit pouces d'épaisseur. Les farfadets profitèrent de cela pour exciter les Parisiens à se promener dessus; ils nous poussent toujours à faire ce qui peut compromettre notre existence. C'aurait été un grand triomphe pour eux, s'ils avaient fait rompre les glaçons sous les pieds de ceux qui s'y confiaient. Je me suis bien gardé de partager cette folie, que je déplorais du plus profond de mon cœur.

Je connais la malice des farfadets. Lorsque de leur asile souterrain ils m'auraient aperçu, ils se seraient empressés de faire crever la glace sous moi, pour se repaître du plaisir cruel de me faire engloutir dans la rivière. Tout le monde n'a pas eu ma sagesse ni ma prudence. Plus de quatre personnes ont péri pour s'être procuré une promenade qui leur avait été tracée par les farfadets.

La veille du dégel, on aperçut un brouillard assez fort toute la journée. Le soir, on vit la lune à travers les nuages, qui s'étaient éclaircis. Le Parisien, curieux des choses rares, gaies ou tristes, se promettait de voir partir les glaçons dès le lendemain; mais un vent de sud quart

sud-ouest s'éleva vers le soir de ce jour même,
de dix à onze heures : ce fut encore l'ouvrage
des farfadets. Ce vent fit fondre les glaces, et
fit bientôt reprendre à la rivière son cours ha-
bituel. Les glaçons se brisèrent, les eaux gon-
flées se soulevèrent et ne tardèrent pas à les
entraîner. Les plus grands malheurs s'ensui-
virent, et offrirent aux yeux du monde curieux
le spectacle le plus épouvantable. La rivière
charria pendant plusieurs jours des débris, des
poutres, des meubles et des effets précieux,
enlevés par ce fléau dévastateur à de malheureux propriétaires, qui durent en être ruinés.

Ainsi, pendant que, d'un côté, les piqueurs-
farfadets commettaient le crime le plus abominable, les magiciens et astronomes, de leur
secte, suscitaient les plus affreux ravages.

Dieu !..... Quel tableau effrayant je viens de
mettre sous les yeux de mes lecteurs ! ils en
seront épouvantés. Si parmi eux il est quelques
peintres, ils trouveront dans mon récit un bien
beau sujet à tracer sur la toile.

Le peintre Vernet, qui faisait si bien les
marines, aurait parfaitement réussi à rendre
cette effrayante image, elle aurait été riche
de composition.

Tandis que tous les habitans de l'Europe
seraient groupés pour se garantir du froid

le plus excessif, on verrait les farfadets con-
jurant le temps, tuant toutes les productions de
la terre, et piquant toutes les jolies filles.

La physionomie de chacun des personnages
du tableau offrirait une opposition : Les farfadets auraient l'air riant ; les vieillards et les enfans, exciteraient la compassion ; les femmes
et les filles présenteraient l'image de la frayeur ;
et dans ce désordre extrême, on pourrait me
faire jouer le rôle d'un être inspiré par la divinité, qui, pour l'instruction du genre humain,
expliquerait le sujet du tableau et de toutes ses
allégories.

Vernet-des-Marines est mort. Mais hélas !
qui sait si un artiste, frappé par toutes les vérités que je viens de rappeler, ne s'occupera
pas de ce tableau, qui bien certainement serait
fait pour augmenter sa réputation, pour si grande
qu'elle pût être.

C'est moi qui ai fait les compositions des
lithographies qui décorent mon ouvrage. J'ai
su inspirer un peintre qui en vaut bien un
autre sous tous les rapports.

CHAPITRE XIII.

Moyens employés pour exorciser un possédé du démon. Un révérend père capucin en fut la victime.

Je vais citer un fait constant, qui remonte au temps où j'étais au pouvoir de la femme Vandeval, chez laquelle j'allais très-assidûment.

Nous parlions ensemble des événemens et des maléfices qui arrivaient aux hommes qui ont le malheur d'être possédés du malin esprit, lorsque la conversation tomba sur ce qui jadis est arrivé dans l'église de Notre-Dame, à un homme qui était extrêmement tourmenté par le démon, malgré les fréquentes prières que l'on faisait pour lui, et qu'il faisait aussi lui-même.

Les prêtres, voyant l'inefficacité de leurs prières et des autres moyens employés contre la maladie de cet infortuné, s'adressèrent à Monseigneur l'Archevêque de Paris, auquel ils exposèrent ce qui se passait. Monseigneur, surpris de ce que les prières et les cérémonies ne produisaient rien d'heureux, fit appeler un révérend père capucin, auquel il ordonna de faire une prière pendant neuf jours, à la cathédrale, pour voir si ses invocations auraient plus d'effet. Pendant ces neuf jours Monseigneur fit construire une grande croix en bois, assez forte pour supporter le corps du malheureux en faveur duquel on faisait la neuvaine. Le dernier jour de cette neuvaine on procéda à la plus belle cérémonie qui puisse être faite, puisque c'est celle par laquelle Notre-Seigneur Jésus-Christ a prouvé tout l'amour qu'il avait pour nous, en se laissant crucifier dans l'intention de nous racheter de l'esclavage du péché originel.

Pour procéder à cette sublime cérémonie on ferma toutes les portes de l'église, on dépouilla le possédé de tous ses vêtemens, on l'étendit sur la croix qu'on venait de bénir, en le plaçant sur l'autel sur lequel on devait dire la sainte messe.

Au lieu de l'y clouer comme notre Rédempteur, on se borna à l'y attacher, parce qu'on n'était pas dans l'intention de le faire mourir.

Lorsque la messe fut finie, on le délia, on le redescendit, et aussitôt que son corps fut séparé de la croix, elle fut brisée en mille et mille morceaux par un coup épouvantable, au même moment qu'une voix forte, semblable à celle d'un chantre, fit entendre ces mots prophétiques : *Mortel, la foi t'a sauvé.*

Le révérend père capucin et le désensorcelé entrèrent à la sacristie pour se recueillir un moment, alors on ouvrit les portes de l'église. Le public qui s'était présenté, comme à son ordinaire, pour entendre les messes basses qui se disaient habituellement pendant tout le cours de la matinée, se plaignit d'avoir trouvé les portes de l'Eglise fermées aux heures où elles devaient être ouvertes aux fidèles.

Mais le grand bruit que produisit, à l'extérieur, le bris de la croix sur laquelle on avait attaché le malheureux possédé, avait surpris tellement le monde qui attendait, qu'il se précipita dans l'église et cessa de se plaindre lorsqu'il fut entré.

Personne ne savait que penser et que dire d'un événement qu'on n'avait pas vu, et que sous ce rapport il fallait considérer comme un nouveau miracle.

Le plus fâcheux de cet événement, c'est que le révérend père capucin, qui avait si bien prié pendant les neuf jours, ne se doutant pas apparemment du bris de la croix, en fut tellement effrayé, qu'il fit une maladie de laquelle il mourut; tandis que le désensorcelé vécut encore bien long-temps après sa délivrance. On pourrait conjecturer de cela, que le diable ne voulant pas perdre ses droits, choisit, par malice, cet infortuné religieux, pour être la victime qu'il voulait avoir en place du malheureux qu'on venait d'enlever à ses griffes.

Cet événement est devenu une source intarissable d'éloquence pour les orateurs ecclésiastiques; et comme personne n'avait vu ce miracle, que celui qui en avait été l'objet, on fit sur ce sujet les plus beaux sermons du monde, on les prêcha dans toutes les églises de la capitale, et je ne doute pas qu'ils ne soient parvenus jusqu'aux confins de l'empire du monde chrétien.

Chacun regrettait seulement cet infortuné religieux, qui aurait pu jouir de la douce satisfaction d'avoir rendu une âme à Dieu, et qui laissa tous les avantages de son exorcisme à Monseigneur l'Archevêque de Paris.

Ne doit-on pas argumenter de cet événement, que, lorsque le démon a pu parvenir à se procurer une victime, il faut, si on parvient à la lui enlever, qu'une autre tombe en son pouvoir, pour remplacer la première?

Mais, va-t-on me répondre avec quelque fondement, peut-être, si cela était ainsi, on pourrait accuser le sort d'être injuste; car la plus grande des injustices serait de laisser prendre au diable une créature qui n'aurait rien fait pour tomber en son pouvoir.

La réponse est spécieuse, et cependant je la rétorque par tous les malheurs qui me sont arrivés. Certainement je n'ai jamais rien fait qui ait pu m'attirer les persécutions sans nombre auxquelles je suis journellement en butte. J'ai quelquefois la prétention de les attribuer aux prédilections de Dieu, qui m'a trouvé digne d'être un exemple de résignation. Ne peut-on pas inférer de-là, que si la mort du révérend père capucin fut le résultat d'un maléfice diabolique, Dieu voulut bien permettre ce maléfice, pour récompenser le plus tôt possible celui qui se dévouait avec tant de constance au vrai culte.

Mais, non, je suis en opposition avec ceux de mes semblables qui ont pensé que le capucin était mort par l'effet d'un maléfice du diable. Je pense, au contraire, que Dieu a appelé ce saint homme dans son paradis, quand il a vu qu'il avait atteint le *nec plus ultrà* des vertus qu'on doit pratiquer sur la terre.

J'en augure encore que Dieu me fera la même grâce, lorsqu'il jugera que je ne puis pas pousser plus avant ma guerre contre les farfadets. Cependant je ne ferai jamais rien moi-même pour devancer le moment heureux de la vie éternelle.

CHAPITRE XIV.

Les démons parlent. Un prédicateur l'a reconnu.
J'en ai la preuve complète.

Un digne apôtre de l'église romaine, dont
j'écoutais un jour le sermon avec beaucoup de
ferveur, disait à ses chers paroissiens que le
diable parle. Tous furent très-surpris d'entendre
ces paroles sortir de la bouche d'un des ministres des autels ; mais moi, qui avais déjà des
connaissances bien certaines sur cette vérité
malheureusement trop constante, je ne fus point
étonné de cette assertion, et je dis à ceux qui
étaient à mes côtés : Le prédicateur nous dit la
vérité, les démons ne sont que des farfadets ; et
tous ceux que je connais pour tels, parlent tous
très-bien, et sont, pour la plupart, des gens
instruits et de bonne famille. Je puis vous en
parler savamment ; ces infâmes et misérables
agens du pouvoir diabolique me poursuivent
depuis plus de vingt-trois ans ; et toutes les fois
qu'ils s'introduisent invisiblement dans ma
chambre, je les entends parler. Il n'y a donc pas
de doute que les démons parlent et se taisent
à volonté.

Ceux qui m'entendirent faire ces réflexions se
regardaient mutuellement, et semblaient douter
de la vérité de mon témoignage ; mais ils fini-
rent, pourtant, par se rendre à ma démonstration ; et le prêtre trouva en moi un auxiliaire
qui ne lui fut pas inutile dans un moment où
on doutait de ce qu'il disait lui-même dans la
chaire de vérité.

Je suis au comble de la joie, lorsque mes
pensées sont partagées par un apôtre de la foi
chrétienne ; c'est pour cela que je me fais un
devoir de ne pas manquer un seul sermon.

Si le prédicateur s'irrite contre le diable, je
me réjouis d'entendre que je ne suis pas le seul
ennemi des farfadets ; s'il parle contre le luxe,
je me glorifie de mon humilité ; s'il attaque les
femmes impudiques, je me fortifie dans la résolution que j'ai prise, de n'épouser, si je me
marie, qu'une femme bien vertueuse ; si ses
paroles sont dirigées contre les libertins et les
joueurs, je me félicite d'avoir été toujours à
l'abri des passions qui dégradent la plupart de
mes semblables.

Il faut en convenir, c'est un bel état que
celui de prêtre, et surtout celui d'un prêtre
prédicateur ! La parole de Dieu est toujours dans
sa bouche ; il indique la route du bien à celui
qui s'en écarte ou qui voudrait s'en éloigner ;

sa voix a souvent arrêté le mal qu'on était sur le point de commettre ; ses méditations ne tendent qu'à rendre les hommes meilleurs.

Mais si je dois de la reconnaissance aux prédicateurs, que je me fais toujours un nouveau plaisir d'entendre, les prédicateurs, à leur tour, me devront des remercîmens de mon dévoûment.

Mon livre sera plein de matériaux qu'ils pourront consulter, lorsque dans le silence du cabinet ils composeront leurs discours. Ils m'ont fourni matière à mes dissertations, je me flatte de la leur rendre avec usure.

Quelle jouissance nouvelle pour moi, lorsque j'irai au sermon, et que je m'entendrai citer par le prédicateur, comme on cite saint Jean, saint Marc, saint Mathieu ou saint Paul ! N'y aurait-il pas là de quoi faire crever de rage les farfadets qui persévèrent dans leurs persécutions contre moi ?

CHAPITRE XV.

Aventure dont j'ai été témoin dans l'église de Saint-Germain-l'Auxerrois.

Dans le commencement de décembre 1819, le dimanche 5 du mois, en faisant mes prières dans l'église de Saint-Germain-l'Auxerrois, j'entendis très-près de moi, mais un peu en arrière, le bruit que fit une dame, ou demoiselle, qui se mettait à genoux.

Pour ne pas discontinuer ni interrompre mes prières, qui allaient être bientôt finies, je me gardai bien de regarder derrière moi, pour voir ce que c'était, mais je jugeai bientôt, par le bruit qu'on fit, et par l'irrévérence qu'on affectait, que ce devait être une de ces femmes du jour, qui ne vont pas à l'église pour prier Dieu, mais bien pour s'occuper de leurs plaisirs mondains et profanes. Enfin, ayant besoin de prendre mon mouchoir, je me retournai et je vis la demoiselle qui avait les yeux fixés sur moi. Malgré tout le recueillement que je mettais à ma station, je ne pus m'empêcher de voir qu'elle était très-jolie, très-fraîche, et qu'elle me regardait avec un air tout-à-fait aimable. Je ne puis rendre au juste l'impression que ce regard fit sur moi; mais je dois avouer qu'elle devint bien plus forte, lorsque, pour me demander du tabac, cette personne avança une des plus jolies mains qu'il soit possible de voir.

Le plaisir que j'éprouvai à admirer cette main charmante, ne m'empêcha pas de satisfaire à la demande de ma belle voisine : elle me remercia de la meilleure grâce du monde; et pour pousser l'honnêteté et même la galanterie au dernier point, au moment que je m'en allais et que je lui fis mon salut, elle se leva très-précipitamment et me suivit jusqu'au bénitier, sans doute pour que je lui offrisse de l'eau bénite, que je pris devant elle avec la plus grande décence et le plus profond respect.

Je me flattais intérieurement qu'une telle conduite de ma part m'aurait procuré un honnête entretien avec cette belle inconnue ; mais quelle fut ma surprise, lorsque je la vis disparaître à ma vue comme une ombre fugitive, sans que je pusse deviner la cause de cette disparition subite !

J'avoue que je demeurai interdit, et je réfléchissais comment il était possible qu'une personne qui me paraissait si aimable, n'eût pas fini par se faire connaître entièrement à moi ? Le lieu où je l'avais trouvée ne me donnait pas sujet de soupçonner sa vertu, elle ne pouvait douter non plus de la mienne. D'ailleurs, ce n'est pas dans une église qu'on peut supposer qu'il se trouve des personnes suspectes. Que pouvais-je donc penser de cette espèce d'apparition et de disparition subite, si ce n'est que ce devait être une véritable farfadette, qui, pour me jouer un tour, s'était déguisée en jolie femme, à l'effet de s'introduire plus facilement dans l'église , où la coquetterie et la beauté ne devraient point exercer de pouvoir. Mais le diable en exerce partout : il m'avait envoyé, sous cette forme séductrice, un de ses émissaires , pour me faire encore plus sentir , par les regrets que j'éprouverais , l'état d'impuissance dans lequel m'ont réduit les farfadets , depuis qu'ils me persécutent.

On pense bien que je ne tardai pas à faire part de mon aventure à toutes mes connaissances. Un soir que je la racontais dans une maison où j'allais souvent, tout le monde se mit à rire, et surtout une farfadette, que je soupçonne fort être celle qui avait pris le déguisement dont j'avais été la dupe. Elle avait cessé de rire aux éclats, quand elle me dit aussi avec ironie : Monsieur, on ne peut rien faire que vous ne le sachiez, et même que vous ne le disiez. J'allais lui répondre avec ma franchise ordinaire ; mais quelqu'un qui entra dans ce moment, m'empêcha de dire un seul mot. Je le réservai pour une autre occasion.

Je me suis aperçu plusieurs fois que lorsque je suis en verve pour confondre mes ennemis , les farfadets trouvent le moyen de me faire interrompre par l'arrivée d'un importun dans la maison où je discute.

CHAPITRE XVI.

Nouvelles guérisons opérées par mon remède.

Pendant la même soirée dont je viens de rendre compte, j'eus le plaisir de guérir, par mes excellens et salutaires remèdes, plusieurs des personnes de la société où se trouvait ma farfadette. On m'entendit parler de mes ennemis de manière à faire connaître que je n'avais pas à m'en louer, on me fit la confidence que plusieurs jeunes demoiselles qui étaient là, étaient, comme moi, attaquées par ces monstres abominables.

Ces personnes furent enchantées des promesses que je leur fis de les guérir radicalement, pourvu qu'elles exécutassent scrupuleusement mon bienfaisant remède : ce qu'elles promirent.

Et vu qu'il est du devoir d'un médecin de ne jamais abandonner ses malades, je retournai le surlendemain chez les personnes dont je viens de parler. Dieu! quel agrément et quelle satisfaction pour moi! Quel plaisir éprouve un bon et honnête médecin (car je suis la preuve qu'il en existe de bons), quand il revoit le malade qu'il a sauvé, jouir d'une parfaite santé! Eh bien! je l'éprouvai ce plaisir. Lorsque j'entrai, je me vis féliciter par ces demoiselles qui, la veille, étaient livrées au désespoir par les tourmens que leur faisaient éprouver les farfadets.

Elles me sautaient au cou, me prenaient par les bras, et, tout en sautant, exprimaient une joie qui me ravissait ; enfin, elles ne savaient comment me témoigner leur reconnaissance. Elles me firent le récit de la manière dont elles s'y étaient prises pour faire leurs opérations. Elles me dirent que l'odeur du soufre, la fumée, enfin tous les attirails nécessaires dans ce précieux et utile préservatif, les avaient infiniment amusées, et de plus, très-parfaitement guéries. Toutes ces choses s'étaient passées pendant que ma farfadette n'avait pas eu le temps de voir les personnes que je venais de traiter.

Elle revint dans la maison quelques jours après. Les demoiselles la reçurent avec des transports d'une joie inexprimable, en s'écriant : Nous sommes guéries, nous sommes guéries.... nous avons un médecin, et un médecin très-expert, contre nos attaques, que nous croyions nerveuses et qu'il connaît mieux que vous. Chaque jour il fait de nouvelles découvertes à ce sujet. Il nous a prouvé que ce sont les farfadets qui nous persécutent, comme ils l'ont persécuté lui-même depuis bien long-temps. La farfadette feignant de ne rien comprendre à ce langage, leur demanda ce qu'elles voulaient dire, et quel était ce médecin tant vanté. — C'est M. Berbiguier. — Quoi ! c'est là votre médecin ? mais c'est un fou. —Non, non, madame, ce n'est pas un fou, nous ne le jugeons pas ainsi. — Allons, vous dis-je, ce n'est qu'un fou. Il y a long-temps que MM. Pinel, Prieur, Chaix et Moreau l'ont déclaré tel dans la société que je fréquente. Il y a long-temps aussi que M. Pinel cherche à le faire mettre dans la maison Joly, qui est destinée à renfermer les fous. — Non, madame, vous le verrez et vous en jugerez autrement. —Je n'ai pas besoin de le voir pour me convaincre de ce qu'on m'a dit ; c'est un bruit général. Que voulez-vous que je pense d'un homme qui a des visions, qui ne pense qu'à ses farfadets, qui les voit partout, et qui ne vous parle que de cela, et des prétendus remèdes qu'il emploie pour se guérir, et qui ne font sur lui aucun effet, tandis que ceux à qui il les donne s'en trouvent très-bien ? Je conclus de là que c'est un fou dont on s'amuse en entretenant sa manie qui, à la vérité, n'est pas dangereuse, mais qui aussi n'a rien d'amusant? Ainsi, mesdemoiselles, vous ne me ferez pas changer de sentiment, quand même je le verrais faire ses mystérieuses opérations.

Voilà, il faut l'avouer, une farfadette bien

audacieuse ! Je ne m'étonne plus si le diable l'avait choisie pour me séduire dans l'église de Saint-Germain-l'Auxerrois.

CHAPITRE XVII.

La Farfadette dont je viens de parler dans le précédent chapitre, est guérie de son farfadérisme par ma conduite et par mes réponses.

J'avais été invité à me rendre le lendemain dans la même société où j'avais vu mes jeunes malades. Je m'y rendis. Les dames de la maison et leur compagnie me reçurent avec cette joie qui caractérisent les politesses qui partent du fond du cœur. La même farfadette, qui était là, ne voulut pas, sans doute, contrarier des gens respectables, et me reçut fort bien aussi.

Je demandai avec intérêt aux demoiselles qui m'avaient donné leur confiance pour les guérir et les préserver des attaques des farfadets, comment elles se trouvaient depuis qu'elles avaient fait usage des remèdes composés et raisonnés pour chasser tous les ennemis du genre humain. Elles me répondirent qu'elles se trouvaient très-bien, et même beaucoup plus gaies, et qu'elles croyaient que je les avais mises hors de danger. Je m'en félicitai , en ajoutant que j'avais aussi des remèdes composés pour les rechutes dans la même maladie. Elles m'assurèrent que mes premiers remèdes étaient si efficaces, qu'elles croyaient n'en avoir jamais besoin d'aucun autre. Ensuite elles eurent la complaisance, ainsi que madame leur mère et d'autres dames de la société, de me présenter à ma farfadette, qui se leva, me salua, et me dit très-obligeamment qu'elle se félicitait de l'occasion qui la mettait à même de m'entendre parler. La courte conversation que je viens de vous entendre tenir avec ces demoiselles, me prouve que vous n'êtes pas fou , et je suis bien convaincue maintenant que MM. Pinel, Moreau, Chaix , m'avaient bien trompée sur votre compte.

Si l'on veut les croire, ajouta-t-elle, vous êtes un fou ; ils le disent partout où l'on veut bien les entendre. M. Pinel veut à toute force vous faire mettre dans la maison des fous, qu'on désigne sous le nom d'hospice Joly.

Hé bien , Madame, lui dis-je , en l'interrompant, voyez-vous par mes manières et mes procédés que j'aie mérité ce que ces Messieurs proposent de me faire éprouver ? Mon air justifie-t-il ce qu'ils disent de moi? —Non, Monsieur, je vous assure. Les misérables m'ont bien trompée sur votre compte, cela est affreux : j'ai été leur dupe ; car si vous étiez fou, j'avoue que c'est d'une folie si tranquille , qu'on ne peut vous croire tel. Peut-être ont-ils allégué que vos opérations tenaient de la folie ; que le soufre, le sel et vos autres ingrédiens, pourraient un jour vous exposer à vous brûler ainsi que vos voisins : ce qui ne serait pas agréable du tout pour ceux qui dorment paisiblement sans craindre les farfadets. Ils disent aussi que l'idée que vous avez d'être poursuivi pendant le jour, par des démons que vous prenez dans vos poches et entre les doublures de vos habits , tient à une affection mentale ou dérangement des facultés intellectuelles ; mais que , pourtant , vous êtes très-sage en toute circonstance ; que vous n'êtes point joueur, point buveur, point coureur d'aventures ; que jamais une demoiselle ne vous avait accusé de l'avoir séduite ; qu'en cela votre vertu était à toute épreuve ; mais que toutes ces bonnes qualités ne vous empêchaient pas d'être fou. Jusqu'à présent j'ai cru tout ce qu'ils m'ont dit, parce que je n'avais pas encore l'honneur de vous connaître ; mais vous ayant vu aujourd'hui, j'irai demain chez ces Messieurs leur faire les reproches qu'ils méritent à tous égards. Je leur signifierai que désormais je ne veux rien avoir de commun avec eux. J'ai encore de très-fortes raisons pour me conduire ainsi ; car je ne dois pas vous taire que ces Messieurs m'ont assurée que vous étiez un homme très-dangereux, que vous aviez écrit contre eux à toutes les puissances de la terre, afin qu'elles prissent contre les gens de leur société les mesures nécessaires qui doivent mettre fin à leurs projets. — Ces Messieurs se trompent, Madame, je n'ai point encore écrit; mais j'en ai formé le projet et je l'exécuterai, je l'espère. — Je suis soulagée, je suis bien satisfaite d'avoir eu l'avantage de vous voir et de vous entendre. Je sais maintenant qu'ils m'en ont bien imposé sous tous les rapports, que ce ne sont que des méchans. J'irai, j'irai demain leur dire que je ne veux plus être de leur indigne société. — Vous ferez très-bien, Madame, de vous retirer d'une association ennemie de Dieu ; d'une compagnie qui n'est composée que de gens corrompus ou de personnes trompées et éblouies par de fausses illusions, et dont la réunion est aussi funeste à chacun de ses membres, qu'elle l'est au monde entier, qui méprise les offres du perfide Satan : et, d'ailleurs, Madame, vous n'ignorez pas les maux que j'ai soufferts de la part de ces Messieurs, qui m'ont fait faire des sacrifices énormes pour pouvoir leur résister. — Je le sais, M. Moreau m'a dit avoir reçu une procuration d'Avignon, pour s'emparer de vous. — Rien n'est plus vrai, Madame ; croyez, de plus ; que si je ne m'étais armé du bouclier de la foi, et que le Dieu des chrétiens ne fût venu à mon secours, je succombais sous les attaques terribles et multipliées des scélérats qui n'ont ni foi, ni honneur, ni patrie. Grâces à des bontés particulières que Dieu m'a accordées, je dois souffrir toutes sortes de persécutions ; mais sa faveur divine me retirera un jour du précipice. — Monsieur, j'irai, non pas demain, mais après-demain, trouver un ministre du culte catholique, pour rentrer dans la religion chrétienne : je vous le promets. — Madame, je suis très-satisfait d'avoir eu le bonheur de contribuer au repos de votre âme. Quant à moi, je me ferai toujours un devoir de souffrir pour la bonne cause, qui est celle de la religion, et j'espère que Dieu aura la bonté de m'accorder ma récompense : je me le promets toutes les fois que je réfléchis à mes tourmens.

Pourra-t-on nier maintenant que Dieu établit chaque jour une espèce de compensation entre le bien que je fais et le mal que j'éprouve de la part des démons incarnés ?

CHAPITRE XVIII.

La Farfadette répond avec beaucoup de fran-
chise à toutes les questions que je lui fais.

JE mis fin à mes doléances pour parler d'autres
choses. Je demandai à la farfadette ce que faisait M. Chaix, et quel était son rang dans
l'assemblée des farfadets ? Elle me répondit que
M. Chaix était un homme d'esprit, qui jouait
très-bien son rôle, et qui servait à ravir MM. Pinel et Moreau. — Que font, s'il vous plaît, les
trois frères Prieur ? — Ils font toujours beaucoup
de mal. Celui qui est droguiste s'acquitte assez
bien du rôle d'apothicaire en toute sorte d'occasions. — Et M. Papon Lomini, leur cousin,
que fait-il ? — Son talent n'est pas aussi grand
que celui des autres ; mais il peut y parvenir en
travaillant avec courage. — Tout ce qui me contrarie, c'est de ne pas connaître tous les farfadets
qui viennent chez moi. — Je pense bien que
vous ne les connaissez pas tous, puisque cela
n'est pas nécessaire d'une part, et que de l'autre
ils sont innombrables.

Tout en causant, je voulus me convaincre si

cette dame était instruite de tous les travaux des farfadets ou magiciens, et je lui demandai si elle pensait que la pluie, la grêle, etc., fussent l'ouvrage de Dieu ou celui des farfadets?—Vous le savez aussi bien que moi et que nous tous. — Eh bien ! Madame, puisque vous convenez que c'est l'ouvrage des méchans, je voudrais savoir où est la nécessité de détruire, de dévaster ainsi les biens de la campagne? Est-ce pour punir le peuple? Et de quel droit le feraient-ils, ces émissaires du diable?.... A ces mots, la farfadette se mit à rire. Allons, lui dis-je, il faut espérer que Dieu, par sa toute-puissance, réparera tous nos maux, et que nous ne verrons plus désormais des temps comme ceux de 1816 et 1817.

Pour prouver à la méchante que j'étais au courant des malices des farfadets, je lui dis que j'étais persuadé qu'elle avait sur elle une pièce de *cent sous enchantée*, que cette pièce est ainsi appelée, parce qu'elle a le don de revenir dans la poche du farfadet, après qu'il l'a donnée en paiement de ce qu'il achète au comptant, ce qui, dans la journée, lui procure un joli bénéfice aux dépens des malheureux marchands qui leur livrent leurs marchandises.

J'ajoutai que les enfans ont aussi des pièces de moindre valeur qui ont la même propriété,

et ma farfadette se mit à rire de mon raisonnement ; mais je ne voulus pas m'en tenir à cette
seule révélation , je la priai de vider son sac et
sa bourse , afin que la société fût convaincue que
je n'en imposais pas.

La farfadette ne put résister à mes instances ,
et ne trouvant aucun prétexte pour s'y refuser
plus long-temps, elle ouvrit sa bourse, et fit voir
la pièce enchantée, qui n'eut aucun signe caractéristique pour personne de la société , excepté
pour moi. La farfadette avoua l'usage qu'elle en
faisait toutes les fois qu'elle se trouvait dans le
cas de la changer , et la société connut enfin
que je n'en avais pas plus imposé sur cet article
que sur tant d'autres crimes commis par les
farfadets.

J'observai à mes auditeurs qu'une seule pièce
de *cent sous* donnée à chacune d'elles, ferait
leur fortune. Monsieur , me répondit la farfadette, si vous en vouliez, elles ne vous man-
queraient pas. — Je le sais ; dans le temps que
j'étais auprès de madame Vandeval, elle m'en
offrit : je ne lui répondis pas dans le même
moment ; mais le lendemain je lui dis que je
n'acceptais pas son offre, parce que je ne livre-
rais point mon corps et mon âme à Belzébuth,
ni pour une pièce d'argent, ni pour la fortune
la plus brillante de ce monde.

Je fis ensuite d'autres questions à la farfadette, en la remerciant de la complaisance qu'elle mettait à m'entendre. Je lui demandai ce que pouvaient signifier les araignées qui tombaient et passaient devant moi ? Je prends et je tue les unes, les autres s'échappent et disparaissent sans que je me doute où elles sont allées.—Celles qui parviennent à s'échapper, prouvent l'avantage qu'elles ont sur vous, puisqu'elles se sont soustraites à vos projets de destruction ; les autres sont punies de n'avoir pas pu opposer adresse contre adresse. Leur jugement est prononcé dans la société farfadéenne ; et quand le farfadet vaincu se présente, on lui fait une marque sur l'estomac, comme un signe d'opprobre, en raison de la lâcheté qu'il a eue de se laisser vaincre.

Je prie mes chers lecteurs de me laisser consigner ici tous les faits qui me sont personnels et desquels je ne les ai pas encore entretenus dans mes deux premiers volumes. Je pourrais bien encore leur citer des aventures qui me sont étrangères, et qui prouvent l'existence des farfadets ; mais mon ouvrage a été composé plus particulièrement pour faire connaître mes malheurs, que pour citer ceux des autres victimes du farfadérisme.

Ainsi, je vais m'occuper de tout ce qui a

rapport à la farfadette que j'ai promis de ne pas nommer, et je me livrerai ensuite à recueillir tout ce qui m'a été dit par le jeune farfadet dont j'ai parlé à la fin de mon second volume.

Si dans le récit de tout ce qui s'est passé entre moi et ces deux farfadets, il y a encore des répétitions de ce que j'ai déjà raconté, c'est parce que je me crois obligé, en composant mon livre, d'étayer ma preuve de tout ce qui peut la corroborer. D'ailleurs, il est impossible que je ne me répète pas dans mes expressions, puisque, le plus souvent, lorsque j'ai interrogé mes ennemis sur leurs maléfices, je ne pouvais le faire qu'en adressant aux uns comme aux autres les mêmes questions.

Je ne fais ces observations que pour répondre d'avance aux critiques de mon ouvrage, qui voudraient peut-être me faire passer pour un rabâcheur. Non, Messieurs, je ne rabâche pas, je transcris souvent mes demandes et vos réponses ; et l'homme de bien ainsi que le méchant, n'eurent jamais deux langages. Vos critiques ne doivent donc pas m'épouvanter.

Dites ; tant que vous le voudrez, que j'aurais pu réduire mon ouvrage à un seul volume, je ne m'en féliciterai pas moins d'en avoir fait trois, et si vous m'y forcez j'en ferai paraître un quatrième.

CHAPITRE XIX.

Suite des révélations qui me sont faites par ma Farfadette.

Je vais reprendre mon dialogue avec la farfadette. — Je vous prie de m'excuser, Madame, si j'ose abuser de votre complaisance et de celle de ces dames; mais je désirerais savoir de vous, en votre qualité de membre de la société farfadéenne, contre laquelle je suis prévenu et irrité à juste titre, je voudrais savoir, dis je, si vous vous amusez bien dans vos promenades nocturnes, et, si lorsque vous entrez invisiblement dans nos chambres, vous ne vous faites pas un malin plaisir de tourmenter les hommes dans leur lit, de les agiter, de les faire changer de place très souvent, et de leur procurer par-là des agitations qui amènent des sueurs très-préjudiciables à leur santé, de ces sueurs continuelles qui affaiblissent l'homme au point de le maigrir considérablement; enfin, si vous n'avez pas pris un plaisir extrême aux dépens du bonheur et du repos de chacun des individus que vous tourmentez? — Il est vrai,

III.   6

Monsieur, que je me suis souvent bien divertie aux dépens de certaines personnes, mais c'était toujours honnêtement et jamais aux dépens de l'honneur ni de la probité. — Ce que vous me dites, Madame, est à votre louange : je fais des vœux au ciel pour que Dieu vous regarde en pitié, et qu'il achève de détruire en vous le germe des vices que vous avez puisés dans les statuts de la société dont vous faites encore partie, et que je vois s'évanouir peu-à-peu, depuis que j'ai l'honneur de vous parler : c'est mon vœu le plus cher. Ne vous faites donc pas scrupule de me divulguer toutes les atrocités auxquelles les honnêtes gens sont exposés, et faites-moi l'amitié de me dire pourquoi les farfadets s'introduisent chez moi, malgré les précautions que je prends pour m'en garantir, en fermant hermétiquement toutes les portes et fenêtres de mon appartement, en bouchant toutes les issues par lesquelles ils parviennent à s'introduire à mon insu ? — Je vous avoue, Monsieur, que tout cela m'est très-bien connu ; mais je n'ai pas encore la force de vous le dévoiler entièrement : c'est par gradation qu'on marche dans toutes les routes. — Depuis que je suis tombé en la puissance des farfadets, j'ai remarqué que, lorsque je me mettais à ma croisée, je voyais les gens de cette société infernale se

changer et se métamorphoser sous toutes sortes
de formes, prendre celles d'un chien, d'un chat,
d'un rat, d'une chauve-souris, des oiseaux, et
quelquefois se réunir autour de moi et près de
la maison, comme pour me narguer ; mais sitôt
que j'y portais la main, il n'y avait plus rien
de palpable. — Vous ne m'apprenez rien de
nouveau, Monsieur ; les farfadets ont la faculté
de prendre la forme qu'ils veulent, et celle qui
sert le mieux à leurs projets. Souvent on les voit
sous la forme d'un hibou, d'une chouette, d'une
souris blanche ou d'une araignée. Tel croit n'en
pas avoir chez lui, qui se trompe fort. Tous
les animaux domestiques, ou autres, ne sont
très-souvent que des farfadets métamorphosés,
qui vont et viennent chez nous pour savoir ce
que nous faisons et ce que nous disons, pour
nous tourmenter et mettre empêchement à ce
que nous désirons le plus ardemment. Lorsque
vous entendez le bruit que font de gros oiseaux
qui battent leurs aîles, et que vous ne les voyez
pas, c'est du farfadérisme tout pur ; il en est
de même lorsque vous entendez marcher des
monstres d'une grosseur prodigieuse et d'une
forme affreuse, mais que vous ne voyez pas
non plus ; lorsque, dans les appartemens les
mieux clos, vous entendez un vent épouvantable, qui effraie les personnes qui s'en croient à

l'abri. Alors il n'y a plus de recours à avoir qu'en
Dieu : il faut s'armer d'un grand courage, se
munir d'une arme quelconque, ou tranchante
ou pointue, s'il y a moyen ; agir sans cesse de
droite et de gauche, comme si vous espadonniez,
et vous entendrez peut-être couler le sang de
celui ou de ceux que vous aurez eu le bonheur
de blesser. La victoire est à vous ; et la seule
ressource qui reste aux vaincus, c'est de dérober
à vos regards les corps mutilés de leurs camarades frappés dangereusement. Je sais aussi
que vous avez inventé un remède qui procure
le même résultat que celui que je viens de vous
indiquer. Les farfadets sont tellement irrités de
cette découverte de votre part, qu'ils ont juré
de ne pas vous laisser tranquilles tant qu'ils
auront la moindre influence sur cette terre, dont
vous faites un des principaux ornemens. Ils
redoutent tellement vos attaques, qu'ils ne
parlent de vous qu'avec fureur. Ils savent que
c'est vous qui avez ébranlé ma foi à leurs lois
diaboliques ; et je ne dois pas vous dissimuler
que si j'abandonne leur société, comme vous
m'en avez fait naître l'envie, je serai peut-être
autant persécutée par mes anciens compagnons,
que vous l'avez été depuis que vous êtes en
leur puissance.

Quel plaisir pour un homme vertueux de

voir que ses leçons ne sont pas perdues !.... Je
dois désirer de rester long-temps sur la terre,
puisque ma présence peut encore être utile à
l'humanité. Je suis un missionnaire contre le
farfadérisme ; mes écrits ne contribueront pas
peu à propager les principes immortels de la
foi chrétienne, qui de tout temps soutint les
malheureux.

CHAPITRE XX.

*Les Farfadets prennent, pour séduire les hu-
mains, toutes sortes de formes. La gentillesse
du serin est à leur convenance.*

Le serin, ce charmant oiseau qui nous vient
des îles Canaries, dont la couleur et la forme
plaisent tant aux dames et aux demoiselles,
est un bipède très-propice aux métamorphoses.
Les farfadets se transportent, sous cette forme
charmante, dans les lieux qui leur plaisent, et
là, ils satisfont à loisir leurs caprices, en commençant par endormir les personnes confiantes
qu'ils veulent séduire ou tromper ; en voici
une preuve irrécusable.

Un jeune homme passant dans une ville à
quelque distance de Paris, alla loger chez un
monsieur et une dame mariés, qui vivaient

seuls. Le mari laissa, sans crainte, son épouse avec ce jeune homme, qui joignait aux charmes de la jeunesse une très-bonne éducation. Son physique, fort agréable, était encore embelli par un uniforme de cavalerie. Les absens ont tort, dit-on, et principalement les maris.

Tandis que celui-ci vaquait à ses affaires, son épouse, encore jeune et aimable, causait avec le militaire qui, de son côté, prolongeait tant qu'il pouvait cet heureux entretien ; mais le retour prochain du mari, qui était présumable, fit hâter la conversation, et on finit par agir plus qu'on n'avait parlé. La jeune dame, satisfaite de l'emploi du temps, en l'absence de son mari, promit au militaire d'en garder le souvenir, et lui donna un gage de sa reconnaissance, en l'invitant à passer le plus souvent qu'il pourrait chez elle. Le séjour des militaires n'est pas très-long, surtout dans les villages ; mais il advint que celui-ci eut garnison à quelques lieues de la belle, qui s'était donnée au diable, et qui, sous la forme d'un serin, venait, de temps en temps, se présenter au farfadet, qui l'accueillait et la logeait le mieux qu'il pouvait, quoique militairement. Il paraît que ce déguisement plaisait, car la farfadette venait très-souvent auprès du farfadet, sans doute pour satisfaire les plaisirs qu'elle avait goûtés lors de sa première entrevue avec lui. Quelque temps après, le régiment du farfadet reçut l'ordre du départ. Le serin en fut instruit, et si fort désolé, qu'il ne pouvait, sans que son mari s'en aperçût, se déterminer à faire une route militaire, qui l'aurait trop éloigné de ses pénates. Voilà, je crois, une aventure véritable et remarquable, qui nous confirme que le beau sexe ne hait pas les métamorphoses, lorsqu'il s'agit de ses plaisirs.

Les farfadets prennent aussi la forme d'un papillon, lorsqu'ils veulent tromper les belles ; mais il y a un moyen infaillible de les contrarier lorsqu'ils empruntent ce déguisement. Prenez ces papillons, attachés-les contre le mur par des épingles aux deux aîles, et sans toucher les chenilles : ils dessèchent, et les farfadets dessèchent comme eux.

J'étais enchanté d'entendre des histoires de cette nature, ma farfadette les racontait si bien, que j'aurais voulu qu'elle continuât, dans le moment qu'un monsieur et une dame vinrent l'interrompre. Je rendais hommage à son esprit, quoiqu'elle fût au nombre des membres de la société infernalico-diabolique ; j'allais sortir, lorsque les personnes nouvellement arrivées insistèrent pour que je restasse, et je me rendis à leur invitation. Je repris un siége. Le monsieur entama une conversation qui n'avait aucun rap-

port avec les farfadets, et qui n'eut aucun intérêt pour moi. Je prétextai quelques affaires
pour prendre congé de mon aimable compagnie,
et je sortis en colère et en me plaignant de ce
qu'on avait interrompu ma farfadette dans ses
récits instructifs.

L'histoire du serin, qu'elle m'avait racontée,
m'en rappela une autre de même nature, qu'on
m'a citée pour me prouver que je ne suis pas
le seul qui ait été attaqué par les farfadets.

Une dame qui possédait tous les charmes de
son sexe, et qui avait en outre une fortune des
plus considérables, ne pouvait goûter un instant de tranquillité. Un serin s'était introduit
dans son cerveau, et elle ne pouvait faire un
pas sans être incommodée par son chant.

Elle se plaignait toujours de ce mal extraordinaire, et personne ne voulait croire à ce
qu'elle disait.

Cependant le mal allait toujours croissant, il
fallut bien se résoudre à consulter un médecin,
qui ne voulait pas croire lui-même à ce que lui
disait sa malade.

Comment faire sortir un serin qui était enfermé dans le cerveau de cette infortunée? Il
fallait lui fendre la tête, et on ne se détermine
à une pareille opération que lorsque le mal est
désespéré. Il le devint en effet. La malade eut

des convulsions : on lui ouvrit la tête avec un maillet, le serin sortit aussitôt de son cerveau, et la guérison fut complète.

Malgré cette preuve, des incrédules assurent que la dame au serin n'en avait point dans la tête, mais qu'elle était attaquée, comme on dit que je le suis, du mal qu'on appelle monomanie.

Pour appuyer leur opinion, ils disent que le médecin feignit de lui fendre la tête, et que dans le moment qu'il la frappa très-légèrement avec son maillet, une autre personne qui était derrière la malade, laissa échapper un serin qu'elle tenait dans la main.

Ne dois-je pas m'attendre, d'après cela, à toutes les réflexions les plus saugrenues sur le mal que je souffre? Pour prouver que je suis monomane, on inventera mille et mille histoires, toutes plus ridicules les unes que les autres ; mais je n'en serai pas moins pour cela *le fléau des far-fadets*, d'autant mieux que je suis convaincu d'avance, que mes ennemis préparent déjà leurs matériaux pour contrarier tout ce que j'ai avancé dans mon ouvrage.

Je dois me féliciter encore une fois du bonheur que j'ai de n'être pas riche. Si j'avais de l'argent, les païens voraces qui ont persécuté mon oncle demanderaient mon interdiction.

CHAPITRE XXI.

Ma Farfadette se convertit.

D'APRÈS l'impression que ma farfadette avait faite sur moi, je voulus savoir s'il y avait eu sympathie entre nous. Je fus donc le lendemain rendre ma visite aux dames chez lesquelles je l'avais vue. Elles me dirent que l'élève féminin de Rhotomago avait conçu beaucoup d'estime pour moi, qu'elle avait senti la force de mes raisonnemens, qu'elle était tout-à-fait décidée à rentrer dans ses devoirs de piété et à abandonner ses erreurs et la compagnie où elle s'était enrôlée.

Elle est bien résolue, ajoutèrent ces dames, d'aller le plus tôt possible chez MM. Pinel et Moreau, pour leur faire des reproches de ce qu'ils lui avaient dit sur votre compte, et leur signifier qu'elle ne veut plus rien avoir de commun avec eux ni avec aucun farfadet. Elle a commencé à fréquenter les églises, et elle tâche de ramener à leurs devoirs ceux de ses collègues qui, comme elle, ont eu le malheur de s'en écarter. Ces dames ne m'en imposaient pas, puisque, depuis ce temps là, je voyais presque toujours ma farfadette à genou dans Saint-Sulpice priant Dieu fort dévotement.

Voilà donc deux cures que j'ai faites, et deux malheureux que j'ai ramenés dans le chemin de la vertu.

Glosez maintenant tant que vous le voudrez, vous qui ne craignez pas de vous mettre en opposition avec moi, je n'en ai pas moins opéré deux miracles. Mes ennemis ne comptent plus dans leurs rangs deux êtres qui n'avaient pas toute la vocation du crime : je les ai rappelés à la vertu, dont ils n'étaient pas entièrement indignes.

Ces deux cures seront citées dans l'univers entier, comme on a cité celles qui furent opérées jadis par les apôtres de la foi chrétienne.

Comme saint Jean-Baptiste, j'ai lavé du péché du farfadérisme deux infortunés qui en étaient entachés, comme nous le sommes tous du péché originel, lorsque nous faisons notre première entrée dans le monde. J'ai converti à la religion de leurs ancêtres deux êtres faibles, qui ne l'avaient abandonnée que parce qu'ils n'avaient pas été avertis à temps du crime qu'ils allaient commettre.

O vous qui m'avez chargé de jouer sur la terre un rôle si digne de caractériser l'homme de bien, mon Dieu, continuez de me protéger et de soutenir mon courage ! Je ferai tous mes efforts pour achever d'être digne de vos bonnes grâces et de vos regards paternels.

Laissez-moi, laissez-moi souffrir encore pendant long-temps toutes les horreurs auxquelles je suis depuis si long-temps en butte. Je ne puis pas trop désirer la haîne de vos ennemis, elle me prouve que je suis digne d'être un des élus, dont le nombre doit être si petit.

J'entends dans ce moment un concert délicieux, ce sont les anges qui chantent vos louanges; ce sont les saints qui les accompagnent de leurs instrumens harmonieux!... chut!... chut!.... Laissez-moi donc entendre, MM. les farfadets.

CHAPITRE XXII.

Les Farfadets me volent plusieurs pièces d'argent.

QUAND on est poursuivi avec autant d'acharnement que je le suis par la race infernale des farfadets, on doit avoir occasion de citer mille événemens fâcheux.

Le 24 décembre 1819, au matin, la domestique de l'hôtel, venant faire mon appartement, ôta, comme d'habitude, les habits que je place

sur moi le soir pour me couvrir ; et soit qu'elle
les retournât en les prenant, ou que pendant la
nuit mon argent fût sorti de ma poche, cette
fille m'invita à le prendre, quand je lui dis de
le poser sur mon piano. Je comptai les pièces,
et me rappelant parfaitement de ce que j'avais,
je ne trouvai pas mon compte. Regardons, dis-je,
entre le drap et la couverture, pour voir s'il n'y
serait pas resté ou glissé quelque argent. Je
m'approchai moi-même du lit pour faire de plus
amples recherches, et nous entendîmes le bruit
de plusieurs pièces de monnaie que l'on faisait
raisonner dans une main, mais nous ne pûmes
rien voir. Nous nous occupâmes à tirer le lit,
à prendre un balai pour balayer tous les coins de
l'alcove, sans rien trouver du tout. La domestique, sensible à ma perte, apostropha elle-
même mes ennemis : Coquins ! monstres ! leur
dit-elle, vous osez voler comme cela ! Je le vois
bien, vous êtes réellement les enfans de Belzébuth !..... Que voulez-vous, ma bonne,
c'est une manière commode de s'emparer du
bien d'autrui : peut-être en avaient-ils besoin !
— En ce cas, Monsieur, ils vous en auront de
l'obligation. — Je m'inquiète peu de leur obligation, d'autant que mon intention n'était pas
de les mettre à même de m'en avoir. — Ce ne
sont toujours que des coquins, des voleurs. Je

vais annoncer dans toute la maison que vous avez été volé la nuit dernière par une troupe de farfadets.

Tous les locataires de l'hôtel furent bientôt instruits de cette soustraction, et me plaignirent bien sincèrement.

Que le jeune farfadet ne vienne donc plus me dire que les agens de Belzébuth ne sont pas des voleurs, que le vol leur est défendu : je donne, je crois, la preuve du contraire, et je vais bientôt la corroborer par un autre fait.

La réticence de mon jeune farfadet m'a fait douter un instant de la sincérité de ses révélations. Cependant je suis convaincu qu'il ne fait plus partie de la compagnie infernale : je l'interrogerai encore, pour voir s'il persistera dans une dénégation qui, dans ce cas, finirait par devenir coupable.

CHAPITRE XXIII.

Pour me consoler du vol qu'on m'avait fait, je vais acheter des alouettes. Je suis volé une seconde fois.

LE même jour, il m'arriva une autre aventure qui vient bien à l'appui de mon assertion. Je me promenais dans ma chambre, je réfléchissais à la scélératesse de mes ennemis, et je me disais: La perte que je viens de faire ne doit pas m'empêcher de manger une douzaine d'alouettes, d'autant que c'est demain le jour de la Noël.

Aussitôt que j'eus fini mes petites affaires, je sortis dans l'intention d'aller les acheter à la Vallée, tout près de la rue Guénégaud, où je demeure; j'en marchandai une douzaine : on m'en présenta deux à choisir, dont on me demanda vingt sous de la douzaine. Je tenais ma pièce de vingt sous entre les doigts, pour payer de suite; mais, par un effet surnaturel, cette pièce disparut sans que je pusse deviner comment.

La marchande, surprise ainsi que moi, chercha partout dans la paille et par terre, mais inutilement. Je la remerciai de la peine qu'elle avait bien voulu prendre pour une chose qui ne regardait que moi seul, et je lui dis en riant : Bonne femme, vingt et vingt font quarante, c'est beaucoup. Je vis, à la manière, moitié riante et moitié fâchée, avec laquelle elle me regardait, qu'elle ne m'avait pas compris.

Enfin, je payai mes vingt sous, j'en perdis autant, mais je ne revins pas sans alouettes : je les avais bien payées par l'effet d'un maléfice.

En m'acheminant vers mon hôtel, je faisais

les réflexions suivantes : Jugeons un peu ce que c'est que cette troupe de coquins ; non contens de m'avoir fait payer le déjeûner, auquel je n'étais pas invité, il faut encore que je leur paie le café.

Je rencontrai, en revenant, plusieurs personnes de ma connaissance, qui me demandèrent combien j'avais payé les alouettes ; je répondis : vingt et quarante. — Vingt et quarante ; mais c'est une énigme. — Oui, Messieurs, vingt et quarante. — Que voulez-vous dire ? expliquez-vous. — Vingt sous la douzaine d'alouettes, et vingt sous que les farfadets m'ont pris, cela ne fait-il pas quarante ? — C'est juste, Monsieur, vous avez raison. O les coquins ! ils vous ont volé de cette manière, les scélérats !

Je racontai mon aventure à qui voulait bien l'entendre, et je revins à la maison pour voir si on me rappellerait celle du matin. Cela ne manqua pas, je dis à mes hôtes que tous ces faits ne devaient pas les surprendre, puisqu'ils savaient aussi bien que moi, que ce n'était pas la première fois que cela m'arrivait.

Là, aussi, on me demanda le prix des alouettes, je fis la même réponse qu'à tous ceux qui m'avaient questionné : on en fut tout surpris. Je parlai sans métaphore, et on fut indigné contre la troupe infernale. Le maître et la maîtresse de la maison, en parlèrent à toutes les personnes qui logéaient chez eux : chacun y prit part en son particulier, et disait que c'était peut-être par les mêmes causes qu'il lui manquait de l'argent assez souvent.

Lorsque mes voisins me rencontraient, ils me demandaient s'il était vrai que l'on m'eût pris de l'argent, comme je l'avais assuré : mon affirmation excitait leur indignation. O les coquins, les voleurs ! disaient-ils ; ce sont eux, sans doute, qui m'ont pris, à diverses reprises, ce qui me manque dans mon appartement. — Oui, Messieurs, je suis bien aise de vous en prévenir et de vous affirmer l'exacte vérité ; l'espoir de vous être utile m'en fait une loi. Je désire sincèrement graver dans vos âmes toute la force et la sagesse de mes raisonnemens, qui n'en sont pas moins tristes pour l'humanité ; et tous me remerciaient et m'assuraient qu'ils s'étudieraient à profiter de mes avis.

Ainsi, mes chers lecteurs, prémunissez-vous contre les projets hostiles des farfadets. Lorsque vous irez vous coucher, comptez votre argent et fermez bien toutes vos portes. Si, lorsque vous aurez pris toutes ces précautions, vous voyez le lendemain qu'il vous manque de l'argent que vous aurez compté la veille, vous

III.

serez alors convaincus que ce ne pourra être que les farfadets qui vous l'auront enlevé.

Vous ajouterez foi à tout ce que je vous ai appris, et vous vous joindrez à moi pour demander la punition de ces misérables, qui ne respectent rien, pas même vos lits, lorsque vous auriez besoin d'être seuls avec vos femmes.

Vous vous adresserez aux magistrats chargés de la vindicte publique; et si vous ne pouvez pas leur désigner nominativement vos voleurs, vous les convaincrez du moins que les farfadets sont coupables de tous les crimes.

Et en effet, ceux qui s'introduisent invisiblement chez nous pour nous enlever notre bien, ne sont-ils pas plus coupables que les Cartouche et les voleurs de grandes routes? Ceux-ci, au moins, s'exposent aux punitions de la justice humaine, tandis que les farfadets ne craignent pas le regard vigilant des magistrats qui sont chargés de faire respecter les lois.

Mais le raisonnement que je viens de faire n'est peut-être pas bien juste, c'est donc à moi de le rétorquer.

Les Cartouche et les voleurs de grande route sont des malfaiteurs: ils font donc partie de la race farfadéenne, puisque cette compagnie se compose de tous les méchans qui sont sur la terre.

Cette observation me fait naître une réflexion qui aurait besoin de beaucoup de développemens. Je vais seulement la lancer sans aucun commentaire.

Peut-être que les farfadets sont divisés en deux classes : ceux qui peuvent jouir de l'avantage de l'invisibilité, et ceux qui ne peuvent pas quitter leur forme humaine, lorsqu'ils sont dans le cas d'opérer le mal.

Quoi qu'il en soit, une preuve matérielle existe, c'est que les agens du diable, dans quelle catégorie qu'ils se trouvent, sont des voleurs qui s'exposent plus ou moins à la punition de leur crime. Ils sont dangereux plus ou moins ; et, dans toutes les hypothèses, ils doivent être considérés comme les ennemis de Dieu et de l'espèce humaine, qu'ils persécutent de mille et mille façons.

CHAPITRE XXIV.

Les Farfadets sont récompensés par leur Grand-Maître, de leurs scélératesses.

Depuis long-temps je déclame contre les farfadets. J'ai fait connaître leur origine et l'ordre qui existe dans le gouvernement horrible et redoutable de ces possédés du démon, je ne dois pas laisser ignorer à mes lecteurs le moyen dont se sert leur grand-maître pour les récompenser de leurs crimes.

Le désordre et la débauche sont les seuls plaisirs qui les dédommagent des peines et des fatigues qu'ils se donnent. Le désir de jouir est si grand chez eux, qu'il les rend capables de s'exposer aux plus grands dangers et de les affronter tous. S'ils sont vainqueurs, ce qui n'arrive que trop souvent, en raison de l'extrême et funeste ignorance des braves gens sur leur compte, ils exercent une infinité d'horreurs, de crimes même, qui ne sont point réprimés, d'autant que les vices sont les lois constitutives de leur affreux gouvernement, qui récompense largement les provocateurs des crimes que ses satellites commettent à l'instigation les uns des autres.

Je n'ai encore parlé que très-superficiellement de la pièce farfadérisée dont ils se servent pour tromper les humains, je vais maintenant m'en occuper, avec tous les développemens qui sont, je crois, bien nécessaires.

Indépendamment des rapines qu'ils exercent partout, on leur accorde, suivant leur grade, un salaire en argent. On donne aux grands personnages une pièce de *cent sous*, aux subal-

ternes une pièce de quarante sous, et aux enfans ou novices une de trente. Cette modique
somme, une fois payée, ne paraîtra sûrement
pas, au lecteur, proportionnée aux peines et aux
fatigues que ces coquins se donnent. (Cela soit
dit sans intérêt pour leur infernale cause.) Mais
le lecteur saura que cette récompense, qui n'est
rien en apparence, fait leur fortune, par la
raison qu'on connaît déjà, du retour de la pièce
farfadérisée dans la poche du farfadet qui en
a fait l'emploi criminel.

Le lecteur est assez instruit de cet affreux
stratagème, il faut maintenant lui faire concevoir comment il se fait que dans les grandes
villes on voit une infinité de gens oisifs, très-
bien mis, qu'on ne connaît qu'imparfaitement,
et dont l'existence semble être un problême
pour tout le monde : la démonstration est facile.
Les farfadets ont souvent des recommandations
pour de très-bonnes maisons, ils sont très-
aimables, ont très-bon ton ; leurs habits sont à
la mode, et sous ce rapport ils passent pour de
très-honnêtes gens : de là vient la prévention
qui leur est favorable. Tout en eux est agréable,
leur insolence passe pour de l'esprit, leur grossièreté pour de la plaisanterie. La faiblesse de leur
santé sert d'excuse à leur coquetterie ou à leur
gourmandise. A onze heures, le café, le chocolat

ou le vin de liqueur sont nécessaires à leur estomac, pour chasser l'humidité du matin, quoiqu'à
cette heure l'atmosphère soit déjà dégagée. Le
limonadier, cupide et toujours très-empressé de
vendre, accorde tout ce qu'on lui demande; pourvu que sa marchandise se débite, il ne s'informe
pas s'il fournit à un farfadet mâle ou femelle:
il vend, et toute son ambition est satisfaite; mais
les remords ne tardent pas d'arriver. Le farfadet
qui naguères s'épuisait en remercîmens, et qui
trouve bon tout ce qu'on lui donne pour réparer
ses forces affaiblies, paye sa dépense; et pour
récompenser l'intérêt que lui a témoigné le limonadier ou restaurateur, il donne la pièce magique, qui revient à l'instant dans sa poche, comme
je l'ai déjà expliqué dans un de mes chapitres. O
comme il paie bien! s'écrie le fournisseur qui
croit avoir fait un grand bénéfice; cet homme
est charmant, il doit être riche, l'argent ne lui
coûte rien. On vante son amabilité et toutes
ses qualités physiques, qui souvent séduisent
ceux qui veulent à toute force ne traiter des
affaires qu'avec ceux qui ont l'art de fasciner
le monde par des manières bien trompeuses.
Ils ne savent pas que Dieu, indigné de leurs
bassesses, se sert des farfadets pour punir l'avarice de la plupart des marchands; et cela est
très-juste, d'autant que souvent ces Messieurs

repoussent le pauvre qui se présente à eux couvert des livrées de l'humilité, et lui laissent supporter toutes les intempéries de la saison la plus rigoureuse ; ils pensent qu'en leur disant *Dieu vous bénisse*, le souhait doit être plus efficace que le secours qu'il leur serait facile d'accorder.

Mais les cœurs durs ne calculent pas le plaisir qu'il y a de faire le bien sans intérêt. On ne veut pas se pénétrer qu'un secours donné à propos est un acte qui nous fait obtenir la miséricorde divine, tandis qu'un conseil ou une plainte sur des maux qu'on n'a pas éprouvés, ne prouve que la sécheresse d'un esprit corrompu, qui ne prend de la peine que lorsqu'il se persuade qu'elle lui sera payée ; et lorsqu'il se voit trompé, il gémit.

Il n'aurait pas versé des larmes, s'il ne s'était pas laissé séduire par des dehors trompeurs. S'il avait fait le bien, Dieu n'aurait pas permis qu'il fût la victime d'un maléfice. Il aurait aidé le pauvre dans son malheur, et il n'aurait pas été payé par une pièce qui ne lui a servi qu'à le prémunir contre les intrigans, sous quel costume qu'ils se présentent.

Je n'ai pas assez parlé de la pièce farfadérisée, je vais encore m'en occuper dans les chapitres qui suivront celui-ci. Je ne suis pas au nombre

de ces maîtres qui veulent cacher quelque chose
à leurs écoliers : les miens doivent en savoir
autant que moi.

~~~~~~~~~~~~~~~~~~~~~~~~~~~~~~~~~~~~

CHAPITRE XXV.

Nouveaux détails sur les Pièces de monnaie
enchantées.

Je reviens à la pièce farfadérisée, et je soutiens
que le moyen employé par les farfadets pour
s'en servir efficacement, est d'un effet mer-
veilleux, puisqu'il augmente leur crédit et leur
réputation en tous genres. En effet, que ne
peut-on pas faire avec un tel talisman ? honneurs, plaisirs, on peut tout se procurer.
Veut-on aller au spectacle, un billet ne coûte
rien ; il rapporte, au contraire, ce qu'il coûte
de moins que cinq francs. Veut-on faire connaissance avec des dames, en leur offrant des
rafraîchissemens, rien n'est plus facile ; on les
conduit au café, et c'est le cafetier qui les ré-
gale ; mais aussi, qu'en résulte-t-il pour elles ?
Bientôt elles payeront cher leur bonne foi. Le
farfadet, qu'on croit généreux, s'informe du logis
de la dame, qui ne voit rien de dangereux à lui
donner son adresse ; et le monstre, alors, usant

de son cruel empire, se glisse nuitamment chez la belle, abuse et trompe l'innocence et la vertu. Est-il un plus affreux scandale!

Ce qu'il y a de plus malheureux encore, c'est que ces estimables dames, que les infâmes farfadets ne quittent qu'après avoir remporté sur elles la victoire qu'ils méditaient, et dont ils ont d'avance savouré les délices par tous les préludes de la lubricité, c'est que ces estimables dames, dis-je, ne veulent pas croire à la perfidie de leurs suborneurs, tant il est vrai que les fripons ont un art infini pour en imposer aux âmes crédules et sans malice, qui désarment elles-mêmes le bras terrible qui voudrait les venger.

Les farfadets font souvent échanger leur pièce enchantée, ils la donnent pour payer la moindre bagatelle. J'ai déjà prouvé par un calcul arithmétique les ressources qu'elle leur procure. C'est avec elle qu'ils achètent des meubles, des habillemens somptueux et recherchés, et que par ce moyen ils se logent et se vêtissent comme des honnêtes gens d'une réputation intacte.

La conduite des hommes farfadets est imitée par les femmes farfadettes. Les modes les plus nouvelles, les étoffes les plus jolies sont celles qui leur conviennent le mieux : elles ont si peu de peine à se les procurer ! Bien parées, elles passent pour d'honnêtes femmes ; car rien ne ressemble mieux à une honnête femme qu'une friponne...... La seule différence qui existe entre elles, c'est que cette dernière ne craint pas d'attaquer, de faire même soupçonner la vertu des autres, tandis que les femmes vertueuses ne veulent pas croire, au contraire, à la méchanceté de leurs adversaires.

À la faveur de leur pièce enchantée, MM. les farfadets se procurent parfois le plaisir de se donner des repas splendides les uns aux autres. Lorsque chaque membre de la société avance en grade, il doit nécessairement donner un dîner de corps. Est-il obéré par quelque dépense extraordinaire, il attend qu'on lui donne la pièce de *cent sols*, il peut même emprunter celle de son collègue : dès-lors, il fait petit-à-petit les provisions. Sa femme le seconde dans tout ce qui doit précéder le festin. Si elle n'est pas farfadette, elle est au moins la confidente de son mari, dont elle ne voudrait pas être la délatrice. Elle court de marchands en marchands, accompagnée de sa servante, et à l'aide de la pièce magique elle revient du marché avec toutes les provisions dont elle avait besoin.

Le moment du repas arrive. Les invités se présentent. On s'accueille, on se fête, on boit à la santé les uns des autres ; et les premiers

toasts sont portés à la gloire du grand-maître
des farfadets : c'est de rigueur. On ne parle
pas des moyens dont on s'est servi pour donner
un repas aussi splendide, tous les convives le
savent, ils rient sous cape de leurs friponneries.
Mais on dit de bons mots, on fait des calembours,
les chansons à boire ne sont point oubliées.
Enfin on se sépare après avoir félicité les am-
phytrions de la manière dont ils ont reçu leurs
convives ; et quand la société est partie, le mari,
à son tour, félicite sa femme sur l'adresse qu'elle
a mise à faire fructifier *la pièce enchantée*, et
rend hommage à la présence d'esprit des femmes,
qui savent toujours tromper avec grâce et finesse.
C'est là leur talent.

Il n'est pourtant pas permis aax farfadets de
donner tous les jours de grands repas, et cependant ces Messieurs ne se laissent manquer
de rien, car, outre les repas de corps, ils en
donnent encore de plus simples pour les personnes qu'ils ont intérêt de conserver dans leur
intimité ou qu'ils veulent ménager en leur
laissant ignorer le pacte qu'ils ont fait avec le
diable. Avec ceux-ci, leur intérêt est de conserver intact l'honneur de leur maison, qui est
ensuite citée dans le monde comme étant digne
de recevoir des princes.

Mais ceux qui, comme moi, connaissent leurs

moyens magiques, ne sont pas surpris de cette magnificence, ils n'ignorent pas que sans le talisman tout cela n'existerait pas.

Je ris de bon cœur quand je me rappelle une aventure plaisante, arrivée à deux farfadets qui cherchaient à se tromper l'un et l'autre.

Un farfadet, fatigué du plaisir qu'il se procurait à l'aide de son invisibilité, voulut varier ses jouissances ; il va à cet effet dans une maison de débauche, où il trouve une femme superbe. Il fait le galant, on répond à ses galanteries. Il propose paiement, on ne veut pas l'accepter ; on propose, au contraire, de lui donner une pièce de cent sous qui le fera gagner au jeu. On l'accepte, à condition qu'on ne fera qu'un échange, ce qui s'exécute. Dans le moment qu'ils se donnaient mutuellement leurs cent sous, ils entendaient l'un et l'autre un bruit dans leurs poches, leurs pièces se croisaient et revenaient à leurs places. Les deux farfadets se reconnurent et se félicitèrent mutuellement de leur adresse et de leurs projets.

Je ne sais pas si c'est vrai ; mais on m'a dit que par ce moyen les farfadets se reconnaissent entre eux, comme les francs-maçons en se donnant la main. A cet égard, que mon lecteur fasse comme moi, qu'il attende d'autres instructions.

CHAPITRE XXVI.

La pièce magique sert partout aux farfadets,
sur la terre et en voyage.

C'est encore au moyen de la pièce magique
que les farfadets se décident à entreprendre tous
les voyages. Ils peuvent entrer dans toutes les
auberges, soit pour se rafraîchir, déjeûner ou
dîner, ils ont bientôt fait des bénéfices, puisque
le prix de leur repas ne s'élève jamais à cent sous.

Le voyageur farfadet amasse ainsi une fortune
dont il fait parade en arrivant à son pays ou à
l'endroit de sa destination. On le félicite sur
son heureux voyage et sur son bien-être. Fier
de ces complimens que les flatteurs et les para-
sites lui prodiguent, il parle des peines qu'il s'est
données pour se procurer ce qu'il possède, des
privations auxquelles il s'est soumis par éco-
nomie ; mais il cache à tous ceux qu'il veut
tromper ses manœuvres indignes, les bassesses
qu'il a commises depuis qu'il est agréé à la société
diabolico-farfadéenne, il étale avec faste et os-
tentation les choses de prix dont il a fait em-
plète avant de quitter la capitale, patrie du
luxe et de la richesse.

C'est de cette manière et par ces moyens vils que se sont enrichis les farfadets qui passent dans le monde pour de très-honnêtes gens, par cela seul qu'ils sont riches; c'est par la pièce farfadérisée qu'ils ont acheté leur considération; mais, gare la bombe! ....

Je ne veux pas terminer ce chapitre sans avoir mis sous les yeux de mes lecteurs un compte de recette tenu par un farfadet pendant un voyage qu'il fit de Paris à Marseille.

Compte du voyage de ***.

		Dépenses.	Recettes.	
1er jour. — Dîner..................	5 fr.	2 fr.	c.
Idem. — Souper..............	5	1	50
2e. jour. — Dîner.................	5	2	50
Idem. — Achats de plusieurs objets.	5	248	
Idem. — Souper..............	5	1	50
3e. jour. — Dîner...............	5	2	
Idem. — Achats de marchandises.	5	647	50
Idem. — Souper..............	5	1	50
4e. jour. — Dîner...............	5	2	
Idem. — Achats de bijouterie.....	5	988	
Idem. — Souper..............	5	2	
5e. jour. — Dîner...............	5	2	
Idem. — Achat de divers objets. .	5	370	
Idem. — Souper..............	5	1	50
6e. jour. — Dîner...............	5	2	
Idem. — Diverses emplètes.......	5	1451	
Idem. — Souper..............	5	1	50
7e. jour. — Dîner...............	5	2	
Idem. — Diverses emplètes.......	5	2344	
Idem. — Souper..............	5	1	50
8e. jour. — Arrivée à Marseille.....	5	»	
TOTAL............	0	6073 fr.	

Pendant mon voyage, dit-il, je n'ai rien dépensé, parce que j'ai toujours donné ma pièce en paiement. J'ai donc fait la route de Paris à Marseille , en gagnant six mille soixante-treize francs, sur lesquels il faut distraire pour le paiement de ma voiture, cent quatre-vingts francs que je n'ai pu payer avec une seule pièce farfadérisée; reste donc de bénéfice , dans huit jours de voyage, cinq mille huit cent quatre-vingt-treize francs.

Eh bien! chers lecteurs , êtes-vous étonnés maintenant de ce que les farfadets sont riches?

CHAPITRE XXVII.

Je suis aussi franc en parlant de moi que lorsque je m'entretiens des autres. Autre résumé de mes malheurs.

Ceux qui ont lu mon ouvrage jusqu'à ce chapitre , doivent s'être aperçus que je parle avec franchise de tout ce qui m'est personnel; que mon langage simple et naïf n'est que le langage de la vérité. J'ai dit aussi bien ce que je pensais des autres, comme ce que je pense de moi; c'est ce qui prouve que je ne veux m'abaisser à tromper personne.

Quand j'ai quitté mon pays, il y a environ quarante ans, c'était pour travailler dans différens magasins où j'aurais été à portée de faire ce qu'on appelle quelques affaires de commerce ; mais par honneur, je ne classai au nombre des affaires que celles qui sont légitimement faites et approuvées par les lois. Je me retirai à Avignon, dans l'intention de travailler pour mon compte ; et dans cet espoir, je vendis, pour entreprendre mon industrie, maisons, terres et capitaux.

Le démon, l'ennemi acharné de tous ceux qui ne connaissent que Dieu, vint troubler ma félicité, il me tourmenta de toute manière, pour me faire abandonner la loi de Dieu et me donner à lui. J'eus horreur de son insolente témérité, et je me refusai à écouter ses indignes propositions. C'est de ce jour que datent tous les maux que j'ai éprouvés de sa part, à l'aide de ses infâmes émissaires. J'avais beau me donner des peines, du mal, mon zèle ne suffisait pas. Jamais je ne pouvais parvenir à ce que j'entreprenais, une chose m'en faisait oublier une autre ; et avec la meilleure volonté du monde, je faisais toujours tout de travers, je ne pouvais réussir à rien.

J'étais donc libre de venir à Paris, quand des affaires de famille m'y appelèrent. Mon oncle, comme je l'ai déjà dit plusieurs fois, désirait me laisser sa fortune. Mes ennemis vinrent encore à mon encontre pour me faire perdre cette ressource, qui aurait amplement réparé les pertes que j'avais faites pour entreprendre un commerce.

Ce qui m'est revenu de cette succession, est resté, comme on sait, entre les mains des gens d'affaires. Mon argent a eu la destination que les farfadets ont voulu lui donner. Ils savent que les procureurs ne m'aiment pas à cause de ma véracité, et c'est pour cela qu'ils ont voulu leur faire manger encore une huitre, bien persuadés qu'ils étaient, qu'on ne nous en laisserait que les écailles.

C'est une grande satisfaction pour moi de résumer de temps en temps, dans mes chapitres, les principales causes de mes malheurs, de mes souffrances et de toutes les iniquités dont j'ai à me plaindre.

CHAPITRE XXVIII.

Tout ce qui paraît séduisant dans mon Mémoire contre les Farfadets, doit tourner à leur honte.

QUEL heureux moyen d'existence, pour les farfadets, que leur maudite pièce de cent

III.   8

sous! Par ce talisman, ils ne craignent ni di-
sette, ni ravage, ni feu, ni grêle.

Quelle que soit la planète qu'ils fassent agir
pour ravager la terre, la planète respecte toujours leurs propriétés, et s'ils n'en ont pas, ils
ont leur pièce de cent sous en compensation.

Le laborieux cultivateur se trouve ruiné par
le feu qu'on dit venir du ciel, ou par toute autre
cause, et le farfadet n'a jamais connu le malheur.

Le pauvre, dans sa douleur, attribue la
misère qui le poursuit, à la colère de Dieu qui
le punit pour quelques fautes dont il se croit
coupable; et telle est son erreur, qu'il ne voit
pas qu'il ne devrait en accuser que le génie du
mal, qui cherche à faire des malheureux, pour
procurer des prosélytes au diable. Quand il
craint de mourir de faim, l'homme faible con-
sent à se rendre coupable : la pièce de cent sous
le séduit, surtout quand il sait qu'il peut l'é-
changer trente ou quarante fois par jour, selon
ses besoins ou sa volonté.

Il existe des farfadets dans toutes les classes
et dans toutes les conditions qu'on distingue
sur la terre : c'est pour cela que le mauvais
temps respecte les propriétés des méchans,
quand il détruit celles des citoyens honnêtes.
Les farfadets nous en donnent la preuve. Ils ne
nous font sentir la maligne influence d'une pla-

nète désastreuse, que pour que les biens des honnêtes gens soient ravagés, quand les leurs sont respectés par l'orage. Par ce moyen, ils sont toujours sûrs de se nourrir, tandis que les malheureux ravagés sont obligés de leur bien payer leurs denrées, pour pouvoir soutenir leur chétive existence.

Le plus grand de tous les maux, c'est que le vulgaire se trompe sur la cause du maléfice. J'entends bien souvent des nigauds s'écrier : C'est bienheureux, voilà des propriétés que la grêle, la pluie ou le tonnerre, ont respectées, et on ne sait pas que c'est par un pacte avec le diable que le propriétaire a obtenu cette protection ; car si réellement Dieu voulait punir les hommes, il n'aurait pas besoin de faire connaître sa colère par des orages, des grêles, etc.; il défendrait simplement à la terre de produire ce que chaque année on attend d'elle, et cette punition serait plus exemplaire et mieux appréciée. Tous les mortels ressentiraient alors l'effet de la colère céleste, et chacun, descendant dans sa conscience, prendrait sa part de la punition générale, et se convertirait.

Alors la pièce magique ne serait plus dans le cas de séduire personne, d'autant mieux qu'on ne l'accorde qu'à ceux qui ont rendu des services signalés à l'abominable et incroyable association des farfadets. Ceux qui n'en ont pas encore été trouvés dignes, ont la faculté de se dédommager, en attendant de l'obtenir, par de petits vols qu'ils croient très-innocens, et qui nous sont attestés par les personnes qui ont reçu des visites nocturnes, et qui se sont aperçues, ainsi que moi, que le lendemain il leur manquait toujours quelque chose, soit de leurs bijoux, soit de leur argent.

Cette accusation est constante : ce sont les personnes que j'ai eu le bonheur de guérir, qui me l'ont affirmée ; elle me fait croire que n'ayant pas pu moi-même encore me soulager, je cours grand risque d'être tout-à-fait dépouillé avant ma parfaite guérison.

Je le crains d'autant plus, que j'en ai reçu l'avis de la part du roi des farfadets, et par une lettre de ses ministres, qui m'a été remise par la poste. Cette dernière porte en substance, qu'on m'enlevera, quand on le voudra, l'argent que j'aurai dans la main et même dans mes poches.

Le roi des farfadets, ainsi que MM. ses ministres, choisissent très-bien les noms de leurs émissaires ; c'est Griffart qui m'a écrit. Ce nom, qui ne peut appartenir qu'à un homme armé de griffes, est digne vraiment d'être employé par le maître des griffons, que vulgairement on appelle le Diable.

. Les faits que je viens de citer, et les preuves
que j'en ai données, me sont garans d'en avoir
dit assez, pour que les jeunes gens qui liront
cet ouvrage ne soient pas tentés d'entrer dans
une société anathématisée.

C'est pour cela que j'ai intitulé mon chapitre
de ces mots : *Tout ce qui paraît séduisant
dans mon Mémoire contre les farfadets, doit
tourner à leur honte.*

Et quel sera maintenant l'homme assez criminel, qui n'évitera pas les piéges de la secte
infernale ? La pièce farfadérisée ne pourra séduire que l'avare, et l'avare est damné par le
seul fait de son avarice ; les visites nocturnes
n'éblouiront plus que les libertins qui fré-
quentent les lieux de débauche ; et tous les
libertins sont au pouvoir du diable avant même
d'avoir fait alliance avec les farfadets.

Ainsi, il n'y a pas lieu de craindre que mes
révélations fassent du mal sur la terre, je viens
d'en donner la certitude. Il n'y a que ceux qui
sont déjà condamnés à la damnation éternelle,
qui iront au-devant des propositions que les
farfadets se disposeraient à leur faire.

Tandis que si je n'avais pas fait connaître à
l'univers entier tous les moyens qu'ont employés
mes ennemis pour me séduire, quelques hon-

nêtes gens auraient consenti à des propositions insidieuses, sans croire faire le mal.

Médecins, procureurs, avocats, étudians en droit et en médecine, faites-vous farfadets; je le désire : il est peu d'hommes parmi vous qui ne soient pas dignes du farfadérisme.

Honnêtes gens de toutes les classes de la société, lisez mon livre pour pouvoir éviter la séduction de nos ennemis communs.

J'ai donc bien fait d'écrire tout ce que j'ai écrit jusqu'à ce moment. Je vais m'occuper à chercher d'autres matériaux et j'en trouverai de nouveaux dans les conversations que j'ai eues avec le jeune farfadet dont j'ai déjà parlé dans mon second volume.

Dans le chapitre que j'ai écrit le concernant, j'ai embrassé dans un seul cadre tout ce qu'il m'a dit et toutes les réflexions que ses confidences m'ont fait naître.

Je vais maintenant entrer dans tous les détails qu'il m'a donnés, et je ne serai que fidèle historien. On verra comment peu-à-peu je suis parvenu à le guérir et à le préserver du malheur qui le menaçait.

On a déjà applaudi à la conversion de la farfadette qui m'avait suivi dans l'église : on applaudira également à celle du jeune farfadet, qui a été suivie de deux autres; celle d'un étudiant et celle d'une jeune personne qui logeait avec moi dans l'hôtel de Limoges.

Ce sera en temps et lieu que je parlerai de ces deux dernières conversions, je ne veux pas les confondre les unes avec les autres · je vais épuiser tout ce que j'ai encore à dire sur le compte du jeune farfadet, et je ne finirai pas mon dernier volume, sans avoir raconté tous les hauts faits qui ajoutent à ma gloire et à l'espérance que j'ai d'être bien récompensé par Dieu de tout ce que j'ai fait ici-bas.

CHAPITRE XXIX.

Détails circonstanciés de mes conférences avec le jeune enfant dont j'ai déjà parlé dans mon second volume.

C'est toujours dans la même maison où on m'avait fait faire connaissance avec le jeune farfadet, qu'ont eu lieu les conférences que j'ai eues avec lui. Le premier chapitre le concernant me fut dicté par mon indignation, et ne fut, pour ainsi dire, qu'un résumé de toutes les révélations qu'il m'avait faites. Il faut maintenant que l'univers connaisse les plus petites particu-

larités de mes conversations avec ce jeune néo-
phite du far'adérisme. Tant pis pour ceux qui
diront que ce n'est qu'une répétition de ce que
j'ai déjà dit à son sujet, je n'en dois pas moins
suivre mes notes quotidiennes.

Aussitôt que je vis ce jeune farfadet, je le
grondai très-vivement de se trouver nanti ou
possesseur de la pièce farfadérisée. Mais la corruption a des piéges si séducteurs, ils semblent
si doux à ceux qui s'y laissent prendre, que ce
jeune homme avoua, avec la franchise qu'on ne
trouve ordinairement que dans une âme pure,
qu'il était effectivement possesseur de ce talisman ; qu'il lui était très-utile ; qu'il en retirait
de très-grands avantages chaque fois qu'on l'envoyait en commission ; que l'argent qu'on lui
rendait sur le marché qu'il venait de faire, lui
restait, indépendamment de sa pièce de trente
sous, qui revenait dans sa poche au même instant
qu'il venait de la donner. Alors, m'adressant
à lui, je crus devoir lui dire : ne concevez-vous
pas, malheureux, que par ce moyen infâme
vous conservez votre existence aux dépens du
tiers ou du quart ; qu'on ne peut appeler cette
manière de vivre qu'un brigandage privé, que
vous exercez impunément sans rougir et sans
craindre les lois et la justice ? Remettez-moi ce
signe qui fait votre honte, et qui fera peut-être

un jour votre supplice. Vous êtes trop jeune encore pour qu'une main bienfaisante ne vous retire pas de l'abîme où votre inexpérience vous plonge, sans que votre cœur vous y ait poussé.

Le jeune farfadet refusa de m'obéir : alors les soupçons les plus cruels s'emparèrent de moi. Je craignis de lui faire une question qui pouvait le déshonorer et le perdre dans mon estime ; mais enfin, pressé de le rendre à lui-même, je lui parlai avec cet intérêt qu'inspire une victime que l'on veut sauver du danger : Mais, mon enfant, vous êtes donc farfadet ? — Je ne sais, mais je vais à leurs assemblées. — Ah ! grands dieux ! vous allez à leurs assemblées : eh bien ! je vous en fais mon compliment. — Mais, Monsieur, mon père, mon frère et ma sœur y vont bien, pourquoi donc voudriez-vous que je n'y allasse pas ? — Est-ce une raison, malheureux ! doit-on faire tout le mal que l'on voit faire aux autres ? Si votre père, votre frère et votre sœur veulent se damner et attirer sur eux le courroux du ciel, est ce encore une raison pour suivre leur exemple ? Ne savez-vous pas que Dieu est plus fort que tous les hommes, puisqu'il tient dans ses mains équitables le sort de tous tant que nous sommes ?

Innocent ou perfide, le farfadet ne put rien

comprendre à ce langage, et me demanda ce que c'était que Dieu, dont son père ne lui avait jamais parlé, et lui avait même défendu de s'entretenir. — Votre père est dans des principes affreux, c'est un très-grand tort qu'il a, de ne pas vous inspirer d'autres sentimens, il vous conduit lui-même à votre perte. Vous serez la dupe, tôt ou tard, des principes dans lesquels il vous a élevé. — Eh bien! tant pis. — Mais, malheureux enfant, égaré que vous êtes, répondez-moi, et dites à qui vous accordez la puissance d'avoir fait le ciel et la terre, les hommes et tout ce qui existe : n'est-ce pas à Dieu? — Mon père ne veut pas que je parle de cela du tout, parce qu'il craint que je ne dise des bêtises. — Votre père a ses raisons, parce que, s'il ne se comportait pas ainsi, il ne pourrrait être admis dans la société magique qui l'autorise à faire le mal en vengeance du bien que Dieu nous fait tous les jours; mais j'espère que ce même Dieu punira votre père de tous les tourmens que me font éprouver les membres de la société infernale dont il fait partie.

Le ton ferme et persuasif que je pris avec cet enfant lui fit faire des réflexions dont je le voyais déjà occupé.

CHAPITRE XXX.

Le jeune Farfadet me fait des confidences. Il répond à toutes mes questions.

Dans une autre conversation que j'eus avec le jeune farfadet, il fut le premier à me parler : Je sais bien, me dit-il, que vous souffrez beaucoup des farfadets. Mon frère et ma sœur vont souvent vous tourmenter, surtout quand vous êtes dans votre chambre. C'est ma sœur qui a cassé le verre de cristal que vous teniez dans vos mains, et qui vous avait coûté cent sous. Je connais celui au pouvoir duquel vous êtes dans ce moment ; je sais aussi comment on a fait pour tuer votre écureuil : il y a long-temps qu'on préméditait ce crime. Avant de le tuer, on a voulu vous forcer, par ses malices, à le maltraiter. Mon frère, ma sœur et bien d'autres personnes que vous connaissez ou que vous ne connaissez pas, avaient formé le projet de vous le rendre insupportable. Enfin, on décida sa mort, et on voulut qu'elle eût lieu de manière à faire croire à tout le monde que c'était vous qui lui aviez donné le coup mortel. C'est pour cela qu'ils

placèrent cette pauvre bête entre le matelas
et le drap de lit, et l'endormirent assez pro-
fondément pour qu'il ne vous entendît pas
monter sur le lit : c'est alors que, vous plaçant
inopinément sur lui, la pesanteur de votre
corps, sur lequel il y avait six farfadets, l'étouffa
sur-le-champ, et que la pauvre bête n'en revint
plus. — Comment ! jeune homme, vous osez me
faire un tel aveu, et n'en rougissez pas ? — Que
voulez-vous ? puisque c'est comme cela que sa
mort a eu lieu, je ne puis pas l'attribuer à une
autre cause. — Eh bien ! moi, je dis que cela
prouve que les farfadets ont l'âme bien noire de
ne pas plaindre un pauvre petit animal qui ne
leur avait jamais rien fait, et dont la gentillesse
devait désarmer leur barbarie. Mais, dites-moi
un peu, M. le jeune farfadet, quelle nécessité y
a-t-il de faire mouvoir des planètes qui nous
sont si nuisibles en toutes les saisons, soit par
trop de pluie ou par la grêle, soit par une trop
grande sécheresse, toujours préjudiciable aux
biens de la terre ? — Cela nous divertit et nous
plaît. — Comment ! cela vous plaît ; mais ce sont
des amusemens cruels et barbares. En ce cas,
vous avez dû bien jouir en 1816 et 1817 ? — Mais,
oui, nous fûmes assez contens, nous avions nos
raisons pour agir ainsi. Notre puissance s'étend
jusqu'à la permission de nous transporter dans

les nuées. afin de les métamorphoser en eau, en grêle, en tonnerre, comme il nous plaît. —Avez-vous fait ces métamorphoses en 1819?—Oui, mais nous ne savons pas ce qui a pu empêcher l'effet de notre travail. Nous avons aussi le pouvoir de faire naître la guerre entre les gouvernemens, d'armer les peuples les uns contre les autres, en ayant soin de nous mettre toujours à l'abri du danger. En me disant ces derniers mots, mon jeune farfadet me quitta.

Je voulus le questionner encore, mais le petit fripon ne voulut pas m'en dire davantage ce jour-là.

Je fus donc obligé de me taire, et pourtant j'aurais pu savoir bien des choses, qui sans doute ne m'ont pas été révélées dans la suite.

Je sortis sans être parfaitement content de moi-même; peut-être aurais-je pu, par une récompense bien administrée, exciter davantage la volubilité du langage de ce jeune disciple de Satan.

Je me promis bien de ne pas en agir ainsi, lors de notre première entrevue. Je le questionnerai sur tout, me disais-je, je veux pénétrer tous les secrets de mes ennemis. Je veux rendre mes mémoires aussi complets que ce qu'ils doivent l'être. Je ne veux pas qu'on puisse me dire : M. Berbiguier ne sait pas lui-même tout ce que font les farfadets.

Si fait, je le sais; j'ai déjà rempli deux volumes du récit de leurs forfaits et de leurs brigandages. J'avance dans le troisième volume qui doit compléter mon ouvrage, et c'est là que je dois suspendre mes révélations.

J'attendais donc avec la plus vive impatience le jour où je pourrais encore interroger mon jeune farfadet. Il arriva, et je ne fus pas trompé dans mon attente. Je consacrerai plusieurs chapitres aux nouvelles horreurs qu'il m'a apprises.

Lecteurs, préparez-vous à frémir comme j'ai frémi en entendant les choses cruelles qu'on vient de m'apprendre.

J'ai besoin d'un instant de repos pour pouvoir me les rappeler fidèlement.

CHAPITRE XXXI.

Le jeune Farfadet continue ses révélations et ses réponses.

En revoyant le jeune farfadet, je m'empressai de lui adresser la parole. — Puisque vous êtes si instruit des pouvoirs que s'arroge l'infâme

société dont vous et votre famille vous glorifiez
de faire partie, dites-moi, je vous prie, pourquoi brisez-vous mes cadenas et mes serrures,
quand je suis dans ma chambre, et principalement dans la nuit? — C'est pour vous prouver
que rien ne nous est impossible. Une seule de nos
paroles suffit pour faire ouvrir serrures et ver-
roux. Vous voyez que si nous cherchions à nous
enrichir en peu de temps, cela nous serait bien
aisé. Quand nous voulons soumettre à nos lois
une ou plusieurs personnes, nous les plaçons
sous l'influence d'une planète maligne que nous
lançons, et ces personnes ne sont plus maî-
tresses de leurs actions, elles ne rêvent qu'à
nous. Nous troublons leur repos, leurs prières,
leurs promenades, leurs repas, et nous les ren-
dons insupportables à la société, parce qu'elles
répètent toujours la même chose, et qu'elles
deviennent le jouet de tous ceux qui veulent
bien s'amuser à leurs dépens. Par exemple, nous
savons que vous faites un ouvrage contre notre
société, que vous voulez le répandre par toute
la terre, dans l'intention de nous faire du tort;
mais vous n'y réussirez pas. Nous voulons bien
vous laisser écrire cet ouvrage, qui vous occupe,
nourrit votre erreur, entretient votre chimère
et vous fait espérer de l'adoucissement à vos
peines; c'est une consolation que nous consen-

lons à vous accorder jusqu'à la fin ; mais vous ne parviendrez jamais à le mettre au jour. Nous en arrêterons la publication , dussions-nous aller soustraire l'argent de ceux qui voudraient en acheter des exemplaires. — Eh bien ! je me moque de vos menaces, j'en ferai deux, trois, quatre , s'il le faut , et si vous prenez l'argent de ceux qui en achèteraient, je me résoudrai peut-être, pour vous faire enrager, à en distribuer gratis. C'est un trop grand bienfait pour l'humanité, pour que je ne me décide pas à faire tous les sacrifices nécessaires à sa publicité. — Nous vous ôterons les moyens et même jusqu'à l'idée de le faire. — Et comment cela, s'il vous plaît? — Par les tourmens et les tracasseries que nous vous ferons éprouver continuellement ; et pour preuve que nous pouvons le faire, c'est que nous ne sommes pas un seul jour sans venir vous tourmenter, et que bientôt vous ne saurez plus où donner de la tête. Il n'y aura plus d'ordre dans vos idées ni dans vos actions ; vous répéterez cent fois la même chose sans vous en apercevoir, et vous finirez par ne plus vous faire comprendre, ni comprendre les autres. Quand vous serez dans cet état, vous n'aurez plus les moyens ni la possibilité d'écrire un mémoire, ni même de le faire écrire. Personne ne voudra se charger de donner du sens et un air de vérité aux sottises que vous direz contre une puissance établie depuis des siècles, et qui existera à tout jamais. — J'étouffe !

CHAPITRE XXXII.

Le jeune Farfadet connaît parfaitement tous les chefs de la secte farfadéenne.

J'avais besoin d'un moment de repos pour reprendre ma conversation avec mon jeune farfadet. Maintenant, lui dis-je, nous verrons bien ; mais puisque vous dites qu'on parle de moi dans vos assemblées, connaissez-vous MM. Pinel père , Moreau , Prieur frères et Papon, Lomini , leur cousin? Connaissez-vous M. Chaix? Oui, Monsieur, je les connais tous, ce sont d'honorables membres de notre assemblée farfadéico-diabolique. Je connais encore un autre Monsieur qui reste dans votre maison, qui se donne le grade d'officier, et qui s'appelle monsieur. . monsieur... Monsieur... aidez-moi donc. — Attendez, je crois que vous voulez dire M. Bonnet? — Oui , M Bonnet; c'est cela précisément. Eh bien! vous êtes à présent sous sa domination. — Je le sais bien ; mais j'espère ne pas y rester long-temps. — Ne

III. 9

vous en flattez pas ; cela ne dépend pas de vous ;
car s'il ne se présente personne pour prendre
votre place, vous resterez sous la domination
de ce Monsieur tant que cela lui plaira. — C'est
ce qu'il faudra voir.

Dans ce moment, l'entretien s'échauffait.
Une dame ouvrit la porte du salon où j'étais
avec le petit farfadet, et demanda ce que c'était
qu'une flamme qu'elle venait de voir briller.
Elle était vivement affectée de penser que l'enfant du diable avait peut-être eu de mauvaises
intentions à mon égard. Je la calmai, ainsi qu'une
autre dame qui était entrée avec elle, et je les
priai de me laisser causer avec le diablotin.

En reprenant notre conversation, je lui demandai si MM. Pinel, Moreau et tous ceux que
j'ai déjà nommés dans mes Mémoires, me sou-
haitaient du mal. — Ils veulent vous donner la
mort ; mais comme il faudrait pour cela vous
attacher dans votre lit, ils craignent que ce
préliminaire ne vous réveille et ne leur fasse
manquer leur tentative. D'ailleurs, ils savent
que vous les avez nommés dans vos Mémoires,
et cela leur ôte les moyens d'exécuter leur
projets criminel, dans la crainte d'être accusés
de votre mort ; ce qui ne serait pas très-avan-
tageux pour leur réputation, quand ils cesse-
raient d'être invisibles. — Dites-moi donc, petit

farfadet, car je ne puis vous donner un autre nom, d'autant que vous convenez de votre qualité, dites-moi si vous avez employé vous-même les métamorphoses? Je suis assez bon physionomiste, je vais gager que vous avez été postillon, vous en avez toute la tournure : avouez-le, vous êtes venu à mon appartement? Le petit bonhomme se mit à rire. J'insistai davantage, et il m'assura qu'il y était venu très-souvent avec son frère et sa sœur. — Mais comment les farfadets peuvent-ils s'amincir ou se rétrécir au point de pouvoir s'introduire dans un appartement par les fentes des portes et des croisées, par les trous des serrures et par les crevasses d'un mur? — Vous êtes dans l'erreur : ce n'est pas notre corps qui opère, c'est une chose trop matérielle pour être transportée dans un appartement fermé, nous le laissons chez nous, comme une masse de pierre inanimée, et notre âme seule s'envole vers l'endroit qu'on nous a indiqué pour opérer ; c'est alors qu'elle s'attache sur la partie du corps de l'individu qu'elle doit tourmenter et en suit tous les mouvemens. Après avoir cependant réussi à l'endormir, elle grossit et diminue à volonté, et nous prenons alors tous les travestissemens magiques qui conviennent à notre situation. — Ne pourriez-vous pas m'instruire des secrets de votre compagnie? — Par-

donnez - moi. Lorsque les chrétiens parjures
quittent la foi de leurs pères pour entrer sous
la domination infernale, Belzébuth les oblige à
renoncer entièrement à Dieu. Lorsqu'il meurt
un chrétien dans cet état d'abnégation, l'Eglise,
qui n'a point eu connaissance de cet acte d'im-
piété, procède à son inhumation, comme de
coutume ; mais les farfadets vont retirer, la nuit,
le corps de leur nouvel agrégé, placent ses restes
inanimés dans un endroit qui appartient à la
secte farfadéenne. Belzébuth exige de ceux
qui entrent sous sa domination une garantie
qui lui assure pour toujours la possession de
celui qui se donne à lui. Chacun de ses affidés
est obligé d'enrôler dans sa compagnie une
personne au moins, ou bien il prend un des
enfans de l'initié, qu'il lui rend lorsque ce
dernier a rempli les conditions de son engage-
ment. Cet enfant, après avoir passé un certain
temps dans cette inique société, n'en rapporte
que des principes affreux, qui le rendent pour
toute sa vie un mauvais sujet, qui ne doit vivre
que pour la honte et le déshonneur de l'espèce
humaine. Voilà le récit exact des principes de
ceux qui quittent la bonne route pour prendre
la mauvaise, en abandonnant leur Dieu.

Le soir de notre entretien, le petit farfadet,
en rentrant chez lui, fut grondé par son père,

et surtout pour avoir tant parlé avec un ennemi
de la secte diabolique. Il lui avoua que c'était
lui qui avait fait briller la flamme qu'on avait
aperçue dans le corridor de la maison, pour
qu'il ne le compromît pas.

Lorsque MM. Pinel et Moreau eurent appris
le long et indiscret entretien que le jeune farfadet avait eu avec moi, qui suis leur ennemi
juré, ils semoncèrent son père de ce qu'il n'avait
pas défendu à cet inconsidéré de parler devant
des personnes non initiées, qui pouvaient faire
beaucoup de tort à leur société.

Ces Messieurs, ainsi que le père du jeune
homme, le firent mettre à genou, l'obligèrent
à prêter un serment exécrable, lui retirèrent
la pièce enchantée, et le bannirent de la maison
paternelle. Quelle cruauté!

MM. Pinel et Moreau, furieux du tort que
l'indiscrétion du jeune farfadet pouvait faire à
leur assemblée, voulurent destituer le père et
toute la famille; mais comme ils étaient très-
considérés dans cette assemblée de scélérats,
on obtint, à force de prières, qu'ils ne per-
draient pas leur faveur.

La sévérité des lois du code pénal farfadéen
est si grande, qu'elle tient du despotisme le plus
affreux. On condamna à mort un farfadet qui
avait brûlé du soufre secrètement, attendu que

la fumée, les odeurs et les choses fortes, nuisent beaucoup aux opérations de nos magiciens infernaux.

Ces cruautés me furent rapportées dans la maison où j'avais vu ce malheureux enfant et où on l'avait logé depuis son expulsion de la maison paternelle, que MM. Pinel et Moreau venaient de lui faire interdire si injustement Pour lui faire supporter moins douloureusement son bannissement, et lui donner une idée favorable du bien qu'on éprouve à revenir de ses erreurs, j'ajoutai à mes conseils paternels et religieux une pièce de quarante sous, en remplacement de celle de trente sous qu'on lui avait retirée. Il est vrai que celle que je lui donnai n'était pas farfadérisée.

Les dames de la maison eurent aussi la bonté de pourvoir aux besoins de cet enfant, espérant bien qu'il ne resterait pas toujours éloigné de sa famille; car à tout péché miséricorde.

Je suis content de moi dans le récit de tout ce que j'ai appris du jeune farfadet. J'ai prié le Dieu des chrétiens de diriger ma plume, pour m'éviter de rappeler ce que j'avais déjà écrit sur le même sujet. Ma prière a été exaucée, je n'ai pas rappelé la plupart des choses que j'avais déjà révélées à mes lecteurs.

Je crois bien que dans ce que j'avais dit et

dans ce que je viens de dire, il existe peut-être
quelques contradictions ; mais on se rappellera,
pour me les pardonner, que dans mes derniers
chapitres ce n'est pas moi qui parle, que je ne
fais que transcrire ce qui m'a été dit par le jeune
farfadet qui, comme j'en ai déjà fait l'observation, peut bien avoir eu le projet de me donner
le change sur tout ce que je savais déjà concernant la criminelle association des farfadets.

Cessons de raisonner, et revenons-en à des
faits ; il en faut toujours et dans toutes les occasions, pour convaincre ceux de qui on ambi-
tionne le suffrage.

CHAPITRE XXXIII.

*Les Farfadets prennent toutes sortes de masques.
Ils sont hypocrites, voleurs et séducteurs.*

J'AI déjà fait l'observation, dans quelques-uns
de mes chapitres, que les farfadets étaient assez
rusés pour prendre le masque de l'hypocrisie.
Ils vont dans le temple du Seigneur, pour donner le change et en imposer aux vrais chrétiens ;
mais je les ai si bien étudiés, que je les connais
à présent, ils ne peuvent plus me tromper. Je

les reconnais à leur contenance , qu'il me faut aussi dévoiler à mes lecteurs.

Quand ils sont las de se promener dans la sainte église, ils se tiennent debout, ils causent, rient et font des gestes qui prouvent leur scélératesse : ils prennent les vases sacrés , les ciboires , ils jettent et foulent aux pieds les saintes hosties.

Rien n'est plus scandaleux que leur conduite infâme et sacrilége pendant la dernière messe du dimanche. On les voit causer , on les entend même se donner des rendez-vous pour toutes sortes de causes que je ne veux pas qualifier.

Une farfadette n'a-t-elle pas eu l'audace de confier à une de ses amies, qu'ayant eu le malheur de perdre un amant qui lui était bien cher , et se trouvant très-malheureuse de son isolement , on lui avait conseillé de se rendre le dimanche à la messe, où elle pourrait trouver un autre amoureux ; qu'elle profita de l'avis, et se rendit effectivement dans une église ; qu'après avoir fait une toilette recherchée, pour parvenir à son but , elle ne tarda pas à trouver des farfadets qui , plus occupés des femmes que de Dieu , vinrent rôder autour d'elle comme des papillons ; que son intention étant d'en attraper un , elle ne tarda pas à réussir dans son entreprise ; que son amant enterré fut alors remplacé, et qu'elle ne se rappela plus, depuis ce moment, de la perte qu'elle avait faite.

L'amie, surprise d'une telle confidence, la désapprouva beaucoup, en ajoutant que c'était une chose affreuse de prendre le temple de Dieu pour le lieu d'un scandale abominable ; mais la farfadette se justifia, en disant que c'était une coutume établie depuis très-long-temps, et que la police de l'église ne s'étendait pas sur ces sortes de choses, qui n'étaient pas de son ressort.

Ce qui se fait dans les églises de Paris, se pratique aussi dans celles des provinces. La religion est le plus beau et le plus noble des manteaux dont j'ai vu bien souvent des mauvais sujets se couvrir, pour cacher leurs vices et leurs bassesses.

Il en est jusqu'à cent, que je pourrais nommer.

Mais pourquoi irais-je encore étendre mes révélations ? Bientôt tout l'univers saura comment il faut s'y prendre pour reconnaître un farfadet.

Voici la recette qu'il faut employer pour parvenir à cette découverte : Prenez le ton doctoral d'un médecin, la cupidité d'un procureur, l'effronterie d'un étudiant, la hardiesse d'une courtisane et l'hypocrisie d'un faux dévot ; voilà le farfadet.

CHAPITRE XXXIV.

Le 1er janvier 1820 je n'ai pas pu donner les étrennes aux Farfadets. Ils m'ont joué un tour abominable.

Je m'occupe tellement de MM. les farfadets, en raison de l'obstination extrême qu'ils ont mise à me persécuter continuellement, que j'avais l'intention , pour répondre à leur persévérance, de reconnaître leurs visites par des étrennes dignes d'eux, que je voulais leur offrir au commencement de chaque année.

Mes lecteurs savent déjà quelles sont les étrennes agréables à ces misérables. Cependant j'aurai encore du plaisir à leur rappeler ce que je leur préparais le 1er janvier 1820. J'avais projeté de leur offrir d'abord du cœur (ils en ont toujours besoin), du foie assaisonné de sel, de soufre, d'eau-forte , et bien piqué de plusieurs milliers d'épingles ; tout cela devait bouillir et rôtir à la manière accoutumée.

Mon projet n'a pas réussi , à mon grand regret, parce que des affaires inattendues m'en ont empêché ; c'est pourquoi je prie les farfadets de vouloir bien me pardonner mon indifférence, et de croire que ce n'est ni le défaut d'argent, ni mon irrésolution, qui en sont causes. L'un et l'autre ne m'ont jamais contrarié, lorsqu'il a fallu leur prouver ma haine.

J'ai tout lieu de croire qu'ils ne se sont point offensés de ce manque d'égards involontaire. Ils ne m'ont pas oublié; car ils sont venus, le jour même que je devais leur donner leurs étrennes, me rendre leur intéressante visite, qui fut d'autant plus agréable.pour moi, que c'était une visite de toute la compagnie invisible, et qui, pour cela, n'en était pas moins désa-gréable et pénible pour moi.

Le même jour, 1er janvier, à onze heures du matin environ, à mon retour de l'église, je rendis une visite à M. Bourgeois, l'un de mes plus proches voisins.

Après les complimens d'usage en pareil jour, nous parlâmes de choses indifférentes. Tout en causant, je posai la clé de ma chambre, que je tenais machinalement à la main, sur la tablette du poêle, près lequel nous nous chauffions.

Comme la décence et la civilité ne permettent pas et même défendent d'être jamais importun, et encore moins le premier jour de l'an, telle familiarité que l'on puisse avoir avec les personnes qu'on visite, je pris congé de M. Bourgeois qui, par honnêteté, voulut bien me reconduire jusqu'à la porte de mon appartement. Nous nous saluâmes réciproquement, et ce Monsieur retourna chez lui.

Au moment qu'il rentrait dans sa chambre, qui était sur le même carré que la mienne, je cherchai ma clé pour entrer chez moi, et je m'aperçus que je ne l'avais plus. Je courus après ce Monsieur, en le priant de ne pas fermer sa porte, parce que j'avais laissé ma clé chez lui. En entrant, je jetai les jeux sur le poêle, et je ne vis pas ce que j'avais perdu.

M. Bourgeois, voyant mon inquiétude, m'aida à chercher, il poussa même la complaisance jusqu'à allumer une chandelle en plein jour, pour donner plus de clarté aux endroits les plus sombres de sa chambre. Après avoir en vain fureté partout, je dis à ce Monsieur de ne pas se donner tant de peines ; que, sans savoir précisément où elle était, je me doutais bien qui pouvait l'avoir prise. J'entendis même en ce moment les farfadets rire de tout leur cœur: ce ne pouvait être que ces coquins-là qui s'étaient amusés. — Vous croyez? me dit M. Bourgeois. — Oui, Monsieur, je le crois. Voyez leur malice, ils n'ont fait cela que pour me jouer le tour de m'empêcher de sortir aujourd'hui et demain ; mais je les attraperai bien. Je déjouerai leur malice : — O les canailles ! — Eh bien! Monsieur, voilà comme ces gens-là me traitent, ils sont toujours en opposition avec ce qui peut m'être utile et agréable.

Je pris la résolution de faire appeler le serrurier pour ouvrir ma porte, et pour m'assurer contre la perfidie des farfadets, je le chargeai de mettre deux pitons propres à recevoir un cadenas, voulant, à l'avenir, être plus solidement enfermé chez moi.

Ce jour-là, je voulus me coucher de bonne heure ; mais je fus bientôt réveillé par mes infâmes et cruels ennemis, qui eurent la malice, pour me causer une surprise, de faire tomber la clé qu'ils m'avaient volée, devant moi, sur le lit que je venais d'ouvrir pour y entrer. A quatre heures du matin je la vis moi-même tomber, et certainement je ne suis pas un visionnaire.

Peut-on se permettre un tour plus traître ! mais il n'étonnera personne, on sait de quoi sont capables les enfans de la débauche et de la prostitution.

Je ne pus dormir après un événement semblable. J'attendis le jour avec une grande impatience. Sitôt qu'il fut venu, je me levai. Je devais être plus qu'impatient de raconter mon aventure de la veille et celle du matin à

toutes les personnes de mon hôtel, ce qui fut
pour elles un sujet nouveau de rire beaucoup
de la malice de ces méchans farfadets, que je
déteste.

Quand nous serons à dix, nous ferons une croix.

Je crois que si j'avais suivi cette marche,
je n'aurais pas pu, sans me tromper, tracer
toutes les croix qu'il aurait fallu que je fisse.

Les cruautés que m'ont fait endurer mes
ennemis sont innombrables. J'aurais voulu
les noter, que je n'aurais jamais pu les ad-
ditionner.

Lorsqu'on veut suivre les règles de Barême,
il est une certaine quantité de chiffres où il
faut savoir s'arrêter.

CHAPITRE XXXV.

*En dépit de mon jeune révélateur, les Farfadets
exercent des larcins que je dois signaler. Je
touche au terme de mes souffrances.*

Il est de mon devoir, puisque je me suis
décidé à écrire pour éclairer l'univers sur les
maléfices des farfadets; il est de mon devoir,
dis-je, de prévenir tous les habitans de la terre,

depuis les plus petits jusqu'aux plus grands ,
qu'ils ne doivent pas s'étonner s'ils trouvent
le soir , dans leur caisse , un déficit en comptant leur argent. Ce déficit provient de quelque
pièce magique de cent sous, qu'un farfadet
aura fait échanger en achetant quelque chose ,
et qui sera revenue dans sa poche.

Ainsi , ceux qui consultent le soir leur
caisse et leur registre de vente , et qui ne
trouvent pas leur balance égale , ne doivent
l'attribuer qu'à la cause que j'indique. Qu'ils se
gardent bien d'inquiéter leurs épouses , leurs
commis , leurs demoiselles de boutique ou de
magasin , ils doivent être convaincus que c'est
un tour des farfadets, dont ils doivent se délivrer promptement et sûrement , en faisant
usage du remède spécifique et souverain ,
dont plusieurs personnes m'ont vanté l'efficacité , après en avoir fait elles-mêmes l'expérience sur ma simple ordonnance.

Alors , on ne verra plus de ces accusations
qui finissent par la mort de l'innocence injustement poursuivie. Je l'ai déjà prouvé.

Au fur et à mesure que j'arrive à la fin de
mes chapitres, j'éprouve une consolation que
j'étais loin de connaître avant d'avoir pris la
détermination qui a fait mon bonheur.

Mes rêves sont beaucoup moins pénibles qu'ils

ne l'étaient autrefois. J'éprouve pendant le jour
et pendant la nuit, des momens de jouissance
qui m'étaient inconnus depuis plus de vingt-
trois ans.

J'arrive bientôt à la conclusion de mon travail. Je reconnais chaque moment l'utilité de
mes prières. Je remercie mon Créateur d'avoir
voulu écouter ma voix suppliante.

C'est le jour de mon mariage que doit commencer une nouvelle ère pour moi. Plus de
farfadets dans ma couche. Les enfans qui naî-
tront de mon union seront les véritables enfans de l'innocence.

Cependant j'ai encore à travailler pour finir
mon troisième volume. A l'ouvrage, à l'ouvrage,
M. Berbiguier de Terre-Neuve du Thym. Ne sentez-vous pas dans ce moment un farfadet qui vous
persécute? Vous n'avez pas encore parlé de ceux
que vous tenez dans vos bouteilles!.... C'est mon
bon génie qui me parle.... excusez-moi. Je sais
que je ne dois pas suspendre le bien que j'ai
promis de faire au genre humain. Je vais continuer mes révélations.

Mon point de mire est devant moi. Je veux
l'atteindre. Je l'atteindrai; et quand je présen-
terai moi-même mes volumes au Roi qui fait
dans ce moment le bonheur de la France, je
lui dirai : Sire , mes ennemis sont les vôtres ,

bientôt nous n'en aurons plus ni l'un ni l'autre.
Les farfadets vont périr.

~~~~~~~~~~~~~~~~~~~~~~~~~~~~~~~~~~~~~

CHAPITRE XXXVI.

*Mon imagination est tellement frappée par l'ap-
parition des Farfadets, que j'en vois partout.*

Il est évident, il est incontestable que lorsque nous avons l'imagination frappée d'un objet
quelconque, cet objet nous poursuit continuellement. Les cruels farfadets me tourmentent
tellement, que je crois en voir partout. On doit
s'en être aperçu, sans doute, en lisant mes chapitres. Je ressemble, en cela, à ces personnes
qui prennent en aversion leurs semblables et se
figurent les voir sous la forme d'un fantôme. La
raison en est simple; c'est que les personnes
qu'on prend en antipathie, sont des farfadets
qu'on déteste par instinct.

C'est là toute mon histoire; je vais l'enrichir
encore d'un nouveau fait. J'étais à Saint-Roch,
le 6 février, vers les six heures du soir, lorsque
tout-à-coup je me sentis tourmenté par une
troupe de farfadets qui vinrent se placer entre ma
redingotte et mon gilet. Pour m'emparer d'eux

avec sûreté, je détachai une des épingles qui
tenaient les boucles de mes cheveux ; je n'avais
pas, dans ce moment, d'autres armes à leur
opposer. Je pris un des farfadets, qui s'était
glissé dans mon dos, et je l'attachai avec cette
même épingle.

Vainqueur de mon ennemi, je continuai
ma prière. Après que je l'eus finie, je me
rendis chez M. le curé de la paroisse, pour lui
faire part de la prise que je venais de faire. Il
se mit à rire de mon récit, et me demanda ce
que je prétendais faire de mon ennemi, qu'il
m'invita à laisser libre.

Malgré ma haîne pour cette clique infernale,
j'étais sur le point d'acquiescer à ce que me
conseillait M. le curé, persuadé qu'il ne pouvait sortir que de bons conseils de la bouche
d'un ministre des autels, qui, lui-même, avait
plus d'une fois prêché qu'il fallait se méfier du
diable, de ses maléfices et des embûches qu'il
nous tend pour nous séduire et nous corrompre.

Je le quittai dans ce même moment ; mais
lorsque je fus arrivé chez moi, je repris d'autres
épingles pour mieux retenir mon farfadet ; tant
il est vrai que, malgré les conseils que l'on
m'avait donnés, ma haîne était encore plus forte
que ma soumission, puisqu'après avoir goûté les
conseils de M. le curé, je pris la résolution d'en-

chaîner plus fortement encore mon ennemi.

Je fis part de mon aventure à M. et madame Gorand, qui se mirent aussi à rire, en me donnant le conseil contraire à celui que m'avait donné M. le curé de Saint-Roch : cela me satisfit davantage ; parce qu'au moins je contentais ma haîne contre la race infernalico-diabolique.

Il y a sans doute quelque chose de répréhensible dans ma conduite. J'ai oublié un instant que Notre-Seigneur Jésus-Christ a toujours prêché le pardon de nos ennemis ; mais ce n'était pas des farfadets dont il voulait parler.

CHAPITRE XXXVII.

L'antechrist et une troupe de Farfadets m'ont écrit. Ils ont cru m'intimider ; mais je les ai bien lardés de poinçons et d'épingles.

LE 7 du même mois de février au soir, le facteur de la poste me remit une lettre signée *l'antechrist.*

Ce cruel démon se plaignait de la démarche que j'avais faite la veille, auprès de M. le curé de Saint-Roch, pour dénoncer l'engeance abominable des farfadets. Cette lettre sera connue

10*

du public, ainsi que le *fac simile* de la signature de celui qui me l'a écrite et adressée.

Je ne m'en occupai pas moins pendant huit jours à saisir mes farfadets avec des épingles , toutes les fois qu'une audace impudente les faisait venir chez moi pour se glisser entre le drap et la couverture de mon lit. Ma haîne et mon aversion pour eux sont invétérées.

Quelques jours après, je reçus une seconde lettre de la part d'un chef de légion du farfadérisme, qui me prévenait que ce jour même il enverrait le soir une députation de trente farfadets, pour connaître ma résolution et avoir ma réponse. Cette lettre émanait de l'autorité royale des farfadets, car elle en avait le sceau.

Ma seule réponse à cette proposition fut de me mettre en garde , en m'armant de deux cents épingles noires, les plus longues qu'il me fut possible de trouver. Je me munis aussi d'un petit instrument bien pointu , très-aigu , de la forme d'un poinçon. Je les attendis ainsi jusqu'à minuit, et je me mis au lit, sans avoir l'intention de dormir ; j'étais trop occupé de mon projet. Je plaçai mes mains entre le drap et la couverture. Un quart-d'heure après, j'entendis le jargon de leur commandant ; et , sur le signal convenu par cette clique infernale, je me vis assailli de toutes parts. Aussitôt que je sentis leurs mouvemens, je piquai de mon poinçon tous ceux qui s'étaient approchés.

Quand ils furent pris, ils voulaient remuer: je m'assurai alors de leur captivité par des épingles noires, dont je les lardai bien vivement; ce qui me divertit beaucoup. Pour augmenter ma jouissance, j'imaginai de piquer avec des épingles le dessous de mes couvertures, afin qu'ils fussent pris dessus et dessous. Le nombre de mes ennemis vaincus était de vingt-cinq; ma couverture en était chargée, et tellement pesante, que, le matin, avant de me lever, je me sentis accablé sous le poids de ces misérables qui, tout piqués de diverses manières, faisaient des grimaces effrayantes.

En me levant, je leur souhaitai le bon jour à coups de poinçon.

Quand mon perruquier arriva, il me demanda ce que c'était que cette quantité innombrable d'épingles qui traversaient ma couverture. Je lui dis que c'étaient les armes dont je m'étais servi pour arrêter les coureurs de nuit dans leur course vagabonde et perturbatrice du repos des honnêtes gens.

La fille de l'hôtel vint aussi pour faire ma chambre, elle fut étonnée de la quantité d'épingles qui joignaient le drap de lit et la couverture. Elle ne pouvait pas voir et sentir comme moi ces

infâmes et cruels farfadets qui me poursuivaient, et dont mon corps était accablé. Elle
riait lorsque je lui faisais le détail de toutes
mes souffrances.

Cette bonne fille étonnée se trouvait fort
embarrassée pour faire mon lit. Pour lui éviter
de se piquer les doigts trop souvent, je l'aidai
à ôter les épingles qui joignaient mon drap de
lit à ma couverture.

Les coups de poinçon étaient presque invisibles, parce que mon poinçon était aussi
pointu que les épingles.

J'avais oublié de dire qu'en me levant le
matin, j'entendis dans ma chambre un traîneur,
du nombre de ceux qui m'avaient poursuivi et
accablé pendant la nuit. Ce coquin se plaça
sur mon dos afin de m'importuner et de venger la mort de ses camarades expirés sous mes
coups. Je le saisis d'abord avec une épingle, et
j'en employai jusqu'à trente pour l'obliger à
demeurer ainsi retenu pendant trois ou quatre
heures.

Bientôt après je fus forcé de me dessaisir de
lui. C'était avec beaucoup de regret. Il n'en
reçut pas moins une grande quantité de coups
d'épingles, que je lui administrai à son départ.

Va, coquin, lui dis-je, va te faire pendre
ailleurs. Il profita du moment où les épingles

me manquèrent, pour s'éloigner de mon appartement.

Un farfadet riait beaucoup lorsque je lui racontais ce que je viens de consigner dans ce chapitre. Je suis sûr qu'il était du nombre de mes persécuteurs, et sa joie apparente n'avait peut-être pour but que de détourner mes regards du côté où je devais alors les porter.

Je pourrais bien joindre son nom à ceux que j'ai déjà cités dans mon ouvrage, mais pourquoi irais-je ajouter un nom de plus à ceux que j'ai cru devoir signaler d'une manière spéciale? On sait que la terre est remplie de farfadets : s'il fallait en donner la nomenclature générale, toutes les presses de Paris ne suffiraient pas pour y parvenir.

CHAPITRE XXXVIII.

Je voudrais savoir combien j'ai détruit de Farfadets par mon remède et mes lardoires.

Je considère les souffrances que les farfadets me font éprouver, comme une suite de la guerre à outrance qui existe depuis si long-temps entre cette race infernale et moi ; guerre qui ne finira qu'avec ma vie, à moins que Dieu, par un miracle de sa toute-puissance, ne me guérisse de mon vivant, comme il a guéri tous ceux à qui j'ai donné la recette de mon immortel remède contre la magie.

Un jour, en me plaçant dans mon lit où je cherchais à dormir en paix, j'entendis jargonner un commandant des farfadets, qui, me croyant endormi, ordonna les évolutions diaboliques. En moins d'un instant je fus assailli par un nombre considérable d'ennemis à qui je crus devoir dire : Songez que je suis là!

Je les reçus comme dans d'autres circonstances. Je remplis encore ma couverture d'une quantité innombrable d'épingles. Il en résulta une déroute complète, au point que je ne pourrais pas dire combien j'en fis succomber sous mes coups. Leurs cris étaient effroyables, tant le carnage dut être considérable, en raison de la colère où j'étais, et de l'ardeur avec laquelle je combattais.

Je voudrais, pour connaître le nombre des victimes tombées sous mes coups, que le cruel Belzébuth, que les farfadets appellent leur roi, me donnât un relevé ou un état de la perte qu'il a faite pendant le temps de ces dernières hostilités. Je voudrais bien aussi connaître le nombre des farfadets des deux sexes, qui ont été blessés par les travaux et opérations des personnes qui étaient atteintes du mal farfadéen. Je suis assuré que ces deux états de tués et de blessés produiroient une satisfaction générale aux victimes du farfadérisme, à qui je suis jaloux de donner un aperçu du bien qu'a opéré mon remède ; car je suis plus que persuadé que si, par un moyen que je cherche depuis long-temps, je pouvais dénombrer les farfadets qui ont été blessés par suite des piqûres qui leur ont été faites tant par moi que par les personnes que j'ai eu le bonheur de mettre à l'abri des poursuites de ces monstres, tous les honnêtes gens se réuniraient à moi pour parvenir à leur destruction.

Patience ! patience ! me dit-on. C'est bon à dire à ceux qui ne connaissent pas le malheur.

CHAPITRE XXXIX.

J'ai acquis la conviction que les Farfadets craignent le tabac.

LA cruelle situation dans laquelle je ne cesse de me trouver par le maléfice éternel de mes ennemis, me fait chercher toutes sortes de moyens pour me mettre à l'abri de leurs attaques. Je me suis imaginé depuis peu de jeter du tabac sur moi et sur mon lit, afin, si je le pouvais, d'aveugler tous les farfadets. Je suis assez content de cette épreuve; mais je voudrais les entendre éternuer, ce serait une satisfaction pour moi de pouvoir leur dire : *A vos souhaits;* ils ne pourraient pas nier leur présence.

On voit que je ne m'occupe qu'à chercher tous les moyens de combattre les disciples du diable.

La découverte que j'ai faite du tabac anti-farfadéen me conduira bientôt à un nouveau préservatif que j'ai déjà employé, et qui me réussit parfaitement.

Lecteurs, je vous en ai déjà dit un mot dans l'introduction de mon troisième volume, je vous entretiendrai bientôt de mes bouteilles vengeresses.

Le tabac y joue un principal rôle. Telle est la volonté du Dieu de l'univers, qu'il ordonne qu'une de mes découvertes en fasse naître une autre.

Mais il n'est pas encore temps de donner tous les détails de ma nouvelle opération. *Le monde n'a pas été créé dans un jour. Petit poisson ne devient grand que lorsque Dieu lui prête vie.* Voilà deux proverbes qui viennent à mon secours pour tempérer l'ardeur de ceux qui sont trop pressés d'apprendre ce qui ne peut venir qu'en temps et lieu.

Oui, je vous parlerai de mes bouteilles-prisons ; mais ne soyez donc pas impatiens. La patience est une vertu nécessaire à l'honnête homme. Que serais-je donc devenu, si je n'avais pas été patient !

Silence, silence, MM. les indiscrets, vos cris menaçans ne m'en imposent pas: puisque j'ai su résister aux agens du crime, vous ne parviendrez pas mieux qu'eux à me soumettre à vos désirs immodérés.

CHAPITRE XL.

Il existe des incrédules qui nient l'existence des Farfadets. Mes raisonnemens doivent les convaincre.

Des personnes dignes de foi m'ayant affirmé qu'elles avaient assisté à des discussions où l'on traitait de l'existence des esprits invisibles, et où des discoureurs révoquaient en doute cette existence, je demandai, pour convaincre les incrédules, à être conduit dans la maison où on traitait de pareilles questions. J'y vins, et j'entrai dans les détails que je crus nécessaires à ma cause. Je justifiai démonstrativement mon opinion.

Vous savez, dis-je, qu'il y a dans le monde différentes religions qui ont pour bases générales la connaissance, le respect et l'amour d'un Être-Suprême. Nous autres chrétiens, nous avons sur ceux qui ne sont que sectaires, l'avantage de la vraie croyance. Malheur à ceux d'entre nous qui ne veulent pas se rendre à l'évidence de ce principe, et qui s'éloignent des bras du Seigneur notre Dieu, qui nous les tend pour nous recevoir selon que nous l'avons mérité. Je fus interrompu à ce moment de ma période. Nous connaissons, me dit-on, l'existence d'un Dieu souverain de toutes choses ; mais la solution que vous nous donnez sur ce Dieu ne prouve rien sur l'existence des esprits que vous appelez farfadets. Donnez-nous des détails qui puissent nous faire croire ce que vous avancez. — Des détails ! des détails ! par hasard, ignoreriez-vous l'étendue de la puissance de Satan ? — Oui, Monsieur, quoiqu'on nous en ait parlé souvent quand nous étions au collège : nous en avons seulement argumenté, que des maîtres imbéciles croient par ce moyen intimider les enfans qu'ils veulent rendre dociles à leurs balivernes et aux préjugés qu'ils cherchent à leur inculquer. — Pourtant, la puissance du diable n'a pu exister avant celle de Dieu. — C'est vrai. — Le Créateur et maître de l'univers n'a pu partager son autorité avec aucune des créatures qui n'ont reçu l'existence que par sa volonté divine et inaltérable. — Il n'y a pas de doute. — Vous convenez donc que ce grand travail qui annonce sa puissance peut être détruit, si telle est sa volonté suprême. — Nous ne voulons pas disconvenir de ce point. — Non, vous n'auriez pas le moindre murmure à faire entendre, si le grand architecte de l'univers concevait le projet de détruire son ouvrage, au cas qu'il le trouvât défectueux. — C'est juste, M. Berbiguier, c'est juste, vous avez raison. — Eh bien ! Satan, ainsi que les autres anges rebelles, ses infâmes compagnons, dont la prétendue puissance paraît si redoutable, n'a existé que parce que cela a plu à Dieu, puisque rien de ce qui existe n'était avant Dieu. Les satellites de cette puissance orgueilleuse et désorganisatrice ne sont que des anges rebelles qui osèrent se révolter contre leur maître et le nôtre, pour suivre leurs volontés et leurs penchans criminels. Satan porta l'insolence jusqu'à se former un parti, et se fit reconnaître pour le chef des ennemis de son Créateur et souverain maître ; il poussa aussi l'audace jusqu'à lui faire chaque jour la guerre : ce qui a fait établir, par la suite des temps, un pouvoir opposé à celui de Dieu.

—Tout cela est à notre connaissance, Monsieur,
il est inutile de nous rappeler article par article
tout ce qui est écrit dans la sainte bible. Allez
au fait, Monsieur, allez au fait, de grâce. — Volontiers, Messieurs, si vous restez convaincus
de l'existence de deux puissances. — Oui, certainement. — Voici maintenant la différence
qui existe entre elles. Je veux vous expliquer
encore ce miracle : la puissance de Dieu commande le bien, prêche la justice, la bonté, la
paix, la charité, l'humanité, la modestie, l'é-
conomie, la frugalité; elle nous ordonne un
travail honnête et modéré, tant pour gagner
notre vie que pour éviter l'oisiveté ; elle nous
fait encore espérer le pardon de nos offenses.
Mettez-la en opposition avec celle du démon,
et vous verrez cet organisateur de tous les
crimes prêcher la doctrine contraire à celle
de Dieu, nous engager au vol, au pillage, aux
violences, aux injures, aux dévastations; et
d'après cela vous pourriez hésiter sur le parti
que vous avez à prendre?—Non, s'écrièrent alors
tous mes interlocuteurs, et d'un commun accord,
nous préférons la loi de Dieu. — Messieurs, je
vous en félicite de tout mon cœur, et vous invite à plaindre ceux qui ne pensent pas comme
vous pensez maintenant.

Le raisonnement scientifique que je viens

d'opposer à mes incrédules, et qui les a ramenés dans la voie du salut, était bien fait pour les émouvoir. Je sens moi-même, toutes les fois que je prêche la parole divine, que je jouis de toutes les facultés qui caractérisent l'éloquence.

Cependant je suis loin d'être un homme érudit. L'érudition dont je fais quelquefois parade dans mon ouvrage, n'est qu'une inspiration divine qui m'élève au-dessus de moi-même, et me fait paraître savant aux yeux des mortels qui consentent à m'entendre.

Je me fais un plaisir de croire que je convertirai à la vraie croyance la plupart de MM. les incrédules qui viendront chez moi pour acheter mon livre, et qui peut-être n'y seront amenés que par le désir qu'ils auront de faire connaissance avec *le fléau des farfadets.*

CHAPITRE XLI.

Satan se sert de tous les moyens imaginables pour faire des recrues à sa compagnie.

Je me sens encore entraîné à des démonstrations utiles aux humains qui veulent suivre la route du bien, et je dis : Jésus-Christ ne nous a pas annoncé que notre âme se séparerait de notre corps avant l'heure de notre mort : c'est une vérité reconnue ; mais il n'a pas dit aussi que Satan ne deviendrait pas momentanément usurpateur d'une partie de sa puissance, pour faire subir aux hommes des épreuves qui dérouleraient jusqu'au plus petit repli de leur cœur. Ce méchant adversaire de la puissance divine ne se soutient que par l'espoir qu'il a toujours eu de soumettre à sa puissance abominable les misérables qui ont déjà des dispositions à faire le mal.

N'est-ce pas lui qui les encourage, les rassure en leur promettant que les plus grandes fautes ne leur feront pas perdre l'estime de leurs chefs ; que ce ne sont au fond que des faiblesses, des puérilités qui ne méritent pas même qu'on y fasse la moindre attention, et qu'il ne suffit que d'un coup d'éponge passé avec la main de l'indulgence, pour que tout soit effacé, même les choses qui lui seraient les plus désagréables ?

Il leur promet bien plus, s'ils veulent se rendre à lui et le servir fidèlement. Ce n'est que trop vrai ; il leur promet le pouvoir des métamorphoses, sous quelques formes qu'il leur plaise de se présenter : quadrupèdes, volatiles ; bipèdes, amphybies même, il soumet tout à leur puissance, pour seconder leurs désirs criminels.

c

Par le moyen de la flamme magique que je
vous autoriserai à produire, leur dit-il, vous
vous transporterez dans les régions célestes, vous
ferez fondre les nuages sur les plaines et les
champs que vous voudrez frapper de stérilité ;
vous dirigerez la foudre et la grêle.

Mortels, vous connaissez, à peu de chose
près, les effets de ce pouvoir ; mais dites-moi,
s'il vous plaît, si vous avez su apprécier les
esprits invisibles ? Un moment, je vous prie,
ne confondons pas. Je suis bien aise de vous
avoir donné une idée juste, accompagnée de
preuves, de ce que j'ai avancé contre le pouvoir de Satan. Maintenant, je me fais un devoir
de vous démontrer toutes les sciences nécessaires pour que vous puissiez reconnaître les
esprits malfaisans, sans avoir recours à aucuns
maîtres ni à aucuns docteurs.

Ceci sera le sujet du chapitre qui va suivre.
Reposons-nous un instant, lecteurs, vous devez
en avoir besoin. Les leçons de morale ne
doivent jamais être trop longues, on ne marche
que lentement dans le chemin de la vertu. J'ai
su ce qu'il m'en a coûté lorsque j'ai voulu en
parcourir les sentiers étroits, difficiles et très-
souvent impraticables.

III.

CHAPITRE XLII.

*Les Esprits malfaisans sont les âmes des mé-
chans, ils se séparent du corps humain pour
opérer le mal.*

LES esprits malfaisans ne furent jamais autre
chose que l'âme des corps soumis à l'empire de
Satan. Les âmes peuvent se séparer de leurs
corps autant de fois qu'elles le désirent, pourvu
qu'elles désignent l'endroit où elles veulent se
transporter. Par cette séparation de l'âme et
du corps, l'âme a la facilité d'entrer partout
même où l'air ne peut pas passer. Aucune fer-
meture ne peut l'empêcher de s'introduire dans
un appartement.

Pendant que les âmes voyagent, les corps
restent immobiles chez eux. Sitôt que le corps
est seul, on peut l'examiner, le toucher, et
se convaincre de son insensibilité, en cherchant
à faire mouvoir ou soulever l'un de ses membres,
qui retombe aussitôt à sa même place, pour
nous convaincre que ces corps sont en tout
semblables à une pièce de bois, quand l'âme
les a quittés pour aller faire des prosélytes en
farfadérisme.

Je passe maintenant aux pouvoirs de l'âme

des farfadets, lorsqu'elle a quitté son enveloppe,
et je dis qu'elle se transporte partout où elle
veut, selon son bon plaisir; de sorte que l'âme
d'un homme en voyage se glisse dans l'appartement d'une dame ou demoiselle, et l'âme
d'une dame ou demoiselle se glisse dans le
manoir d'un homme.

Toutes les âmes, en raison de l'influence de
la planète sous laquelle elles sont nées, exercent
plus ou moins de dommages dans les maisons
et sur les individus chez lesquels elles se transportent. Comme elles ont des sympathies entre
elles, les âmes des deux sexes se réunissent quelquefois, pour se transporter en nombre considérable au même lieu où elles veulent exercer leur
brigandage. Quand elles sont rendues à leur destination, elles se divisent le mal qu'il faut opérer
sur la victime et dans la maison. Elles ont le soin
d'endormir celui ou celle qu'elles veulent posséder, de suivre tous ses mouvemens, et de les
diriger à leur gré, en les accoutumant peu-à-
peu à supporter le poids de leur volume qui,
bien que léger comme un esprit, n'en devient
pas moins pesant à la longue; selon que le
charme l'exige, puisqu'elles peuvent reprendre
la pesanteur de leur corps.

S'il ne leur plaît pas de s'attacher au corps,
les esprits restent en dehors du lit, et font sur

la couverture ce qu'ils feraient sur l'individu pour le fatiguer et le tourmenter. Bien des gens ayant éprouvé de semblables cruautés, ont cru que c'était le cauchemar; mais j'ai déjà prouvé que le cauchemar n'est qu'une indisposition farfadéenne qui n'eut jamais d'autre cause que le farfadérisme, qui invente des mots pour favoriser son invisibilité. Les farfadets appellent cauchemar ce que les honnêtes gens comme moi savent être le mal diabolique.

Les digressions semblables à celle que je viens de faire, ne sortent pas absolument du sujet que je me suis tracé, elles sont necessaires au complément de mon ouvrage; elles en lient tous les anneaux, et en forment une chaîne indissoluble, que les farfadets eux-mêmes n'auront pas le pouvoir de détruire.

Ces digressions sont des épisodes qui sont instructives; elles ne sont pas dans le style de la narration, je cherche quelquefois à leur donner un tour plus élevé.

Que mes lecteurs me suivent dans tout ce que j'ai déjà fait, ils verront que je suis pénétré des règles qui nous sont tracées par les maîtres de la littérature.

En écrivant le plan de mon ouvrage, j'ai dû le considérer comme un discours Ma préface et mon discours préliminaire en forment l'exorde;

ce qui m'est personnel en est le premier point;
ma citation et mes digressions en forment le
second; mes preuves et mes conclusions en
seront la péroraison.

J'ai suivi en cela l'exemple qui m'est donné
par le prédicateur en chaire, qui divise toujours
son sermon de la même manière que j'ai divisé
mon ouvrage; en suivant de pareils exemples,
je ne m'écarterai jamais du sentier de la vertu.

Mais je n'ai pas encore fini toutes les réflexions
que je dois faire pour répondre aux objections
de mes antagonistes. Je vais reprendre mes digressions, et je reviendrai ensuite aux faits qui
me sont personnels, pour amener la conclusion de mon travail.

Convenez, chers lecteurs, qu'il m'aura fallu
travailler bien long-temps, pour rendre mes
chapitres dignes de vous être présentés. Je suis
maintenant à la onzième feuille de mon troisième
volume, et je brûle d'arriver à ma conclusion. J'y
parviendrai, les farfadets ne m'en empêcheront
pas. Les coquins viennent faire un sabbat d'enfer
dans ma chambre, lorsque je m'amuse à lire ce
que j'ai écrit : leur désespoir fait ma félicité. La
honte que je leur prépare, aura pour résultat
le bonheur de tout le genre humain.

Les amis de la sagesse me louent. J'entends
dans ce moment une douce harmonie qui semble

applaudir à tout ce que j'ai dit jusqu'à ce moment. Doucement....... doucement..... anges de bienfaisance, suspendez un instant vos chants d'allégresse, je vais continuer le travail qui m'a valu vos louanges.

CHAPITRE XLIII.

J'achève mes réponses aux objections qui me sont faites.

On désirera peut-être d'apprendre si les corps qui ont été abandonnés par les âmes, ont du sang et éprouvent des sensations. Je répondrai négativement, puisque ces corps ne sont alors que des masses informes ; mais, va-t-on me dire, quelle nécessité ou quel besoin ces âmes éprouvent-elles de se donner tant de mal, de perdre tant de temps, de prendre tant de précautions pour chercher à se procurer, sans l'assistance de leurs corps, des plaisirs imaginaires, de s'introduire secrètement dans des appartemens, dans le lit des personnes qui y reposent et qui ne s'en doutent pas ? Nous avons de la peine à croire que les âmes puissent quitter leurs corps pour aller tourmenter les mortels, d'autant que dans la nature on n'éprouve de véritables jouissances que par la réunion de toutes les facultés morales et physiques.

Voici ma réponse :

L'ignorance des victimes ne détruit pas la volonté du criminel ou les pouvoirs de l'esprit infernal. Ce que les âmes ou esprits farfadéens ont intention de faire, est toujours un crime moral ou physique, puisque, dans leurs affreux principes, il faut que les hommes abusent des femmes, et que les femmes doivent se comporter de la même manière avec les hommes.

Les âmes dévouées au service de Satan reviennent, après leurs opérations charnelles, dans leur humaine enveloppe, et y demeurent quelque temps pour jouir de leur triomphe, en contemplant les souffrances qu'éprouve leur victime par les outrages qu'elle vient de recevoir. C'est une horreur, n'est-ce pas ? et vous me dites qu'il serait possible que ces malheureuses victimes, au milieu de leurs agitations, se réveillassent, et que par un mouvement précipité elles s'emparassent de leur ennemi, pour ensuite appeler à leur secours. Je réponds encore à cette objection bien subtile : Les méchans esprits ont tout prévu, la moindre agitation, le moindre soupçon les tient en garde, et soudain ils reprennent leur invisibilité ou leur existence farfadéenne ; et si, par un

coup inopiné, ils n'avaient pu consommer leurs
outrages, ils attendent un moment plus favorable pour exécuter leur abominable projet.
Rappelez-vous, chers lecteurs, les faits que je
vous ai déjà cités, et les maisons dans lesquelles
je vous ai conduits, vous conviendrez alors qu'il
n'y a rien de métaphysique dans la réponse
que je viens de vous faire. Vous m'en remerciez.
Je vous entends louer mes connaissances et ma
science profonde en ce qui concerne les farfadets. Vous me dites que vous aviez déjà entendu
parler du pouvoir des malins esprits; mais que
vous ne connaissiez pas encore tout le raffinement
de la scélératesse de la race farfadéenne : c'est
bien, je suis désespéré que mon temps ne
me permette pas de vous en dire davantage
en ce moment. Quand vous voudrez venir me
visiter, je reprendrai l'entretien, et je vous
dirai tout ce que j'ai pensé et tout ce que je
penserai jusqu'au moment de notre entrevue;
car j'ai toujours l'esprit tendu sur les méfaits
et maléfices de la race infernalico-diabolico-
farfadéenne.

Je vous renvoie au moment de cette entrevue,
parce que si je vous communiquais tout par
écrit, vous ne viendriez pas me voir pour entendre sortir d'autres vérités de ma bouche,
qui a toujours repoussé le mensonge.

D'ailleurs, dans l'intervalle qui séparera l'impression de mon ouvrage de votre visite, il se passera bien des choses. Je vais vous le prouver par un exemple bien récent.

M. Chaix, qui n'est jamais si heureux que lorsqu'il est en route, est parti depuis la fin du mois de juin, pour retourner à Carpentras sa patrie. A peine avait-il mis le pied sur le sol du département de Vaucluse, qu'un orage épouvantable est venu détruire l'espoir du laboureur et du vigneron. Jamais on n'avait vu tomber, dans les départemens méridionaux, des grêles de la grosseur de celles qui ont ravagé cette année ces belles contrées. C'est M. Chaix qui, dans sa rage, leur a envoyé ce fléau dévastateur ; et ce qui m'en donne la preuve plus que convaincante, c'est que, toutes les fois que ce farfadet est allé faire un voyage dans son pays, les récoltes ont toujours été ravagées par un événement extraordinaire. Une fois, ce sont des vents épouvantables, qui signalent son arrivée ; une seconde fois elle est marquée par la mort de tous les oliviers ; et cette fois, c'est un orage dont on ne parlera jamais qu'en tremblant, qui a détruit non seulement les récoltes, mais encore déraciné les arbres, abattu les châteaux et les chaumières, cassé tous les carreaux de vitres de la ville d'Avignon.

Si mon ouvrage avait été imprimé avant le départ de M. Chaix, ce fait authentique n'aurait pas pu y être consigné, et mes lecteurs n'auraient pas noté cette nouvelle preuve du farfadérisme du farfadet courrier.

Il est donc indispensable, comme je viens de le prouver, que mes lecteurs viennent de temps en temps me faire des visites, pour augmenter leur instruction dans la science anti-farfadéico-diabolique.

CHAPITRE XLIV.

Un mot de plus sur le jeune Farfadet.

APPRÉCIEZ, mes chers lecteurs, appréciez la scélératesse et la rage de mes ennemis. Joignez-vous à moi pour réfuter quelques invraisemblances qui signalent les révélations du jeune farfadet sur le compte duquel j'ai déjà écrit plusieurs chapitres. Il a déclaré que l'âme quittait son corps, quand elle le voulait, pour se transporter en tous lieux. Etait-il bien digne de foi dans son assertion, lorsqu'il disait que les âmes de son père, de son frère et de sa sœur, quittaient leurs corps à volonté, et que dans ce moment, la matière, privée de ce qui lui donnait l'être, prenait tous les caractères de la mort? Etait-il également de bonne foi, lorsqu'il affirmait qu'au retour de leur course, les corps, privés momentanément de la vie, reprenaient leur existence première? J'ai lieu de me méfier beaucoup de ses confidences.

Je le prouve par toutes les révélations qu'il m'a faites, et particulièrement par celle où il assurait que les farfadets n'avaient pas la permission de commettre de vols.

Dans plusieurs chapitres de mes trois volumes, n'ai-je pas prouvé le contraire de ce qu'il a dit à ce sujet?

Qui ment sur un point, peut fort bien mentir sur un autre.

Résumons les raisons qui m'ont engagé à faire ce nouveau chapitre sur le compte du jeune farfadet : il m'a trompé sur plusieurs points, il m'aurait mis en contradiction avec moi-même, si je n'avais pas prévu et dévoilé ses mauvaises intentions.

D'ailleurs, j'ai appris depuis quelques jours, qu'on avait chassé ce jeune méchant, de la maison où il faisait son apprentissage : donc qu'il devait encore faire partie de la secte farfadéenne, qu'il servait de toute son âme, en feignant de vouloir la trahir.

Si je ne craignais pas d'outrepasser les bornes que je me suis prescrites, je pourrais citer encore plusieurs farfadets qui ont pris le masque d'un bon apôtre, pour me faire divaguer et donner, par ce moyen, gain de cause aux téméraires qui ne craindront pas de devenir mes contradicteurs et mes critiques.

CHAPITRE XLV.

Quelques nouveaux détails sur ma guerre du poinçon et des épingles.

Lorsque je reçus de la part des ministres de Belzébuth, une lettre sous la date du 7 février, par laquelle on me prévenait que je devais recevoir, le soir même, une députation composée de trente farfadets, je rentrai à minuit chez moi, et je me mis au lit bien tranquillement, sans avoir rien vu ni entendu. Un quart-d'heure après, je distinguai la voix du chef de la bande, commandant la tête de la cohorte, et dans l'instant je me sentis assailli de toutes parts, mais comme sur l'avis consigné dans la lettre, je m'étais muni de mon poinçon et de deux cents épingles noires, j'attendais avec bravoure la députation annoncée. Bientôt j'en-

tendis le bourdonnement horrible de la compagnie criminelle et invisible. Je me sentis
oppressé de toutes parts, et je me mis sur la
défensive.

Aussitôt que je sentais les farfadets sur mes
bras, sur mes mains, sur ma poitrine ou sur
toute autre partie de mon corps, je faisais jouer
le poinçon, et pour les divertir encore plus,
je les perçais de toutes parts et je les attachais
ainsi à ma couverture. J'eus le bonheur d'en
prendre vingt-cinq, tant gros que petits, et je
les emprisonnai entre mes deux couvertures,
en faisant cette réflexion, que la singularité
de la réception s'accordait parfaitement bien
avec la singularité de la visite.

Pendant l'action, mes couvertures, qui étaient
très-pesantes par la quantité des farfadets qui
s'y trouvaient attachés, furent toujours en mouvement. Je donnai des coups de poinçon de
droite et de gauche, dessus et dedans mon lit;
mais je dus être surpris de ne pas entendre crier
mes victimes. Je n'entendais que les plaintes de
leur commandant, qui répétait coup sur coup :
qui...., qui...., qui...., qui...., qui..., qui....
ce qui me fit croire qu'il était sous la forme
d'une souris, car ce cri se rapproche beaucoup
de celui de cet animal.

Ce qui me surprenait encore beaucoup dans

ce combat, c'était de ne sentir aucune résistance de la part de mes ennemis, lorsque la pointe meurtrière de l'épingle entrait dans leurs corps; j'aurais cru que la piqûre devait leur être sensible à la première incision, et que si, alors, elle eût rencontré les os, l'épingle se serait émoussée et recourbée; mais ce fut tout le contraire, je ne sentis jamais que les deux couvertures, car je gardai, malgré ma haine, le plus grand sang-froid en combattant mes assaillans. J'aurais cru aussi trouver le lendemain des traces du sang de la bataille nocturne; mais je ne vis rien de tout cela : ce qui me laissa dans l'incertitude sur cette révélation, que les esprits ne sont point des corps.

Tout cela me fit réfléchir, et la réflexion me conduisit à une conséquence qui me persuada que jamais les corps des farfadets ne pouvaient souffrir de l'évasion de leur esprit, puisque dans mes batailles, armé d'épingles, il ne m'a pas été possible d'entendre le cri d'aucun mourant. Quoi qu'il en soit, on est maintenant convaincu que je sais me défendre quand on m'attaque.

Le perruquier et la bonne de la maison étant venus chez moi remplir leurs obligations, l'hôtel, et bientôt après tout le quartier, furent instruits de mes nouveaux et infructueux exploits contre la race perturbatrice et maudite.

La guerre dura depuis le 7 février jusqu'au 16 avril inclusivement. Je ne reçus plus de nouvelles lettres, mais je me suis toujours tenu sur mes gardes; c'est-à-dire que tous les soirs je préparais mes armes pointues, pour me tenir sur la défensive et être en état de répondre à des attaques imprévues.

Mon dernier combat me laisse encore dans l'incertitude si les farfadets qui vinrent m'attaquer n'étaient pas des âmes sorties de leurs enveloppes, puisque les coups de poinçons et les épingles que je croyais ficher dans leurs corps, n'ont éprouvé aucune résistance, ni fait verser la plus petite goutte de sang.

La seule remarque que j'aie pu faire, c'est que j'ai trouvé les épingles plus grosses que de coutume, ce qui doit provenir de la transpiration des vaincus, et de l'action que j'avais mise à combattre ces invisibles, qui finissent toujours par reprendre leur premier état, lorsqu'ils ont trouvé les moyens de s'échapper du fer meurtrier qui les tient captifs.

Ah! s'il m'était permis d'exiger de la franchise de la part de M. Pinel, je lui demanderais le nombre des farfadets qui ont péri ou qui ont été blessés par moi, dans l'intervalle de la nuit mémorable dont je viens de rendre compte. Personne mieux que lui ne pourrait me répondre,

puisque j'ai su qu'en sa qualité de médecin on
était venu l'appeler pour administrer les secours
de son art à une demoiselle farfadette qui avait
reçu dans l'une de ses côtes un coup d'un des
instrumens que j'emploie pour combattre et me
défendre de mes infâmes persécuteurs, ainsi
qu'à quinze autres personnes blessées la même
nuit, comme il en conste d'une lettre qui m'a
été écrite par un des ministres de Satan.

J'étais décidé à arrêter à ce chapitre le cours
de mes révélations, mais on a calculé que j'avais
besoin de fournir encore quelques matériaux
pour finir mon troisième volume.

Les matériaux ne me manquent pas. Je vais
rassembler toutes les notes que j'ai prises depuis
le moment où je m'étais déterminé à donner
mes Mémoires au public, et j'esquisserai une
notice de tous les malheurs qui me sont survenus depuis peu de temps.

Cette dernière partie de ma narration aura
peut-être plus de charmes pour mes lecteurs
que celles dont il a déjà pris connaissance.

A fur et à mesure que j'avance dans mon travail, j'acquiers des connaissances contre le farfadérisme. J'ai, depuis deux ou trois mois, inventé
un nouveau moyen de paralyser les crimes de
mes ennemis. Je les mets en bouteille, je les
nourris avec du tabac, et je les abreuve avec

du vinaigre. *Bravo! bravo!* s'écrie-t-on de toutes parts. Un moment, n'applaudissez pas encore, attendez du moins quelques momens, et vous verrez que je suis digne de vos applau-dissemens anticipés.

CHAPITRE XLVI.

Quelques particularités qui m'étaient échappées à leur lieu et place.

Lorsque j'étais à Avignon, et pendant le temps que l'infernale Jeanneton Lavalette venait faire mon ménage, je fis la connaissance d'une dame bien respectable, nommée madame Chevalier.

Quelque temps après avoir connu cette dame, j'eus la douleur de la voir mourir. Elle était si maigre, qu'après sa mort elle ne pesait pas peut-être dix livres. Je maigrissais moi-même de jour en jour : c'était sans doute parce que la magicienne nous avait donné le même sort.

Le croira-t-on? Madame Chevalier, en mourant, eut la faiblesse de léguer à la sorcière une somme de quatre ou cinq cents francs. Je blâmai la défunte ; et pour ne pas avoir à me repentir d'une même faiblesse, je renvoyai la

III.   12

Jeanneton Lavalette de chez moi : je le devais.

M. Guérin, médecin, à qui je m'étais adressé pour me tirer de l'état de dépérissement où je tombais, m'avait invité à éloigner de ma maison la magicienne Jeanneton, ainsi que la Mançot, sa digne amie. Ces deux misérables, me dit-il, ne cherchent qu'à vivre aux dépens des personnes qu'elles peuvent duper. N'écoutez que mes conseils, ceux de M. Bouge et de M. Nicolas; nous emploierons ensemble notre art pour vous rendre à la santé. Hélas! ils n'y parvinrent pas.

Cependant, secondé par mon espérance en la divinité et par les sages conseils de M. Guérin, j'eus la force d'éloigner mon ennemie de chez moi, et je parvins ainsi à recouvrer quelque peu de santé, et à éviter le sort que devait avoir la trop grande confiance de la malheureuse madame Chevalier.

Si j'étais mort comme elle, je n'aurais pas enduré toutes les persécutions auxquelles j'ai été en butte; mais le public n'aurait pas eu mes Mémoires : *La volonté de Dieu soit faite en toutes choses !*

J'en suis maintenant convaincu, c'est cette volonté suprême immuable qui s'accomplit. Ma gloire doit être éternelle, je remplis les devoirs d'un fils obésisant !.....

~~~~~~

CHAPITRE XLVII.

Incident qui m'est survenu au moment que je portais mon 46e. chapitre du 3e. volume à l'imprimerie.

Tous mes lecteurs l'ont appris , je demeure rue Guénégaud, n°. 24, et mon imprimeur demeure au n°. 31 de la même rue, vis-à-vis mon habitation.

Je sortais de l'imprimerie , et je passais devant l'appartement de madame Gorand **,** lorsque celle-ci m'appela pour me remettre une lettre timbrée de Paris, sous la date du 1er. août 1821. J'ouvre cette lettre, j'en examine la signature ; elle était signée du nom de l'un de mes premiers persécuteurs.

Je crus alors que le principal de mes ennemis, en sa qualité de farfadet , s'était déterminé à me demander une trève ; mais je fus bientôt détrompé, lorsqu'après avoir lu cette lettre , je crus pouvoir me convaincre, par la confrontation de la véritable signature de celui à qui on l'attribuait, avec celle qu'on avait apposée à la lettre du 1er. août, que quelque farfadet subalterne avait emprunté la signature de l'un de ses chefs pour me faire peur.

12*

Quoi qu'il en soit, je vais mettre sous les yeux de mes lecteurs cette lettre et toutes celles qui m'ont été écrites par le même farfadet, et ce ne sera qu'après avoir transcrit tout ce que contient cette intrigue épistolaire, que je me livrerai aux réflexions qu'elle m'a fait naître.

Voici la lettre du 1er. août 1821 :

Monsieur,

« Je viens d'apprendre qu'on imprime par vos ordres un ouvrage plein d'invectives et de calomnies, dans lequel, après avoir montré le moyen de nous détruire, vous tâchez de nous faire considérer aux yeux des hommes comme des enfans de Belzébuth, et de nous rendre les auteurs des malheurs dont depuis long-temps la terre est affligée.

Vous sentez, Monsieur, combien un pareil ouvrage, s'il était goûté du public, attirerait snr nous de haine et d'indignation, et par suite, combien il nous importe que la publication n'en soit pas ordonnée. Je m'empresse donc de vous avertir, tant dans votre intérêt que dans celui de toutes les personnes respectables que vous avez voulu compromettre, que si vous n'arrêtez sur-le-champ l'impression de votre ouvrage, vous deviendrez bientôt la victime de votre imprudence. Ce n'est pas à la justice que nous nous adresserons, ses formalités sont trop compliquées, et ses lenteurs ne nous conviennent pas du tout : c'est au tribunal des farfadets que vous serez traduit ; et si vous êtes jugé coupable, un poignard ou un pistolet nous aura bientôt rendu justice.

Réfléchissez à cette lettre.

Signé * * *

La lecture de cette première lettre ne me causa pas la moindre émotion. Je continuai à travailler à mon ouvrage avec le même zèle que j'y avais mis jusqu'à ce moment. Mon courage déconcerta mes ennemis, qui crurent qu'en m'écrivant une seconde lettre, encore plus menaçante et plus insolente que la première, ils parviendraient à me faire peur : ils se sont trompés.

Je vais copier littéralement cette seconde lettre, qui est sans date et qui porte le timbre de Paris, du 3 août 1821. Je ne dois pas en tronquer une syllabe, ainsi que je l'ai fait en transcrivant la première ; la voici :

Monsieur,

L'orage dont un sentiment de pitié vous a préservé jusqu'à ce jour est enfin sur le point d'éclater. Le poivre, le tabac et tous les autres moyens inventés par votre cruauté pour nous détruire étaient peu pour vous, il fallait encore nous flétrir aux yeux des hommes, et dans un ouvrage plein d'injustices leur faire part de vos barbares inventions. Les propositions les plus avantageuses vous ont été faites, vous avez reçu de sages conseils que votre seul intérêt nous avait inspirés : vous n'avez rien écouté ; et fier de votre entêtement, vous ne vous êtes montré sensible qu'au plaisir de nous détruire : cependant, quels sont les fruits de votre extravagance ? La persécution s'est-elle ralentie depuis que le meurtre est devenu votre unique passion ? La moitié du genre humain se soulève contre vous, et vous osez concevoir l'espérance de l'anéantir ! Insensé, vous attaquez les enfers, et vous ne savez pas qu'un farfadet détruit donne naissance à cent autres plus obstinés et plus redoutables que le premier.

Ces réflexions, les dernières que je vous adresse, n'auraient pas dû se trouver en tête d'une lettre dont le but est de vous faire connaître les résolutions prises par le tribunal des farfadets, depuis que vous avez reçu ma dernière lettre, et cet écart, dont mes confrères me feront sans doute un reproche, vous est une preuve certaine de mon extrême sensibilité et de mon sincère attachement pour vous. Voici Monsieur, le jugement rendu hier au soir par l'assemblée générale des farfadets, réunie dans une des grandes salles de la Faculté de Médecine :

« Rominicouf, par la grâce de Belzébuth, chef suprême des farfadets, à tous présens et à venir salut :

» L'assemblée infernale, ouï le rapport fait par MM. ***, Considérant en fait, que le sieur Berbiguier s'est rendu et se rend encore tous les jours coupable de meurtres sur les membres respectables de notre confrérie ; considérant, en droit, que les excuses proposées par M. Fontenai, son défenseur, sont sans fondement, puisque le sieur Berbiguier, en se faisant justice à lui-même, a formellement contrevenu aux dispositions de l'article 25,789,432 de notre réglement : Par ces motifs, le tribunal a condamné et condamne ledit sieur Berbiguier à la peine de mort, laquelle lui sera infligée par le brave Carnifax, bourreau de la confrérie. Cependant, afin de laisser audit sieur Berbiguier les moyens de se défendre, le tribunal fait défense au sieur Carnifax de mettre le présent jugement à exécution dans la huitaine qui suivra la signification qui lui en sera faite par le brave ***, ici présent, pendant lequel délai ledit Berbiguier pourra former opposition au

jugement de condamnation, et faire juger de
nouveau, en sa présence, par le même tribunal,
les diverses questions sur la solution desquelles
est fondée la peine de mort à laquelle il a été
condamné.

» Fait et jugé en notre grande salle de la
Faculté de Médecine, le 2 août 1821.

» *Signé* ROMINICOUF , *président.* »

Je ferai suivre ce jugement de quelques observations dont vous pouvez tirer un grand parti.
Les fonctions que j'occupe dans mon illustre
confrérie m'ont mis à même d'observer que la
haine dont tous les farfadets sont animés, est
moins l'effet de votre conduite à leur égard, que
de l'impossibilité où ils croient être de vous
posséder ; en sorte que, si vous présentiez un
mémoire au tribunal des farfadets et que vous
leur fissiez seulement concevoir l'espérance de
vous unir à eux, je ne mets pas en doute que
le jugement ne soit révoqué. Pesez bien ce
dernier conseil : ce Carnifax qu'on a chargé de
l'exécution, est déterminé à vous pendre dans
votre chambre ou à un réverbère : on dit même
qu'il veut faire un repas de votre cœur. Votre
crâne lui servirait de verre.

Je vous embrasse. *Signé* * * *
Faites-moi réponse de suite.

Cette seconde lettre me fit naître des soupçons, et je trouvai le moyen de les éclaircir, en écrivant un billet au chef des farfadets qui était censé avoir signé les deux missives. Mon billet était laconique, je dois encore le faire connaître littéralement à mes lecteurs ; il fut conçu dans les termes suivans :

Paris, 4 août 1821.

Monsieur * * *,

– J'ai reçu deux lettres signées par vous, en qualité de chef des farfadets ; ayez la complaisance de me dire si vous avez réellement signé ces lettres ?

J'ai l'honneur, etc.

Je portai moi-même le billet au domicile de M. *** Je le remis à son portier, qui me promit de le lui faire tenir à la campagne, où il se trouvait dans ce moment.

Mais quel ne fut pas mon étonnement, lorsque le surlendemain je reçus une troisième lettre de la même écriture, et également signée du même * * *, qui me confirma de plus en plus mes soupçons !

Cette troisième lettre me prouva que mes ennemis ne négligent rien pour m'intimider, mais qu'ils ne sont pas assez forts pour me vaincre.

Mes lecteurs seront du même avis que moi, lorsqu'ils auront pris lecture de cette troisième perfidie, que je copie ici mot pour mot, comme j'ai fait des deux premières.

Ce 6 courant.

Je vous écris cette lettre de la campagne, où je suis depuis quelque temps. Le farfadet qui m'a porté votre lettre, se charge de mettre celle-ci à la poste.

Monsieur,

Je vous déclare que l'auteur des deux lettres que vous avez reçues relativement à votre procès, est M. * * *, surnommé Carnax par la confrérie des farfadets. Je suis étonné que vous ayez pu douter un moment de la vérité de ma signature. Quoique les fonctions que j'occupe dans l'assemblée infernale me fassent un devoir d'être votre ennemi, je crois prendre cependant plus de soin à vos intérêts que les personnes qui veulent rendre votre esprit inaccessible à la vérité, et qui voudraient vous fermer les yeux sur tout ce qu'il vous importe le plus de connaître et de prévenir.

Le hasard me fit vous rencontrer à côté du Palais-Royal, il y a deux ou trois jours. Je

voulais prendre la liberté de lier conversation
avec vous pour vous donner tous les renseignemens convenables à votre position, et je l'aurais
fait si je n'avais craint d'offusquer votre vue.
Ce que je n'ai pas fait de vive voix, je dois le
faire par écrit ; l'humanité me fait un devoir
de vous répéter ce que j'ai déjà eu l'honneur de
vous écrire, qu'un jugement a été rendu contre
vous ; que le farfadet Carnifax est chargé de
l'exécuter, et que vous devez être pendu dans
votre chambre ou à un réverbère, si vous ne
formez opposition à ce jugement, dans la huitaine, à compter du 3 du courant.

J'étais instruit de tout ce qu'on vous a dit relativement à votre jugement, avant de recevoir
votre lettre. Je savais qu'un certain Monsieur
que je m'abstiendrai de nommer, avait voulu
vous insinuer que tout ce que je me suis fait un
plaisir de vous écrire, était supposé ; qu'on ne
vous avait pas intenté un procès, et qu'on ne
devait pas vous pendre. Si c'est par amour pour
vous que ce Monsieur a voulu vous cacher la
vérité, je lui rends les éloges qu'il mérite, et
je me permettrai seulement de lui observer qu'il
y a moins de danger à connaître l'abîme où l'on
est sur le point de tomber, qu'à l'avoir sous
ses pas et ne pas le connaître.

Je vous salue, et vous prie, pour la dernière fois, de me croire votre dévoué serviteur,

Signé * * *

Je vais prouver par les raisonnemens que j'ai faits au sujet de ces trois lettres, que je ne suis pas aussi imbécille que les farfadets voudraient le faire croire.

J'ai acquis la certitude que le farfadet *** n'était pas l'auteur de ces trois perfidies : elles sont l'ouvrage de quelques carabins piqués ou outragés par mon remède, et qui enragent encore de ce que je tiens une grande quantité des leurs dans mes bouteilles.

Mais ne sont-ils pas des faussaires, ceux qui empruntent la signature d'autrui pour persécuter les honnétes gens? ils le sont tellement, que si le rôle de délateur et de dénonciateur ne m'avait pas toujours répugné, je les aurais traduits devant la cour d'Assises, comme ayant signé des lettres d'un nom qui n'était pas le leur; et au lieu d'un jugement qu'ils disent avoir été rendu contre moi, j'aurais fait imprimer ici celui qui les aurait envoyés aux galères.

La preuve de leur crime n'aurait pas été difficile à administrer, puisqu'ils m'avaient fait

parvenir la réponse à mon billet, avant même
que je l'eusse mis à la poste.

Mais comment cela peut-il·être vrai, vont
peut-être me dire quelques-uns de mes contradicteurs ? Ma réponse sera laconique. J'avais fait
part à un méchant du projet que j'avais formé
d'écrire au chef***. On se hâta un peu trop de
me répondre, et cet empressement me révéla
la perfidie.

. Quelle pouvait donc être l'intention de ceux
qui ont voulu me tromper par une correspondance supposée ? Il est facile de la deviner : on
voulait me faire peur, on voulait m'empêcher
de livrer au public mon ouvrage, qui est sur le
point d'être terminé.

Misérables apprentis dans l'art du farfadérisme, votre inexpérience vous a décélés! Moi
avoir peur ! moi renoncer à l'ouvrage que j'ai
composé pour le bonheur du genre humain !
Jamais! jamais! jamais!

Les persécutions de vos maîtres dans l'art
infernal ne m'ont pas fait trembler un seul
instant, et vous auriez la prétention de vouloir
me donner la réputation d'un poltron ? Mais,
alors, que deviendrait ma gloire? J'aurais résisté
pendant vingt-six ans aux furieuses persécutions
des maîtres de l'enfer, et je tremblerais devant
des écoliers qui n'ont pas seulement la force de

la Jeanneton Lavalette? vos soupçons sont bien présomptueux !

Je publierai mon ouvrage, je redoublerai contre vous de courage et d'indignation ; et vos lettres criminelles n'auront eu d'autré résultat que de m'avoir donné une preuve de plus de votre scélératesse infernale.

CHAPITRE XLVIII.

Je reprends mes premières notes. Je rencontre à Paris deux militaires mes compatriotes.

On jugera facilement qu'il était nécessaire que j'abandonnasse un instant mes premières notes, pour mettre sous les yeux de mes lecteurs les détails de la correspondance que je viens de leur communiquer. Je reprends maintenant mon premier plan.

Je me promenais dans un de ces lieux de délices qui sont ouverts aux oisifs de la capitale, lorsque je rencontrai deux militaires mes compatriotes, que j'avais perdus de vue depuis très-long-temps : ils me firent diverses questions qui amenèrent nécessairement la réponse que je fais à toutes les personnes qui m'interrogent : *Je suis toujours dans la même situation. Les farfadets ne sont pas encore fatigués de me persécuter. Je souffre patiemment le mal que je ne puis pas empêcher.*

Alors un des deux militaires prend la parole et me dit : Hélas ! j'ai à regretter un ami qui, comme vous, était victime de la perfidie des infernaux : il les combattit courageusement pendant plus de dix ans ; mais il a fini par succomber. Il faut, puisque vous résistez aussi long-temps, que Dieu vous ait accordé une grâce toute particulière. Je vous en félicite.

L'autre militaire interrompit son ami, pour me demander si je continuais mon ouvrage contre les ennemis du genre humain, et si j'en prenais beaucoup, soit avec mes lardoires, soit de toute autre manière. Ma réponse fut affirmative. Tant mieux, reprit-il, en élevant la voix, tant mieux ; du courage, morbleu, du courage ; je voudrais qu'il me fût permis de pouvoir vous aider, les farfadets en verraient de belles.

Il était digne de mes deux compatriotes qui se distinguaient par leur état, d'avoir un cœur différent de celui du farfadet Chaix. Tous les habitans du midi ne se laissent pas séduire par Belzébuth et par Satan ; aussi je revoyais toujours avec un nouveau plaisir ces deux braves militaires. Dans toutes nos conversations nous nous distinguions toujours par le même intérêt

que nous prenions les uns aux autres, et par
les mêmes protestations d'amitié.

Voilà des hommes que je veux toujours fréquenter, ils me rendent heureux et ne me contrarient pas; tandis que j'éprouve toujours des
tourmens affreux, lorsque quelques prétendus
philosophes veulent me prouver que je suis un
visionnaire.

Tout ce que j'ai cité dans mon ouvrage est
tellement vrai, que je pourrais presque toujours, si je le voulais, citer des témoins de
chaque fait que j'avance.

Il me serait bien facile de donner le nom
des deux militaires dont je viens de parler;
mais je ne les ai pas consultés pour savoir si cela
leur ferait plaisir.

A défaut de leurs noms, je puis ici en citer
deux qui sont dignes de figurer à la tête des
honnêtes gens : M. Gorand, chez qui je suis
logé, et M. Josset, perruquier. Ils savent si
jamais j'ai fait un mensonge, ils pourraient, si on
l'exigeait, attester la vérité de mes assertions.
Aussi je leur dois beaucoup de reconnaissance,
ils ne m'ont jamais contrarié; tous les momens
que j'ai passés avec eux ont été pour moi des
momens de félicité.

Je dois rendre le même témoignage de grati-
tude en faveur de madame Gorand, mon hô-

tesse : Dieu ! que cette femme est bonne ! combien elle a cherché, dans toutes les occasions, à
soulager mes peines et à diminuer mes souffrances ! Il n'y a que ceux qui pensent comme
moi, qui peuvent parvenir à cet heureux résultat ; aussi, avec quel plaisir j'inscris leurs
noms dans mon ouvrage ! Mon cœur palpite
toujours lorsque je trouve l'occasion de leur
exprimer ma reconnaissance ; tandis que mon
sang bouillonne d'indignation, lorsque je me
vois forcé de tracer sur le papier les noms odieux
de MM. Moreau, Pinel, Chaix. Prieur, et de
tant d'autres farfadets que j'assimile, dans ma
vengeance, à Satan, Belzébuth, Rhotomago
et Carnifax, puisque Carnifax est chargé de
l'exécution de l'arrêt dont on m'a menacé.

CHAPITRE XLIX.

*Événemens malheureux. A quoi doivent-ils
être attribués ?*

J'ARRIVE enfin aux événemens qui me sont survenus pendant l'année 1820. Je parlerai ensuite
de ce que j'ai appris en 1821, jusqu'au moment
de l'impression de mon ouvrage. Dans ce qui me
reste à dire, j'éviterai, autant que possible, de

III.   13

rapporter ce qui aurait de la ressemblance avec
ce que j'ai déjà écrit. Ce n'est pas que je craigne
le reproche d'avoir rabâché, c'est seulement
parce que je ne veux pas mettre à mon troisième
volume plus de feuilles d'impression que dans
mes deux autres volumes.

Un libraire nommé Jourdan, qui demeurait
quai Conti, au coin de la rue Guénégaud, s'en-
ferma dans sa chambre, après en avoir calfeutré
toutes les ouvertures pour ôter à l'air extérieur
la possibilité de s'introduire dans son appartement. Après ces précautions, le malheureux se
déshabilla et alluma un fourneau rempli de
charbon de bois. Il voulait se donner la mort,
et il y réussit

Le lendemain de cette catastrophe, ses amis
ne l'ayant pas vu paraître à l'heure qu'il venait
ordinairement les trouver, allèrent frapper à sa
porte : personne ne répondit, et on commença
à craindre qu'il ne fût arrivé quelque malheur.
On alla requérir le commissaire de police, qui
se transporta au domicile du libraire, qu'on
trouva mort, et si bien mort, que ce fut inutilement qu'on lui prodigua des secours pour
le rappeler à la vie.

Un an avant cette catastrophe, le hasard
m'avait fait connaître M. Jourdan, il m'avait
confié qu'il était extraordinairement tourmenté

par les farfadets. Il fit mon remède, et s'en
trouva d'abord bien soulagé ; mais six mois
après il fut encore persécuté. Je lui conseillai de
recommencer l'opération qui lui avait d'abord
réussi ; je ne sais s'il le fit, je ne l'ai plus vu depuis cette époque, il avait changé de domicile.

Ses bons amis m'ont confié plusieurs de ses
aventures. Ils m'ont appris que deux fois il
avait tenté de se donner la mort, en voulant se jeter à la rivière, d'où on l'avait
heureusement retiré ; que la résolution qu'il
avait prise de se suicider provenait de ce qu'on
l'avait menacé de le faire enfermer à Bicètre.
Ce qui me donne la preuve convaincante que
ce n'est pas avec du fiel qu'on attrape les
mouches.

La mort de ce brave homme doit donc être
attribuée aux farfadets ; ils persécutent les
hommes à un tel point, qu'ils les réduisent au
désespoir et les conduisent ainsi à mettre fin
eux-mêmes à leur malheureuse existence. Tous
les mortels ne sont pas doués de mon courage ;
car j'avoue que, si je n'avais pas une mission
céleste à remplir, j'aurais été tenté quelquefois
de suivre l'exemple de M. Jourdan ; mais il est
écrit *là haut* que je ne dois en aucune
circonstance attenter à ma vie.

Si j'avais le temps de recueillir ici tous les

faits qui peuvent se rattacher à celui dont je viens de rendre compte, je donnerais facilement la preuve que tous les suicides sont l'ouvrage des farfadets. Ce sont ces infernaux qui ont poussé dans la loge de l'ours Martin le malheureux qui fut dévoré par cet animal féroce ; c'est encore par des maléfices criminels qu'on a forcé le jeune homme qui demeurait rue du Ponceau, chez sa mère, à se pendre pendant l'absence de celle qui lui avait donné le jour, et que le menuisier de la rue Simon-le-Franc s'est asphixié avec du charbon de bois, à l'exemple du libraire Jourdan, dont je viens de parler.

L'incendie de Berci, ceux de Constantinople et de Smyrne, ont été attisés par les enfans du farfadérisme.

Grand Dieu! puisque vous voulez que je sois témoin de toutes ces scènes d'horreur, donnez-moi la force de les dévoiler, et les moyens d'y mettre obstacle ; faites que mon ouvrage soit bientôt terminé ; indiquez-moi la résidence, l'hôtel, la rue et le numéro de chacun de mes ennemis terrestres ; faites-moi rendre tout ce qu'ils m'ont pris ; hâtez l'hommage que je dois faire aux souverains qui vous représentent sur la terre, pour qu'ils puissent connaître les bons et les mauvais citoyens de leurs états, et qu'ils s'empressent d'imiter l'exemple que leur don-

nera le digne souverain qui gouverne la France,
toujours armé du bouclier de notre sainte
religion ; faites croître sur la terre assez de bois
pour pouvoir élever en tous lieux des bûchers
assez grands et assez spacieux pour contenir et
pulvériser toute la race farfadéenne. Vos bontés
pour moi furent toujours infinies ; vos miracles
m'ont soutenu au milieu de mes maux et de
mes tribulations.....

O mon Dieu, vous connaissez mon innocence et la méchanceté de mes persécuteurs,
vous m'avez soutenu dans les divers combats
que ces barbares m'ont livrés, vous n'avez pas
voulu que je devinsse riche, peut-être pour
m'empêcher d'être pervers ; Dieu de bonté !
le bonheur de vous connaître, de vous aimer,
de vous servir, est si grand, si pur, si vrai,
qu'il m'occupe uniquement et éloigne de ma
pensée jusqu'à la moindre idée qui ne tendrait
point à ce but et me distrairait du bonheur de
vous adorer et de vous servir jusqu'à mon dernier soupir. Je n'aurai plus rien à écrire contre
les farfadets, lorsque vous aurez exaucé ma
fervente prière.

Je vous vois, misérables instrumens de mes
peines, vous riez de cette nouvelle invocation.
Vous osez m'accuser de prolixité, quand les
expressions me manquent, pour être digne

de mon Créateur et que je voudrais être assez instruit pour lui adresser mes supplications.

Vous voulez des faits, dites-vous? en voici de nouveaux, puisque vous ne tolérez pas que je revienne sur ceux que j'ai déjà fait connaître à mes lecteurs.

CHAPITRE L.

Je donne à un inconnu des preuves de mes connaissances. Mon remède nous rend le beau temps. Conversation avec M. Bonnet.

Au commencement du mois de mai 18)0, je sortis de Saint-Roch sur les huit heures du soir, et j'allai, comme c'est mon usage, me promener jusqu'à la barrière de l'Etoile, pour y faire quatre stations, en regard des quatre parties du monde.

J'allais retourner chez moi, lorsque tout-à-coup le temps s'obscurcit d'une manière effrayante. Voilà encore, dis-je, en m'adressant à MM. les farfadets, voilà toujours de vos méchancetés !

J'avais à peine prononcé ces paroles, qu'un éclair brillant se fait apercevoir, et que le bruit du tonnerre se fait entendre. Un inconnu, qui était derrière moi, m'aborde et m'invite à précipiter le pas, pour arriver à la barrière avant la pluie et être à portée de prendre une voiture. Je rassurai mon inconnu, en lui affirmant que le temps ne tarderait pas à se mettre au beau, et qu'alors nous pourrions, sans craindre de nous mouiller, continuer notre marche à pied, comme nous voulions le faire, jusqu'à la barrière.

Mon ton persuasif et rassurant me gagna la confiance de mon compagnon de promenade, qui me demanda la permission de revenir à Paris avec moi. Je lui témoignai le plaisir que sa proposition me causait, et nous pressâmes notre retour.

Chemin faisant, je crus devoir lui parler problématiquement des causes du mauvais temps que nous éprouvions. La prudence exigeait que je n'ouvrisse pas entièrement mon âme à un individu qui pouvait être lui-même un farfadet. Lorsqu'il me faisait des questions qui auraient nécessité une explication franche, je me contentais de lui répondre que bientôt il apprendrait là-dessus des choses qu'il devait ignorer encore. Il me remercia beaucoup de lui avoir procuré le plaisir de m'entendre, et nous nous séparâmes. Lorsque nous fûmes arrivés à la place Louis XV, le temps était devenu beau, comme je le lui avais promis. Qu'on juge maintenant si je suis prudent.

De retour chez moi, plusieurs personnes de l'hôtel me demandèrent ce que je pensais du mauvais temps qu'on venait d'éprouver une heure avant mon arrivée. Je répondis que cela ne m'avait pas étonné, mais que j'y avais mis bon ordre. — Quoi! me dit-on, c'étaient donc les farfadets qui voulaient encore vous inquiéter et pousser votre patience à bout? — Oui, Messieurs; mais je ne les épargne pas. — Vous faites très-bien, il faut une fois pour toutes punir leur insolence et les empêcher de faire le mal. Ma fermeté m'attire maintenant l'approbation de toutes les personnes qui me connaissent.

Le 23 juin de la même année 1820, je m'aperçus que la récolte souffrait par des pluies continuelles et par un froid qui n'était pas naturel pendant cette saison. Je crus devoir y mettre bon ordre. J'achetai toutes les provisions nécessaires à mon remède anti-farfadéen, et aussitôt je me mis à l'œuvre.

Des personnes de mon voisinage vinrent assister à mes opérations. Elles eurent la satisfaction de voir succéder au mauvais temps un ciel pur, serein et sans aucun nuage; une chaleur vivifiante remplaça le froid trop tardif, l'azur du ciel se montra à la place des noirs nuages, et la campagne reprit bientôt l'aspect le plus riant.

Ce tableau enchanteur était bien fait pour me satisfaire. Ma joie fut complète lorsque quelques-uns de mes voisins, qui me regardaient de leurs fenêtres lorsque je faisais mes opérations, m'apprirent que pendant mon travail, ils avaient entendu des gémissemens qui partaient du haut des toits de la maison que j'habite; qu'ils ne savaient qui pouvait les avoir poussés. Dans mon enthousiasme, je leur appris que ces gémissemens étaient ceux que font entendre les farfadets, lorsque je les contrarie par mon remède.

Je venais d'acquérir la preuve de ma victoire, je promis de continuer mes opérations au commencement du mois de juillet suivant, en présence des mêmes personnes qui avaient été les témoins de mes succès; et cette fois encore, mes souhaits furent exaucés par le retour du beau temps qui nous avait abandonné. Je ne pouvais me soustraire aux complimens que je recevais de tous côtés : en les recevant, je devais observer à ceux qui me les prodiguaient, qu'il fallait tout rapporter à Dieu; que je n'étais que l'instrument dont il se servait pour punir les méchans, et que c'était à lui seul qu'il fallait rendre grâce.

Cette observation, toute religieuse, me rap-

pelle une conversation que j'ai eue avec le farfadet Bonnet, qui vient de me promettre de se
soustraire au pouvoir de Belzébuth et après de
m'en donner la preuve par écrit. (S'il me tient
parole, sa rétractation se trouvera au nombre
de mes pièces justificatives.) Nous parlions de
la religion chrétienne.

Je lui témoignais mon indignation de ce que
certaines personnes vont à l'église sans fléchir
le genou, même dans le temps du saint sacrifice
de la messe. Ces personnes, lui dis-je, ne viennent pas dans le lieu saint pour prier le Créateur
du ciel et de la terre, elles s'y rendent par désœu-
vrement et pour y être vues. L'impie ne craignit
pas de me répondre qu'il n'y avait pas de nécessité à se mettre à genou, qu'il suffisait seulement d'être dans l'église, où l'on n'allait pas pour
se faire du mal, ni pour salir et user sa culotte.
— Il n'y a qu'un farfadet ou un ouvrier de
l'enfer qui puisse parler ainsi. — Mais où en
est la preuve ? — Ne faut-il pas appartenir à
l'exécrable engeance, pour tourner le dos à
l'autel pendant le saint sacrifice de la messe ?
— Non, quand notre position nous y force.
— Jamais rien n'excusera une conduite indé-
cente et répréhensible, et si vous ne la trouvez pas telle, c'est que vous êtes.... — Quoi ?....

Le digne émule de M. Prieur et de M. Papon Lomini, desquels vous savez que j'ai beaucoup à me plaindre.

La conversation que je viens de rapporter, m'inspira de la considération pour M. Bonnet : il était vu de même par tous les autres locataires qui habitaient le même hôtel que moi ; aussi le vîmes-nous partir avec plaisir pour retourner dans sa patrie. Nous déclarâmes tous d'un commun accord, à madame Gorand, que s'il revenait jamais reprendre sa chambre, nous abandonnerions les nôtres. Madame Gorand nous rassura en nous promettant qu'il n'y reviendrait plus.

Quelques mois s'étaient écoulés, quand M. Bonnet se présenta à l'hôtel avec sa malle et son porte-manteau. Cette nouvelle ne fut pas plutôt répandue, que tous les locataires en furent consternés. On sut qu'on ne l'avait pas reçu, et chacun s'empressa de féliciter madame Gorand de nous en avoir délivrés.

Il est maintenant à Versailles pour régir un bureau, ce farfadet qu'on dit être circoncis, et qui doit par conséquent appartenir à la race juive. Puisse-t-il se convertir ainsi qu'il me l'a promis ! ce ne sera qu'alors que je prierai mes lecteurs de regarder ce que j'ai dit sur son compte comme nul et non-avenu : qu'il se fasse chrétien, s'il est juif; qu'il renonce au farfadérisme, puisqu'il est farfadet, et nous cesserons d'être ennemis.

Mais il y a donc des juifs parmi les farfadets? Qui peut me faire cette question? Les juifs appartiennent tous à la race infernale : n'ont-ils pas crucifié Notre-Seigneur Jésus-Christ? Ne font-ils pas l'usure? Ne ruinent-ils pas la plupart des jeunes gens de famille?

CHAPITRE LI.

Je répare en 1821, les oublis que j'avais faits les années précédentes.

Puisque j'ai analysé ce qui m'est arrivé en 1820, je ne dois pas passer sous silence les événemens qui me sont survenus depuis que mon ouvrage est sous presse. Les farfadets, depuis cette époque, sont tellement irrités de la résolution que j'ai prise de les signaler à l'univers entier, qu'ils ont redoublé contre moi leur persécution diabolique : la preuve en est dans la correspondance que j'ai fait connaître à mes lecteurs dans un de mes précédens chapitres; mais aussi, de mon côté, j'ai redoublé de vigilance, mes cœurs de bœuf, mes foies de mouton, mon sel, mon soufre, mon tabac, mon vinaigre, mes lardoires, mes épingles et mes aiguilles, sont dirigés contre leurs opérations. Lorsque je veux avoir le beau temps, je les dirige contre leur électricité magique; lorsque je veux me satisfaire, je les leur adresse comme un cadeau.

Depuis le commencement de mes persécutions je n'avais pas imaginé de leur donner des étrennes; cette année, je leur ai procuré cette satisfaction, si toutefois cela peut être une jouissance pour eux.

Je me suis muni de tous les ingrédiens anti-farfadéens, pour que mon opération fût parfaite. J'avais invité grand nombre de mes amis à y assister, ils m'avaient témoigné le désir d'être témoins de mon anti-magie, et je voulus les satisfaire: c'était le 31 décembre au soir.

Je me rendis chez madame Gorand; dans deux heures, l'an de grâce 1820 devait finir son cours.

Tous mes amis s'étaient réunis. J'allume le feu de mon poêle et de ma cheminée, et je les introduis dans ma chambre. Tous me firent des complimens plus ou moins flatteurs. Je leur répondis de mon mieux. En mettant ma marmite sur le poêle, je priai les messieurs et les dames de prendre les cœurs de bœuf et les foies de mouton et de les piquer avec un nombre considérable d'aiguilles et d'épingles ; ce qu'ils firent. C'est alors qu'inspiré par le génie du bien, je demandai si quelqu'un de la compagnie n'était pas attaqué du mal farfadéen ; quelques-uns me répondirent affirmativement. Eh bien ! je profiterai de cette occasion pour vous en délivrer ; mais, auparavant, répondez aux questions que j'ai encore à vous faire : *Renoncez-vous à Belzébuth, à Satan, à ses pompes et à ses œuvres ? fuirez-vous les ouvriers de l'esprit malin, impur, tentateur, visible et invisible ?* Oui, répondirent-ils tous spontanément. — Prenez des épingles et des aiguilles, fichez-en les cœurs et les foies, en répétant la promesse que vous venez de faire. Dieu ! comme tous mes néophytes étaient édifiés ! Les cœurs de bœuf destinés à cuire à la crémaillère, et ceux qui devaient être rôtis pendus à un clou, furent tous piqués de onze mille épingles.

Avant de continuer cette grande cérémonie j'invitai tous mes néophytes à boire un coup de vin. Rien ne lie d'amitié comme de choquer le verre ensemble. A minuit, nous plaçâmes les cœurs dans la marmite et à la crémaillère, les foies furent mis sur le brasier, mais cette dernière opération ne vaut pas celle de les frire à la poèle dans de l'huile de Provence bien bouillante. Dorenavant j'adopterai cette dernière méthode.

Mon sel, mon soufre étaient mêlés ensemble sur ma table. Je les prenais à poignée pour les jeter ensuite sur le brasier. Tous mes amis m'imitèrent, en répétant en refrain avec moi : *Troupes de coquins, que cela vous serve de paiement* ; et soudain je pris une épée dont j'armai ensuite les bras de tous les assistans, et nous piquâmes de sa pointe les cœurs qui rôtissaient.

Toute la nuit se passa en faisant cette cérémonie. Quelques-uns de mes admirateurs ne voulurent pas en être témoins jusqu'à la fin. Ce ne fut qu'en présence de ceux qui restèrent, que je retirai les cœurs accrochés à la crémaillère, et celui qui était dans la marmite, pour les jeter dans le brasier et achever de les consumer. Mon opération fut coûteuse ; mais on ne regarde pas à l'argent, quand il faut faire souffrir les farfadets.

Tous mes invités me félicitèrent de ce que je venais de faire contre mes ennemis et les leurs. Ils s'étaient instruits, et ils me promirent de profiter de la leçon. Ils étaient tellement enchantés de ce qu'ils venaient de voir, qu'ils me prièrent de vouloir bien les instruire des autres opérations que je préparais, soit pour conjurer le mauvais temps, soit pour sauver des fureurs farfadéennes nos vergers, nos vignes et nos guérets. — Oui, oui, vous y assisterez, vous verrez comme je m'occupe du bonheur du genre humain. Vous aurez jugé de vos propres yeux ce que bien d'autres n'apprendront que par la lecture de mon ouvrage, ouvrage d'autant plus précieux, que si les souverains me secondent, les choses d'ici-bas marcheront bientôt d'une manière plus régulière.

Eh bien! infâmes farfadets, fûtes-vous contens de mes étrennes? Je n'en sais rien, dans tous les cas, attendez-vous à en avoir de pareilles tous les premiers jours de l'an, jusqu'à ce que Dieu m'appelle à la vie éternelle.

CHAPITRE LII.

Faits relatifs à un individu nouvellement arrivé dans l'hôtel que j'habite, et qui avait été reçu dans la société de madame Goran.

CHACUN juge des choses comme il les comprend, je vais en donner une nouvelle preuve en citant le propos d'un individu qui fut introduit chez M. Goran, dans la maison duquel il avait pris un logement. Ce Monsieur parla beaucoup de

ses voyages, tant sur mer que sur terre, de tout
ce qu'il avait vu dans les différens pays qu'il
avait parcourus, des changemens qui s'y étaient
opérés, et de ceux, disait-il, qui devaient s'y
opérer encore. Il ne me fut pas difficile d'apercevoir en lui un de ces hommes qui se disent
libéraux; mais comme je ne parle jamais politique, je gardai le silence, je ne voulus approuver ni désapprouver ce qu'il disait. Cet
homme nous annonçait d'un ton prophétique
de grands malheurs, il disposait à son gré du
sort de la France et de celui des puissances
étrangères; mais comme toutes ses prophéties
n'étaient pas faites pour amuser beaucoup les
personnes de notre société, une d'elles fit changer cette conversation, en me faisant la question suivante : Eh bien ! M. Berbiguier, comment avez-vous passé la nuit? — Mais comme
toutes les autres; j'ai pris des farfadets avec des
épingles, avec du tabac, que je jette au feu et
que j'ai le plaisir de voir pétiller; mais ce qui
me divertit bien plus encore, c'est d'envelopper
le tabac rempli de ces farfadets, dans un morceau de papier bien roulé et de le jeter ensuite
au feu, qui les dévore : c'est là ma consolation.
Cette réponse de ma part amena la conversation
sur les magiciens. L'homme libéral dont je viens
de parler, m'interrompit pour me demander mes

III.   14

nom, prénom, âge et qualité, le lieu de ma naissance ; il fit la même question à madame Goran et à sa bonne ; et de suite, après que nous lui eûmes répondu, il nous quitta en nous disant qu'il allait à sa chambre chercher le livre des planètes. A son retour, après avoir cherché dans ce livre le mois dans lequel je suis né, il s'adressa à moi en ces termes : Vous avez éprouvé bien des désagrémens, bien des pertes, et vous avez été cruellement persécuté. Si, comme moi, vous aviez voyagé sur mer, le vaisseau à bord duquel vous vous seriez trouvé aurait fait naufrage, parce que tel est votre sort d'être malheureux en tout, jusqu'au moment fixé par votre destinée ; mais si vous n'avez pas encore goûté le bonheur, je vois néanmoins que vos maux finiront bientôt.

Après m'avoir ainsi parlé, il fit quelques prédictions à madame Goran ainsi qu'à sa bonne. Cependant cet homme ne m'avait pas inspiré une grande confiance. Je désirais de voir où il en voulait venir, je le suspectai beaucoup, et voici ce qui acheva de confirmer mes justes soupçons.

Je l'observais très-attentivement, quand, par un mouvement comme involontaire de sa part, il vint me toucher le pied droit avec un des siens. Je n'eus pas l'air de mon côté d'y faire beaucoup d'attention, et je descendis pour vaquer à quelques affaires. Ce Monsieur se retira peu après dans son appartement Il était alors minuit. Je me retirai aussi dans le mien. A peine fus-je entré dans ma chambre, que j'aperçus en moi un grand changement. Je ne me trouvai pas dans mon assiette naturelle. Tous mes sens troublés me donnèrent la conviction intime que ce Monsieur avait voulu me tenir secrètement en sa puissance. Je fis alors toutes les imprécations les plus fortes contre la classe farfadéenne. Je notai sur un papier tout ce qui venait de m'arriver, et je me mis ensuite au lit, non pour dormir, mais pour surveiller mon nouveau persécuteur. Le reste de la nuit ne vint que trop à l'appui de mes craintes.

Le matin, à mon lever, je revins chez M. Goran; je le saluai ainsi que madame son épouse à qui je crus devoir rappeler ce qui s'était passé le soir chez elle, relativement au Monsieur qui nous avait demandé nos noms, prénoms, âges et lieux de naissance. Je leur dis que le motif de toutes les questions qui nous avaient été faites n'était autre que celui de nous mettre en la puissance du démon, et que ce que j'avais éprouvé pendant la nuit m'en donnait la certitude. Madame Goran, sensible à ma peine, me témoigna ses regrets ; mais elle avait de la peine à croire à tout ce que je lui disais.

Cependant je priai mon hôtesse de faire connaître mon mécontentement à son nouveau locataire qui m'avait mis ainsi en sa puissance. Madame Goran ne manqua pas de lui en parler ; et le farfadet, tout déconcerté, ne voulut pas convenir des faits que je lui reprochais.

Plusieurs soirées se passèrent sans que l'ensorceleur revînt chez M. Gorand : tout cela ne fit que fortifier l'idée que je m'étais faite de cet homme. Il parut néanmoins quelque temps après dans notre société, et à son ordinaire il ne parla que des libéraux et du libéralisme. Monsieur, lui dis-je, les libéraux sont peut-être des farfadets ; mais je ne me mêle jamais des opinions politiques. Depuis cette époque, cet apôtre du libéralisme cessa de se rendre dans notre société, et n'adressa plus la parole, ni à Monsieur, ni à madame Goran.

Mes lecteurs connaissent mes principes, ils sont inaltérables. Dieu, mon Roi, le Pape et ma Patrie. Mais mon livre ne doit pas être un ouvrage de politique. J'ai acquis la certitude que tous les partis qui divisent la France ont parmi eux leurs farfadets.

CHAPITRE LIII.

Deux dames se présentent à moi pour me consulter ; elles craignent d'être attaquées du mal farfadéen ; conférence à ce sujet.

Vers la fin de, janvier de cette année 1821 je reçus la visite de deux dames ; l'une d'elles était connue de madame Goran et avait été attaquée du mal farfadéen. J'eus l'avantage de lui administrer mes remèdes, qui la mirent aussitôt hors des attaques des malins esprits. Quelques jours après, elle m'amena son amie, qui se trouvait attaquée du même mal que celui dont je l'avais guérie ; mais je ne me trouvai pas chez moi le jour de leur visite, je ne rentrai qu'à dix heures du soir, ce qui les obligea à revenir chez madame Goran, pour me dire qu'elles étaient déjà venues pour me voir, mais que ma trop longue absence les avait privées de ce plaisir.

La dame que je ne connaissais pas encore, me dit qu'elle ressentait certain mal dont elle ne pouvait décemment me donner les détails : je vis son embarras, et pour la mettre à son

aise, je lui dis d'en faire la confidence à la dame
que j'avais déjà traitée, et que cette même dame
me communiquerait toutes ses révélations;
ce qu'elle fit, et l'amie s'empressa de me les faire
connaître. Je fus bientôt convaincu que c'était
un malin esprit qui tourmentait la belle, à
qui j'ordonnai d'acheter tout ce qui était nécessaire à sa guérison. Je priai sa confidente de
faire elle-même l'opération, pour qu'elle réussît
mieux, l'ayant déjà faite pour elle-même.

La conversation s'engagea ensuite contre les
farfadets. Ma pauvre malade parut surprise de
tout ce que je lui appris à ce sujet; elle observa que d'après tout ce que je venais de dire,
elle ne doutait plus qu'une demoiselle de sa
connaissance ne fût attaquée du mal, et qu'elle
me l'amenerait; je lui observai qu'il fallait auparavant qu'elle usât du remède, et que, quand
elle serait guérie, elle pourrait alors la conduire ici.

Les choses ainsi convenues, je priai mes deux
dames de monter à ma chambre où elles verraient les procédés que j'employais pendant la
nuit pour prendre les farfadets; elles obtem-
pérèrent à mon offre. En visitant mon appartement, ces deux malheureuses victimes de
l'audace des farfadets parurent toujours plus
étonnées des moyens que je prenais pour dé-

truire cette race infernale. Elles le furent
encore plus lorsqu'elles virent l'immense quantité d'épingles dont la couverture de mon lit
se trouvait piquée, et qui traversaient le corps
d'un nombre infini de magiciens.

Elles éprouvèrent de l'enthousiasme lorsqu'elles eurent jeté les yeux sur les plantes, le
soufre et le sel que j'employais, elles en furent
ébahies ; enfin, lorsqu'elles sortirent de chez
moi, elles me promirent de suivre exactement
mes ordonnances. Avant de me quitter elles ne
cessaient de me témoigner leur étonnement
sur les peines et les sacrifices que je faisais, elles
me donnaient les plus grands éloges sur les motifs qui me guidaient, puisqu'ils n'avaient d'autre
but, me disaient-elles, que celui de me rendre
utile à la société, en faisant ainsi une guerre à
outrance contre les ennemis du Créateur.

Plus d'un mois s'écoula sans que je revisse
ces deux dames : j'étais étonné de ne plus entendre parler d'elles, je ne savais que penser :
peut-être, me disais-je, auront-elles été voir
la demoiselle dont elles m'ont parlé ; avant de
faire leurs provisions, les parens de cette demoiselle se seront opposés à ce qu'elle fît usage
des secours que je fais employer avec tant de
succès aux personnes qui, comme elle, sont attaquées, ils lui auront défendu de venir chez moi,

peut - être même ils en auront détourné les
dames qui devaient l'accompagner.

Toutes ces idées me faisaient beaucoup de
sensation , lorsque je considérais sur-tout que
l'intérêt n'était pour rien dans les services que
je rendais à mes malades : ma récompense
ne fut jamais que dans le plaisir que je trouve
à me rendre ainsi utile aux personnes que je
connais pour être attaquées de l'esprit malin.

Mon remède ne peut nuire à la santé de personne, tout ce qu'on pourrait dire là-dessus pour
calomnier mes intentions , ne doit partir que
de mes ennemis , qui ne voudraient pas que
les honnêtes gens eussent la conviction intime
de l'efficacité de mes opérations anti - farfadéennes qui détruisent tous les perfides ennemis de l'espèce humaine. Persévérez donc ,
cher lecteur, et n'écoutez pas ceux qui cherchent à me persiffler ; ayez confiance en moi ,
et vous reconnaîtrez bientôt la vérité de mes
assertions. Consultez toutes les personnes que
j'ai guéries , leur témoignage suffira pour confondre tous les incrédules. Ayez sur-tout confiance en Dieu , vous tous qui pouvez être tourmentés par les méchans esprits , ne vous laissez
pas abattre par leur infernale société. Je vous
le répète, mes remèdes ne sauraient en aucune
manière vous être préjudiciables. Revenez chez

moi , vous qui avez eu la faiblesse de vous en laisser éloigner par des conseils perfides.

~~~~~~~~~~~~~~~~~~~~~~~~~~~~~~~~~~~~~~

CHAPITRE LIV.

Quelques nouvelles observations relatives aux menaces qui me sont faites.

La menace qui m'a été faite par M. Chaix me revient souvent dans la pensée , disons tout ce que je sais de lui. Il est propriétaire à Carpentras. Accoutumé à voyager , il va de Carpentras à Paris et de Paris à Carpentras ; cela l'amuse depuis qu'il n'est plus courrier de la malle. Pendant son avant-dernier séjour dans la capitale , il apprit que je faisais imprimer un ouvrage contre les farfadets. De retour à Avignon, il n'eut rien de plus empressé que de communiquer à la société infernale de cette dernière ville cette résolution de ma part. Les farfadets s'assemblèrent et décidèrent d'envoyer auprès de leurs associés de Paris un député. M. Chaix fut choisi pour remplir cette mission. J'ai appris de la bouche d'un autre de mes compatriotes , marchand de vin à Paris , et de plusieurs autres personnes à qui M. Chaix l'a déclaré, que si mon livre paraissait, il avait ordre de me citer en police correctionnelle ; qu'il était envoyé à Paris à cet effet ; qu'il y resterait pour cela autant de temps qu'il le faudrait, puisqu'il était généreusement défrayé de toutes ses dépenses et de tous les frais qu'il serait forcé d'exposer pour me poursuivre.

Ces menaces de la part de M. Chaix ne m'ont point fait changer de résolution. Je ne crois pas même qu'il les effectue, pour peu qu'il commente son projet ; et en effet, les juges ne peuvent rien voir de répréhensible dans un ouvrage qui ne respire que l'amour de Dieu et celui de tous les hommes. Ma haine ne se manifeste que contre les farfadets. En montrant les erreurs de ceux-ci, je prouve aux magistrats et à tous mes lecteurs que je ne mets à découvert de dangereuses erreurs, que pour éviter. le mal qui pourrait en résulter pour la société. Mes intentions ne sont donc pas criminelles. Mon ouvrage n'est pas celui d'un méchant, mais bien celui de l'ami du genre humain, celui d'un homme religieux, d'un vrai philosophe. Mes principes ne peuvent être méconnus ; et mes lecteurs, quels qu'ils soient, sauront les apprécier. Je ne crains donc pas de les manifester dans mon ouvrage, et je brave en cela les menaces de tous mes ennemis.

Nulle passion ne me guide en faisant imprimer

mes Mémoires, je n'en ai d'autre que celle de
me rendre utile aux humains ensorcelés. Aucun
motif d'intérêt ne m'a dirigé, je l'ai prouvé à
l'égard même des cohéritiers de mon oncle, dont
il avait tant à se plaindre. Sa veuve, madame
Berbiguier, que j'aurais dû accuser, est décédée
en 1820. Elle a connu mon désintéressement,
elle savait mieux que personne les bonnes intentions que mon oncle avait à mon égard; que
c'est par ma faute que j'ai été privé de son immense fortune, vu les bonnes volontés qu'il
avait manifestées en ma faveur; mais Dieu l'a
sans doute permis ainsi : je m'y suis résigné. Il
est inutile que je répète encore des choses qui
ne pourraient être que fastidieuses pour mes
lecteurs, et qui n'ont du rapport qu'à la succession de mon oncle, de laquelle j'aurais dû retirer plus de cinq cent mille écus. Je m'arrête à ces
dernières observations, et je reviens à M. Chaix.

Ce Monsieur apprit que j'avais acheté une
tabatière en or qui avait appartenu à mon oncle.
Je ne sais que penser du propos qu'il tint. Il dit
à celui qui l'en avait instruit, que je ne la gar-
derais pas long-temps. Serait-ce pour ne pas me
laisser ignorer qu'elle me serait enlevée par ceux
qui viennent me tourmenter la nuit et le jour?
mais dans ce cas, il en serait lui-même instruit ;
et si la tabatière était en son pouvoir, il n'en

ferait pas sans doute sa propriété. Je pense donc qu'il me la rendrait ou me la ferait rendre. Avis à l'autorité contre les farfadets. Ces scélérats, lorsqu'ils nous poursuivent (MM. Bouge et Nicolas me l'ont dit), ont le pouvoir de nous faire dire dans notre sommeil tout ce que nous avons fait la veille; ils profitent de nos aveux pour venir fouiller dans nos secrétaires, nos commodes; ils mettent tout en désordre pour prendre ce qui leur convient : cependant ils ont la précaution de remettre les clefs très-exactement là où ils les ont prises. Nous ne savons ensuite à qui attribuer le vol de nos objets les plus précieux.

Je faisais moi-même ces réflexions alors que je me suis aperçu que j'avais été volé, ce qui m'est arrivé très-souvent; et ce n'est qu'après avoir été bien convaincu que personne, en mon absence, ne pouvait être entré dans mon appartement, que je n'ai plus eu lieu de douter que c'est à l'aide du diable que les farfadets ont le pouvoir de s'introduire la nuit comme le jour partout où ils veulent; qu'ils commettent ainsi toutes sortes de crimes pour satisfaire leurs passions criminelles, et mettre le désordre dans les familles et dans les états.

Aussi, si jamais ma tabatière d'or vient à me manquer, je ne la réclamerai pas auprès de

M. Chaix, ancien courrier de la malle, mais bien à M. Chaix, farfadet.

Attrapez, M. le faiseur de procès. Si vous voulez m'amener devant le tribunal de police correctionnelle, vous y comparaîtrez vous-même sous votre costume de farfadet. Je le répéterai jusqu'à satiété, toutes les qualifications odieuses que je donne à ceux que je nomme dans mon ouvrage, ne sont applicables qu'à leur farfadérisme, et jamais à leur qualité d'homme qui doit sa vie à Dieu.

~~~~~~

CHAPITRE LV.

Je me moque de la politique. Différens remèdes que j'emploie contre mes cruels, mes irréconciliables ennemis les Farfadets.

Si, lorsque j'ai pris la plume pour tracer mes malheurs, je n'avais pas décidé de ne point entrer dans des détails relatifs à la révolution française, j'aurais pu, en suivant les événemens qui l'ont signalée, donner des preuves irrécusables du farfadérisme des hommes qui ont joué un rôle pendant ce temps désastreux ; mais je l'ai déjà dit, la politique n'est pas de mon domaine, je fuis les maisons où on en parle. J'ai bien assez

. de·soucis sans m'en créer d'autres que ceux qui font mes tourmens : pourquoi irais-je définir ce qu'on entend par Robespierrisme, jacobinisme, ultracisme, libéralisme? qu'il me suffise à ce sujet de dire que ceux qui ont fait du mal pendant la révolution étaient les émissaires du diable, et par conséquent des farfadets.

Je laisse donc à d'autres historiens la tâche pénible de parler de nos troubles civils, je ne veux m'occuper que de ceux que j'éprouve en particulier, et j'y reviens.

Je cherche depuis le moment de mes persécutions les moyens de m'y soustraire, et je n'ai pu jusqu'à ce moment réussir à m'en préserver. Mon remède anti-farfadéen n'a de résultat heureux que pour ceux à qui je l'administre, il n'a point d'efficacité pour moi. Je l'ai pourtant mis souvent à l'épreuve.

Fatigué de me voir tourmenter en tous lieux, trompé par une grande partie des personnes à qui je m'adresse, outragé par ceux-là même qui me promettaient guérison, j'ai employé contre les farfadets tous les remèdes qui m'ont été conseillés.

Dans différentes occasions, j'ai fait bouillir de l'eau dans une marmite à moitié pleine, où je faisais évaporer mon cœur de bœuf; dans d'autres j'ai jeté le cœur sur un brasier ardent qui le consumait entièrement ; enfin, je l'ai suspendu à ma crémaillère pour le faire cuire et le brûler ensuite. Tout cela ne m'a pas réussi, et pourtant M. Prieur m'avait conseillé d'en agir ainsi.

Quand je fus persuadé du peu de succès de ces tentatives, j'eus recours à d'autres moyens. Maintenant, lorsque je suis tourmenté et que je sens mes ennemis dans la doublure de mes vêtemens, je pique mon habit avec des épingles, je l'attache ainsi avec ma chemise, et j'empêche par-là les farfadets de s'évader ; je les tiens en prison sur ma personne, et crainte de leur donner la liberté je me couche tout habillé.

J'en use de la même manière quand je me trouve sur mon lit ; je pique mes couvertures avec un poinçon ou avec des épingles, et je retiens ainsi mes persécuteurs pour qu'ils n'aillent pas faire du mal ailleurs. Lorsque je les pique, j'ai la satisfaction de leur conseiller, s'ils ne sont pas contens de ma réception, d'aller trouver M. Pinel à la Salpêtrière pour lui demander un remède, s'il en a un dans sa pharmacie contre les attaques que je dirige contre eux.

Voilà comment je traite mes ennemis, malgré cela ils viennent toujours me persécuter : comme eux, je ne me rebute point, s'ils s'obs-

tinent en croyant me faire succomber, je mets
de mon côté de l'obstination à mes opérations :
je fais une bonne œuvre en leur rendant le
mal pour le mal ; la guerre que je leur ai dé-
clarée est une guerre à outrance, rien n'est
capable de la ralentir. L'Esprit saint, par une
grâce infinie, ne m'abandonne pas, il m'inspire lui-même tous mes moyens de défense,
parce qu'il veut absolument que je remporte
une victoire complète contre les agens de
l'enfer.

Si j'avais voulu, dans ce chapitre, citer
toutes les opérations que je fais contre l'engeance farfadéenne, j'aurais été trop long-temps
sur le même sujet. Mes bouteilles - prisons et
mon baquet révélateur doivent me fournir
matière à une autre dissertation, je vais m'y
livrer. Prenez un moment de repos, mes chers
lecteurs, votre position va changer, vous allez
vous réjouir de mes nouvelles découvertes,
vous allez rire avec moi ; car il faut bien de
temps en temps un peu rire pour faire diversion à nos souffrances. Donnons-nous la main,
rions ensemble, célébrons les succès que je
remporte depuis quelque temps ; les farfadets
enragent, rions, rions, rions, réjouissons-nous,
réjouissons-nous, réjoussions-nous.

~~~~~~

CHAPITRE LVI.

*Mon Baquet révélateur et mes Bouteilles-
prisons.*

Qu'entendez-vous par Baquet révélateur et
par Bouteilles - prisons , me disent la plupart
des personnes à qui je parle de ces choses? Je
vous l'apprendrai dans mon ouvrage, leur dis-je
d'un air mystérieux ; car j'ai cela de bon , que
je sais donner à ma figure l'air qui convient à
ma situation.

Voulez - vous savoir ce que j'appelle mon
baquet révélateur et mes bouteilles-prisons ?
je vais maintenant vous les faire connaître :

Mon baquet révélateur est un vase en bois que
je remplis d'eau et que je place ensuite sur ma
fenêtre ; il me sert à dévoiler les farfadets quand
ils sont dans les nuages. J'ai, je crois, déjà
appris à mes lecteurs quelle était la puissance
du bouc émissaire ; les farfadets sautent dessus
pour s'élever dans les airs lorsqu'ils veulent
s'occuper de leur physique aérienne. C'est donc
pour les voir travailler en l'air, que j'ai inventé
mon baquet révélateur.

III.   15

Ce baquet rempli d'eau, placé sur ma fenêtre, comme je viens de l'annoncer, me répète dans l'eau toutes les opérations de mes
ennemis; je les vois se croiser, se disputer,
sauter, danser et voltiger bien mieux que tous
les *Forioso* et toutes les *Saqui* de la terre.
Je les vois lorsqu'ils conjurent le temps, lorsqu'ils amoncellent les nuages, lorsqu'ils allu-
ment les éclairs et les tonnerres. L'eau qui est
dans le baquet suit tous les mouvemens de ces
misérables. Je les vois tantôt sous la forme
d'un serpent ou d'une anguille, tantôt sous
celle d'un sansonnet ou d'un oiseau-mouche;
je les vois et je ne puis les atteindre, je me
contente de leur dire : Monstres cruels, pourquoi ne puis-je pas vous noyer tous dans le
baquet qui répète vos affreuses iniquités! les
malheureux que vous persécutez seraient tous
en même temps délivrés de vos infamies! Je
vous vois dans le moment, mon baquet est sur
ma fenêtre. Dieu! quel troupeau de monstres
rassemblés!.... Dispersez-vous .... Ils se ral-
lient.... Incrédules, regardez donc dans mon
baquet et vous ne me contrarierez plus par vos
dénégations.

Je passe maintenant à mes bouteilles-prisons.
Toutes les opérations dont j'ai déjà rendu
compte ne sont rien en les comparant à celle

que je fais à l'aide de ces bouteilles. Autrefois je ne tenais captifs mes ennemis que pendant huit ou quinze jours, à présent je les prive de la liberté pour toujours, si on ne parvient pas à casser les bouteilles qui les renferment, et je les y emprisonne par un moyen bien simple : lorsque je les sens pendant la nuit marcher et sauter sur mes couvertures, je les désoriente en leur jetant du tabac dans les yeux : ils ne savent plus alors où ils sont ; ils tombent comme des mouches sur ma couverture, où je les couvre de tabac ; le lendemain matin, je ramasse bien soigneusement ce tabac avec une carte, et je les vide dans mes bouteilles, dans lesquelles je mets aussi du vinaigre et du poivre. C'est lorsque tout cela est terminé, que je cachette la bouteille avec de la cire d'Espagne, et que je leur enlève par ce moyen toute possibilité de se soustraire à l'emprisonnement auquel je les ai condamnés.

Le tabac leur sert de nourriture et le vinaigre les désaltère quand ils ont soif. Ainsi ils vivent dans un état de gêne, et ils sont témoins de mes triomphes journaliers : Je place mes bouteilles de manière à ce qu'ils puissent voir tout ce que je fais journellement contre leurs camarades ; et une preuve que je n'en impose pas lorsque je dis qu'ils ne peuvent plus sortir du tabac que je leur ai jeté pour les couvrir, c'est qu'en présence de madame Gorand j'ai eu le plaisir de jeter de ce tabac au feu, et que nous avons entendu ensemble les farfadets qui pétillaient dans le brasier, comme si on l'avait couvert d'une grande quantité de grains de sel.

Je veux faire présent d'une de mes bouteilles au conservateur du cabinet d'Histoire Naturelle, il pourra placer dans la Ménagerie des animaux d'une nouvelle espèce. Il est vrai qu'il ne pourra pas les tenir captifs dans une loge, comme on y tient le tigre et l'ours Martin ; mais il les fera voir dans la bouteille, de laquelle il leur est défendu de s'échapper.

Si parmi les curieux qui vont visiter le Jardin des Plantes et le cabinet d'Histoire Naturelle, il se trouvait par hasard quelques incrédules ou quelques farfadets, le conservateur n'aurait, pour les convaincre de l'existence des malins esprits dans la prison, qu'à remuer cette bouteille, et on entendrait, comme je l'entends journellement, les cris de mes prisonniers, qui semblent me demander grâce ; les incrédules se tairaient et les farfadets enrageraient.

Voilà donc ce que j'appelle mon baquet révélateur et mes bouteilles-prisons. Je les classe au nombre de mes remèdes anti-farfadéens.

. Je ne veux pas finir ce chapitre sans avoir fait ici un relevé de toutes les autres opérations préservatrices dont je n'ai pas encore parlé dans mon ouvrage ; ce ne sera qu'après avoir fait ce relevé que je pourrai donner à mes lec- teurs la chanson que j'ai composée dans un moment d'enthousiasme , après avoir vaincu mes ennemis par toutes mes opérations bien combinées.

Les moyens de consumer les farfadets pour qu'il n'en échappe pas un seul de tous ceux qui viennent me faire la guerre , c'est de me servir d'une grande cuillère de fer bombée , dans laquelle je mets du soufre et des petits paquets renfermant les farfadets que j'ai pris dans du tabac : je couvre la cuillère et j'y mets le feu ; c'est alors que je jouis de les entendre pétiller de rage et de douleur.

Il est encore un autre moyen de faire la guerre aux farfadets , c'est de tuer tous les crapauds qu'on peut prendre à la campagne. Les crapauds sont les accolytes des esprits infer- naux, comme jadis mon cher Coco était mon compagnon fidèle.

Mais de tous les moyens que j'emploie contre mes ennemis, celui qui me plaît le mieux c'est celui de mes bouteilles-prisons ; du moins, je sais que par ce moyen je ne les tue pas, je les

mets seulement dans l'impossibilité de me nuire,
et le meurtre, quel qu'il soit, même celui des
farfadets, doit répugner à tout honnête homme.
Emprisonnons les farfadets, piquons-les, mais
ne les tuons pas.

N'oublions pas sur-tout de mettre à nos bouteilles, avant de les cacheter, un bon bouchon
qu'il faut y faire entrer avec beaucoup d'efforts.

Il doit être bien cruel pour les pères et mères
de famille, qui ont des enfans farfadets, de ne
pas les voir arriver chez eux, lorsque je les
tiens emprisonnés dans mes bouteilles.

C'est donc à vous que je m'adresse, vous
qui chérissez vos enfans : voyez à quoi ils sont
exposés au moment où les passions commencent
à les agiter ; à quels dangers ils sont en butte
lorsqu'ils sont attaqués par les corrupteurs de
la jeunesse, lorsqu'ils se laissent aller aux
attraits séduisans des farfadets féminins ! les uns
font une triste fin, les autres sont estropiés
pour leur vie ; les plus audacieux sont prisonniers lorsqu'ils pourraient jouir du fruit de leur
éducation, et leurs parens ignorent même comment tous ces malheurs sont arrivés et la cause
qui les a produits !....

O mon Dieu! vous qui connaissez l'amour
que j'ai en vous, à Jésus-Christ, au Saint-
Esprit, à la Vierge Marie, à Saint-Joseph,

*et à tous les Saints de votre cour céleste,
faites-moi persévérer dans les moyens que j'emploie pour combattre vos ennemis : lorsque mes
remèdes ne seront pas assez efficaces, inspirez-moi, et faites-moi connaître les armes dont je
dois me servir contre eux ; j'attends tout de
votre secours et de votre sainte volonté, ne me
faites succomber dans la lutte pénible que j'ai
engagée, que lorsqu'il en sera temps. Je ne dois
quitter cette vallée de larmes que quand vous
l'ordonnerez; ce ne sera que lorsque j'aurai
assez souffert et que vous aurez eu pitié de
moi, que je devrai jouir du bonheur éternel.*

Cette nouvelle invocation, qui n'est qu'une
réminiscence de toutes celles que j'ai déjà
faites dans mon ouvrage, était nécessaire à ce
chapitre pour prouver que je rapporte à Dieu
toutes les découvertes que j'ai faites; j'ai l'habitude de le prier non-seulement à l'Eglise,
mais partout où je me trouve, dans ma chambre,
et lorsque je me promène aux environs de Paris.

Je récite alors le *Credo*, l'*Angelus*, le *Miserere*, pour demander à Dieu la conservation
de notre Saint-Père le Pape, de notre auguste
Monarque, de sa famille respectable et de tous
les Souverains de la terre, à qui j'ai dédié
mon ouvrage, afin que Dieu les mette à l'abri
des persécutions des farfadets, bénisse nos

récoltes, et me procure bientôt le plaisir de ré-
citer et chanter le *Te Deum laudamus :* je
le chante souvent malgré mes infortunes.

Je chante aussi la chanson que j'ai promis de
donner à mes lecteurs, et que j'ai composée
sur l'air d'une ronde populaire qui est sur toutes
les orgues, et qui commence par ce refrain :
C'est l'amour, l'amour, l'amour.

Voici mes couplets, ils termineront d'une
manière saillante les détails que je viens de
faire de toutes mes opérations anti-diaboliques :

Je vous tiens, je vous y tiens
Dans la bouteille,
A merveille,
Farfadets, magiciens ;
Enfin, je vous y tiens.
Je vous donne vinaigre à boire,
Tabac et poivre pour manger ;
Un tel régal, je dois le croire,
Ne doit pas trop vous arranger.
Vous aimez fort la danse,
Et pour votre plaisir
Vous venez en cadence
Sur moi vous divertir.
Je vous tiens, etc.

Pour mieux vous régaler encore
Mes cœurs de bœuf et de mouton
Sur un grand feu qui les dévore
Grillent souvent sur du charbon.

La grêle et le ravage ,
Pour vous tous n'est qu'un jeu;
Mais je sais à l'orage
Opposer mon grand feu.
Je vous tiens, etc.

Mes lardoires sont très-pointues ,
Elles vous percent , c'est fort bien;
Si mes aiguilles sont aiguës ,
Elles ne le sont pas pour rien.
Pourquoi donc vous en plaindre ?
   Mais vous n'y pensez pas,
   Voudriez-vous me contraindre
   A marcher sur vos pas ?
   Je vous tiens, etc.

Farfadets , race abominable ,
Que je ne puis trop détester,
Allez-vous-en trouver le diable ,
Avec lui vous devez rester.
   Vous voulez le désordre ,
   Vous trouvez cela beau;
   Mais moi , l'ami de l'ordre ,
   Je suis votre fléau.
   Je vous tiens , etc.

Vous combattre a pour moi des charmes ,
Je vous brave et ne vous crains plus ;
Le sel , le soufre sont mes armes ,
Et vous serez toujours vaincus.
   Vos cris dans la bouteille
   Rendent mon cœur joyeux,
   Et la nuit, quand je veille ,
   Je suis moins malheureux.

Je vous tiens , je vous y tiens
Dans la bouteille
A merveille ,
Farfadets , magiciens ;
Enfin , je vous y tiens.

CHAPITRE LVII.

Les Farfadets ont contrarié mes opérations la veille du Baptême du duc de Bordeaux ; fausses conséquences.

Quelques jours avant le 29 avril 1821, j'avais préparé tout ce qui m'était nécessaire pour combattre les farfadets , qui se disposaient de leur côté à susciter le mauvais temps, afin de mettre obstacle aux cérémonies qui devaient avoir lieu à l'occasion du baptême du duc de Bordeaux. Je m'étais fait un plaisir d'inviter ce jour-là bien des personnes qui désiraient me voir travailler et voulaient assister à mes opérations. Aucune d'elles ne manqua de s'y rendre ; toutes s'occupaient à seconder le grand travail, qu'elles cherchaient sur-tout à connaître , pour dans l'occasion en faire usage et se mettre ainsi à l'abri des attaques des ennemis du bien public.

Quelques-uns de mes visiteurs étaient sans

doute agrégés à la compagnie diabolique , puisqu'on eut la malice de casser une des bouteilles qui renfermaient un grand nombre de farfadets, qui s'envolèrent pendant mon opération ; ce qui fut sans doute une première victoire pour ces misérables.

Dès ce moment tout fut en mouvement : j'avais commencé mon travail à une heure aprèsmidi, il fut continué jusqu'à dix heures et demie du soir. Les coquins de farfadets trouvèrent le moyen d'en arrêter l'effet ; je devais le continuer pendant trois jours de suite : ils montèrent tellement la tête du propriétaire de la maison que j'habite , par la crainte que j'y misse le feu , que ce Monsieur, homme trèshonnête par caractère , se porta chez moi , et me dit d'un ton brusque et animé : *Éteignez ce feu-là*. Ma surprise fut aussi grande qu'inattendue. Ce même propriétaire m'avait souvent exhorté à de semblables opérations contre les farfadets, et ce jour-là il fut effrayé de la fumée du soufre que j'avais mêlé avec beaucoup de sel, pour éviter tout danger. D'ailleurs, pourquoi ce changement de résolution, quand dans d'autres occasions ce propriétaire avait assisté lui-même à mon feu préservateur ? Pourquoi donc trouva-t-il du danger dans cette dernière épreuve, tandis qu'il n'en avait pas aperçu auparavant ? La raison en est simple : les magiciens saisirent l'occasion de monter ce jour-là son imagination ; il crut voir sa maison incendiée, tellement on l'avait fasciné. Les farfadets ont l'art de tromper facilement les esprits faibles pour jouir ensuite de tout le mal qu'ils peuvent faire. Je connais leurs manœuvres, j'invitai tous ceux qui m'assistaient de redoubler de courage, d'augmenter la dose de nos provisions pour montrer à ces monstres que je ne les craignais pas. C'est ainsi que j'en agis pour m'opposer à leurs travaux, quand ces misérables veulent détruire les biens de la campagne.

Pendant tout ce débat nous entendions la pluie tomber et le tonnerre gronder, ce bruit redoublait notre courage. Sur les neuf heures je me mis à la croisée pour examiner le temps. Ma surprise fut grande et bien agréable. Plus de nuages. J'aperçus un ciel pur et étoilé. J'appelai tous mes collaborateurs. Venez, leur dis-je, venez voir le temps. Tous furent étonnés de ce changement, et dans leur enthousiasme chacun me félicitait de la victoire que je venais de remporter sur les farfadets. Vous le voyez, Messieurs, continuons à travailler ; et c'est ce que nous fîmes ; mais il fallut bientôt cesser : ce fut par ordre ; depuis lors le temps n'a pas cessé d'être mauvais.

Le vulgaire a attribué ce mauvais temps à la lune rousse qu'il considère comme une planète malfaisante, dont l'influence se fait ressentir sur notre terre. Mais quelle est donc cette lune rousse ? Serait-ce une autre lune que celle que nous connaissons? Cela ne peut pas être.... S'il n'en existe pas d'autre que celle que nous voyons tous les soirs, peut-elle être dans un temps plus dangereuse que dans un autre ? Dieu, aurait-il voulu, dans le nombre de ses phases, en assigner une pour le mauvais temps, pour nous rappeler que parmi les douze apôtres un d'entre eux fut un traître ? Non, cela ne peut s'accorder avec sa bonté toute divine, qui ne veut que le bonheur de ses créatures.

Voyons, au surplus, les Etrennes Mignonnes de *Mathieu Laensberg*, pour l'an 1821, et nous saurons si ce grand astronome nous menace des pluies, des vents, de la neige et du froid que nous avons éprouvé pendant le mois de mai, de juin, de juillet et d'août. Ce grand farfadet s'est trompé, parce qu'il ne pouvait pas prévoir qu'on m'empêcherait de faire mon remède. Ce sont ses confrères en farfadérisme, qui ont fait succéder le mauvais temps au beau temps qu'il nous annonçait dans son almanach.

Il est vrai que ce devin aérien nous fait des prédictions plus ou moins effrayantes pour cette même année 1821 ; mais il est permis d'en douter. Cet astronome peut bien se tromper dans ses calculs, comme il s'est déjà trompé relativement au temps. Dans l'ardeur du butin qui le caractérise, il n'effraie le genre humain que pour pouvoir se garnir les poches.

Dans tous les cas, si ce farfadet nous annonce des événemens funestes, nous avons les moyens de nous en garantir; ils sont aujourd'hui à la connaissance de tout le monde.

Je les ai rendus publics dans mes mémoires, pour qu'on puisse s'en servir : livrez-vous donc tous à mes opérations anti-farfadéennes, et prions le Dieu qui protège les bons, de donner du courage aux propriétaires qui craignent le feu. Celui de la maison que j'habite doit être maintenant bien penaud de m'avoir contrarié ! Depuis le moment qu'il est venu faire éteindre mon feu, le temps a été continuellement à la pluie. Ai-je tort maintenant de penser que mon remède est le véritable antidote de la lune rousse ?

CHAPITRE LVIII.

Sur Saint-Médard.

Il est difficile de détruire les fausses idées qui nous ont été inculquées dans notre jeunesse par nos précepteurs. Ils attribuaient aux saints et aux lunes les malignes influences. Cependant nos pères étaient des êtres très-sensés. Comment est-il donc possible que des hommes vertueux aient pu croire que les saints qui ont été admis à la cour céleste, et qui, pendant leur passage sur notre globe, ont pratiqué toutes les vertus, soient aujourd'hui dans le ciel pour nous procurer le mauvais temps ? ils n'y ont été admis que pour implorer en notre faveur la miséricorde d'un Dieu bon et juste; ils ne sont pas les dispensateurs des pluies qui nuisent à nos propriétés et qui détruisent l'espoir du laboureur.

Saint-Médard n'est pas le protecteur de la pluie, comme on veut le faire croire au vulgaire ignorant, elle ne nous est lancée que par Belzébuth et par sa cohorte. C'est donc contre toute raison, contre toute justice, qu'on calomnie un saint qui, au lieu de nous faire du mal, intercède en notre faveur le Dieu qui l'a trouvé digne de jouir de sa présence. Cette affreuse calomnie ne sort que de la bouche des farfadets.

Ce n'est donc pas Saint-Médard qui nous procure la pluie; mais en faisant cet aveu, me disait l'autre jour un de mes antagonistes, vous reconnaissez tacitement que Belzébuth a un grand pouvoir sur la terre. — Oui, je vous en ai déjà donné la raison. — Pourquoi Dieu permet-il donc que le chef des enfers ait un si grand nombre de disciples parmi nous? — Impie! — Pourquoi la puissance du bien ne détruit-elle pas le génie du mal? — Scélérat! — Pourquoi les honnêtes gens sont-ils malheureux sur la terre?—Taisez-vous!—Taisez-vous! Mais ce ne sont pas là des raisons? M. Berbiguier, et ce n'est pas non plus en m'apostrophant, que vous parviendrez à me prouver que Saint-Médard et la lune rousse ne font pas pleuvoir. — Si vous voulez acquérir la preuve de ce que je vous avance, lisez mon ouvrage qui va bientôt paraître, vous y trouverez la preuve que vous me demandez. — Ne vous fâchez pas, nous verrons bien. — Vous verrez ce que vous voudrez, mais il m'est impossible de vous écouter encore.

En prononçant cette dernière phrase, je m'éloignai de cet agent du diable, qui, sans doute, avait reçu la mission de contrarier mes idées et mes preuves ; mais je n'en fus pas moins convaincu que ce n'est ni à Saint-Médard, ni à la lune rousse, que nous devons attribuer les pluies trop fréquentes. La seule preuve que je retirai de notre conversation, c'est qu'il y a beaucoup de scélérats sur la terre.

Heureusement qu'on y rencontre aussi un grand nombre d'honnêtes gens qui sont convaincus que le mal ne peut pas nous venir du ciel ; qui savent qu'il faut obéir à la puissance du bien, sous la protection de laquelle ils se placent, et qui croient aux farfadets, parce qu'ils ne se targuent pas de cette obstination qui caractérise le vice.

Mortels qui vivez en même temps que moi, et qui aurez le bonheur de lire mon livre, réunissons-nous pour prouver aux méchans que tout le mal qui arrive nous est suscité par le malin esprit, sous la bannière duquel marchent les farfadets : ne regardez plus l'almanach pour savoir s'il doit pleuvoir ou faire beau temps ; laissez cela aux gobe-mouches.

Si vous voulez savoir quel est le jour de Saint-Médard, ne cherchez à vous en instruire que pour intercéder ce saint, qui à son tour intercédera pour vous.

Ne croyez plus à l'influence de la lune rousse,

parce que toutes les phases de la lune sont de
la même couleur, et que c'est toujours à la
lueur de la même clarté que cet astre bienfaisant des nuits vous éclaire et guide vos pas, qui
s'égareraient sans le secours qu'il vous prête.

Lorsque vos guérets seront inondés, lorsque la
grêle détruira vos fruits, quand le tonnerre em-
brasera votre habitation, quand le vent déraci-
nera vos arbres et fera tomber le toit protecteur
qui vous met à l'abri de l'intempérie des saisons,
n'en accusez que mes ennemis, que les vôtres,
que cette horde abominable de farfadets, de
démons incarnés, de monstres malfaisans, et
cessez de calomnier Saint-Médard et la lune, qui
sont en opposition avec les méchans, par cela
seul que Saint-Médard est un saint, et que la
lueur de la lune a déjoué plus d'un forfait farfadéen.

Ne perdez jamais de vue le Dieu qui vous
protège, et qui ne souffrirait pas qu'auprès de
lui et dans le firmament qu'il dirige, il se trouvât des saints confondus avec des êtres malfaisans.

Ne craignez pas de vous livrer aux opérations qui contrarient la physique farfadéenne,
brûlez du soufre et du sel ; piquez des cœurs
de bœuf et des foies de mouton ; faites la guerre
aux grenouilles qui demandent la pluie ; mettez

en bouteilles tous les farfadets que vous pourrez étouffer, comme je vous l'ai indiqué, avec le tabac, et vous aurez bien mérité de l'Eternel.

En mettant en pratique les salutaires avis que je vous donne, vous délivrerez votre pays de ses ennemis les plus cruels, vous vengerez Saint-Médard et la lune d'avril, et vous apprendrez aux gens de la campagne, qui se laissent si facilement tromper, que les malignes influences ne peuvent pas nous venir d'*en-haut*, mais qu'elles sont du domaine du farfadérisme.

Lorsque vous m'aurez entendu, vous verrez bientôt après régner sur la terre la paix, l'abondance et le bonheur. C'est l'unique but que s'est proposé Alexis-Vincent-Charles Berbiguier de Terre-Neuve du Thym.

~~~~~~~~~~~~~~~~~~~~~~~~~~~~~~~~~~~~

CHAPITRE LIX.

Les Médecins ne veulent pas guérir les maladies qui nous sont procurées par les Farfadets.

Les maladies de la peau, les boutons, les rides, les rougeurs, les érysipèles, enfin tous les maux qui se montrent extérieurement sur le corps de l'homme et de la femme, sont l'ouvrage des farfadets; c'est vainement que pour s'en guérir on obéit à toutes les ordonnances des mé-

decins ; on ne peut se débarrasser de toutes ces
infirmités qu'en se livrant avec acharnement
à la guerre que je fais journellement à mes
ennemis.

Mais j'ai promis de donner la preuve de tout
ce que j'avance ; je vais tenir ma promesse.

Les boutons qui se montrent sur notre peau ne
paraissent que sur les parties de notre corps
que les farfadets ont parcourues pendant la nuit ;
les rides sont l'effet de leur attouchement, les
rougeurs et les érysipèles ne nous affectent que
là où ils se sont permis des attouchemens.

Je ris de bon cœur, lorsque j'entends des
personnes de ma connaissance me demander
ce qu'il faut qu'elles fassent, lorsqu'elles ont
des boutons ou des rougeurs. Les médecins,
leur dis-je, ordonnent des bouillons frais où
entrent différens herbages, et principalement
l'herbe de la *patience ;* ils vous abusent, n'em-
ployez à l'avenir que mon remède.

Vous envoyez chercher le médecin. Il
arrive. Vous lui montrez toutes les parties de
votre corps qui sont attaquées. Il ordonne,
comme je viens de le dire, des rafraîchissemens, des lavemens. Le misérable sait bien que
tout cela ne fera rien au malade ; mais la visite est
payée, et Belzébuth est content de son disciple.

Aussi convenez, mes chers lecteurs, que

vous devez vous méfier des médecins farfadets ;
j'en ai acquis la preuve depuis que je me suis
adressé à M. Pinel. Comme il m'a trompé !...

Prenez des rafraîchissemens et des bains, me
disait-il ; et il savait que les rafraîchissemens
et les bains étaient contraires à mon tempéra-
ment. Tant que j'ai suivi ses ordonnances, j'ai
été malade ; ce n'est que depuis que je brûle
du soufre, mêlé avec beaucoup de sel, que ma
peau est devenue sans rides, sans boutons et
sans aucune rougeur.

Amis, imitez-moi, buvez du bon vin, promenez-vous lorsque vous serez mélancoliques,
et vous ne serez plus malades ; vous ne serez
plus attaqués de ce qu'on qualifie de maladies
de la peau, et quand vous aurez combattu les
farfadets, votre vie ne sera plus empoisonnée
par des tourmens que tout le monde ne peut
pas supporter avec la même résignation qui me
caractérise.

Ce chapitre, je pense, était nécessaire pour
prémunir mes lecteurs contre les remèdes des
médecins et apothicaires, qui disent à leurs malades qu'ils sont attaqués de maladies de la peau,
tandis qu'ils n'ont d'autre mal que celui que donnent les farfadets pendant leurs courses nocturnes, en se rendant coupables des crimes que la
pudeur et la décence me défendent de qualifier.

CHAPITRE LX.

*Commencement des preuves qui viennent corro-
borer les vérités que j'ai avancées dans mon
ouvrage.*

Je calcule les feuilles que j'ai portées à l'imprimerie, et je m'aperçois qu'il est temps d'arriver
aux dernières citations qui doivent compléter
mon troisième volume ; je vais être obligé de
retrancher de mon ouvrage quelques particularités qui, au reste, ne seraient pas d'un
grand intérêt pour mes lecteurs, puisqu'elles
auraient une connexité parfaite avec ce que j'ai
déjà fait imprimer.

J'éprouve une jouissance si grande lorsque je
raconte les crimes des farfadets et les châtimens
que je leur inflige, que je ne me lasserais jamais
d'écrire. Si, comme mes ennemis veulent le faire
croire, j'étais attaqué du mal qu'ils appellent
monomanie, mes affections ne se manifeste-
raient que pour un seul objet, je n'aurais d'autre
désir que celui de vaincre les farfadets, tandis
que j'éprouve encore celui de compter au nombre
des auteurs qui ont écrit pour le bonheur des na-

tions. J'ai une autre ambition!... Outre celle de vaincre mes ennemis, je veux encore qu'on m'assimile aux Bossuet, aux Massillon et aux Fléchier, qui ont donné leurs œuvres au public pour prouver que les hommes qui ont véritablement de l'esprit ne se sont jamais laissé diriger que par le génie du bien. Loin de moi l'idée d'être mis à côté des Voltaire, des Rousseau, des Helvétius, des Bayle et de tous les prétendus philosophes dont un auto-da-fé devrait consumer toutes les productions. Le mot philosophie n'a pas d'autre signification à mes yeux qu'amour de la sagesse ; et ils ne sont pas les amis de la sagesse ceux qui prêchent de fausses doctrines et qui ne croient pas aux farfadets.

Après avoir lu mes Chapitres, tous les hommes de bonne foi conviendront que je ne me suis point imaginé, en écrivant mes Mémoires, de dire ce qui me passerait par la tête sans pouvoir en donner la preuve.

Ce qui m'est personnel ne peut avoir pour témoin que ma bonne foi ; elle n'est pas suspecte. Les autres anecdotes que j'ai données pour faire diversion à ce qui m'est arrivé, sont des faits exacts et véridiques que j'ai puisés dans l'histoire de tous les temps, ou qui m'ont été rapportés par des hommes dont je ne puis pas suspecter la véracité ; car enfin chacun sait que la première, la grande, la sublime puissance, ne peut émaner que de Dieu, qui a tout créé pour le bon ordre et pour le bonheur de l'humanité, et qui n'a jamais voulu que près de lui, dans l'asile de l'éternité, où les justes et les innocens sont attendus pour jouir de la félicité parfaite, il pût exister des enfans de la méchanceté et de la corruption.

Pourrais-je mieux commencer les citations qui doivent amener la péroraison de mon ouvrage que par ce trait de l'histoire sacrée, qui nous apprend qu'auprès de Dieu il se forma jadis un parti de rebelles, à la tête duquel un monstre, un forcené, osa se montrer, et qui dirigea sa troupe scélérate contre la volonté de son Créateur?

Ne fallut-il pas un coup d'autorité de la puissance suprême pour chasser d'auprès d'elle ce noyau de rébellion? Mais la punition de ces scélérats ne fut pas suivie de leur repentir, ils étaient trop coupables pour faire eux-mêmes l'aveu de leurs crimes. Chassés du séjour céleste, ils devinrent encore plus implacables ennemis de Dieu, ils formèrent une ligue offensive et défensive contre la divinité, et ne négligèrent rien pour contrarier les vues sublimes du puissant Créateur.

C'est parmi ces rebelles que les farfadets ont

pris naissance , ils descendent d'eux en ligne directe , ils sont les enfans légitimes de leurs cruautés.

Or, puisqu'il a existé des farfadets dans le ciel, pourquoi n'en existerait-il pas sur la terre? Que mes contradicteurs répondent à cette objection! ils en sont incapables.

C'est en vain que je les provoque; ils ne répondent pas quand ils sont dans l'impuissance de me réfuter. Leur silence n'est-il pas la meilleure preuve de mon triomphe?

Je cesse donc de provoquer des misérables qui ne sont forts que par la trahison; je vais continuer mes citations, non pour les convaincre , mais pour dessiller les yeux de ceux qui n'eurent jamais d'autre désir que celui de connaître la vérité.

Après ces citations je n'aurai plus que trois chapitres à faire : celui qui contiendra la complainte de mes malheurs ; celui qui doit expliquer le sujet de mes litographies ; et le troisième enfin , qui contiendra toutes mes pièces justificatives. Ma conclusion n'arrivera qu'à la fin de ce troisième volume.

CHAPITRE LXI.

Eve est séduite par le serpent farfadet.

LE premier acte de farfadérisme fut la trans-
formation du diable en serpent pour séduire
nos premiers pères. Dieu leur avait défendu
de goûter les fruits d'un arbre placé au milieu
du jardin délicieux qu'Adam et Eve avaient
le droit de parcourir, et voulait éprouver leur
obéissance ; il lui importait de savoir s'ils
n'étaient pas enclins à un des sept péchés capitaux.

Adam et Eve auraient été dignes de leur
Créateur, si le farfadet serpent n'avait pas abusé
de leur inexpérience ; cet infâme farfadet,
protégé par l'ange rebelle, qui n'est autre
que le génie du mal, fut assez éloquent pour
séduire la naïve, mais trop confiante épouse
du premier homme. Le venin qu'il glissa dans
le cœur de la première créature féminine avait
tant de force et d'attraits, que la désobéissance
dut être la conséquence du discours le plus séducteur ; ce discours paraissait sortir de la
bouche d'un ange, il n'en était que plus persuasif. Voici comment le farfadet s'exprima :

Je vous assure, ma chère Eve, que la dé-
fense qui vous a été faite n'a pour but que de
vous éprouver, et que votre désobéissance ne
vous rendra pas coupable aux yeux de votre
maître ; il sait bien que vous avez besoin d'aug-
menter vos connaissances, que vous ne pouvez
pas toujours rester dans l'état de stupidité où
vous vous trouvez ; je vous réponds que la sa-
veur de ce fruit vous fera grand plaisir, et
qu'il fera glisser dans vos veines le feu qui
doit vous vivifier et agrandir la science que
vous possédez déjà, en vous en donnant de nou-
velles.

Eve, étonnée d'un tel discours, brûlait déjà
du désir d'obéir au séducteur ; elle dit au serpent que sa désobéissance devait entraîner
sa mort ; et quoiqu'elle ne sût pas encore ce
que c'était que la mort, ce mot lui paraissait
terrible, sur-tout quand elle l'avait entendu
prononcer par le Dieu qui l'avait créée.

Le séduisant farfadet aurait bien pu à l'instant même se glisser partout où il lui était
possible de parvenir, pour exécuter entièrement son projet ; mais il aima mieux, pour le
moment, rassurer notre première mère sur
l'acception qu'elle paraissait donner au mot de
mort qui avait été prononcé par Dieu avec un
accent menaçant : *Ne craignez pas,* dit-il à celle

qu'il voulait tromper, *le courroux du maître qui vous a donné l'existence, vous êtes le dernier et le plus bel ouvrage qu'il ait fait. Croyez-vous qu'il voudrait pour si peu de chose détruire ce qu'il a créé de plus parfait?*

La flatterie, qui de nos jours est un poison si pernicieux, date de loin, comme l'on voit. C'est elle qui a causé le premier péché de la femme d'Adam; c'est elle qui autorise les despotes à n'avoir d'autres lois que leur volonté; c'est elle dont on a cherché à faire usage vis-à-vis de moi pour me faire succomber au farfadé-risme; enfin, c'est donc par la flatterie qu'Eve se laissa entraîner, pour notre malheur, et qu'elle goûta de ce fruit défendu, qu'elle trouva délicieux. Elle ne voulut pas être seule heureuse ou coupable, elle invita son époux à faire la même épreuve à laquelle elle s'était soumise, et par faiblesse pour sa femme, Adam mangea aussi du fruit défendu et désobéit ainsi à l'ordre de son Créateur, pour ne pas désobliger celle que le Dieu de bonté lui avait donné pour compagne.

Dès ce moment leur bonheur cessa: Dieu s'étant aperçu de la désobéissance de l'homme et de la femme, en fit des reproches à Adam, qui chercha à s'excuser tout en excusant son épouse, qui, de son côté, crut pouvoir se jus-

tifier en citant le serpent flatteur qui l'avait fait
tomber dans le précipice. Quand il avait fait
cette défense, Dieu savait fort bien que ses créatures subiraient une épreuve qu'il avait peut-
être lui - même commandée. Aussi n'admit il
aucune excuse et prédit-il à l'homme que sa désobéissance lui causerait bien des maux ; il commença par punir le serpent, qu'il chassa entièrement du paradis ; ce qui détermina le farfadet
à s'associer avec le diable pour expier le double
péché d'avoir désobéi à Dieu et d'avoir fait déso-
béir sa créature ; la femme fut condamnée à des
souffrances cruelles aux époques de son enfante-
ment ; elle éprouva, ainsi que l'homme, les
diverses passions que Dieu fit naître en leur âme
pour les tourmenter : ils devinrent honteux de
se voir dans un état de nudité qu'ils auraient conservé s'ils n'avaient pas perdu leur innocence.
La terre que Dieu leur avait donnée, fertile et
abondante sans la moindre culture, devint
stérile et aride ; ce ne fut qu'à force de travail
qu'on parvint à la faire fructifier pour qu'elle
fournît à la nourriture de l'homme que Dieu a
condamné à ce travail tout le temps de sa vie,
jusqu'à ce que son corps, après sa mort, vînt
fertiliser ce qu'il avait cultivé pendant son
existence.

Ainsi, l'homme ayant éprouvé la colère et

la punition de Dieu, fut accablé de maladies et
de misères, le démon le mit à tout moment en
opposition avec la volonté du Seigneur ; il fit
si bien pour exercer son criminel empire, qu'il
nous fit tous naître désagréables à Dieu, ce
qui nous constitua en état de péché dès notre
naissance, et par conséquent plus dignes de
la secte infernalico-diabolique que des anges
sanctifiés qui habitent les régions azurées.

Heureusement que Dieu, dont la bonté est
infinie, n'a pas voulu abandonner tout-à-fait
son plus bel ouvrage ; il a consenti à nous délivrer du péché originel par le sacrifice de son
fils bien-aimé, qui a donné tout son sang pour
nous racheter de l'esclavage du démon.

Malgré ce sacrifice extrême, qui a été favorable à quelques hommes que la grâce a touchés,
il en est encore beaucoup qui sont restés sous
la domination du démon ; de ce nombre
sont les farfadets. Ainsi les hommes, à commencer par le premier, ont tous obéi à l'influence
du malin esprit. La population s'étant aug-
mentée, le nombre des partisans de Belzébuth
s'est accru en proportion ; et voilà pourquoi on
voit tant de farfadets, à en juger sur - tout par
le nombre considérable qui vient chaque jour
chez moi pour me tourmenter.

Voilà donc qu'il est aussi clair que le jour que

les farfadets sont presque aussi anciens que la création de l'homme; qui sait même si le farfadet serpent n'était pas créé avant Adam et Eve? Me disputera-t-on cette conséquence, que je tire du péché de notre premier père? Il faudrait pour cela être doué de la mauvaise foi la plus insigne, il faudrait être excité à ce désaveu par le même serpent qui nous a fait entacher du péché originel.

Adam, il est vrai, n'avait pas mon expérience; mais je puis affirmer que je ne serai jamais aussi faible que lui.

CHAPITRE LXII.

Le vertueux Job résiste à toutes les horreurs que les Farfadets lui font endurer.

MALGRÉ les tentations du démon envers les hommes du premier temps du monde, il en est cependant qui ont conservé l'obéissance et le respect qu'ils devaient au Créateur, en repoussant constamment les moyens de séduction que le malin esprit employait auprès d'eux; de ce nombre fut le vertueux Job. Malgré les richesses immenses qui font souvent obstacle à la pureté des mœurs , il conserva sa vertu si intacte, que toutes les actions de sa vie ne tendaient qu'à le maintenir en grâce avec son Dieu ; il élevait ses enfans dans les mêmes principes , et leur vie était édifiante presqu'autant que celle de leur père.

Le démon , furieux de ne pouvoir s'emparer d'une si belle âme, ne trouva d'autres moyens pour attaquer la vertu de ce digne homme, que de l'accuser devant Dieu ; mais comme il ne put connaître aucune action de sa vie qui fût répréhensible , il osa lui soupçonner des intentions cachées ; il feignit de connaître ses plus secrètes pensées pour lui en faire un crime , tandis que toutes ses accusations ne respiraient que le fiel et le poison.

Dieu voulut bien entendre ces basses calomnies, et feignit d'y croire pour faire ressortir la vertu de Job dans son plus grand éclat, en confondant son calomniateur ; il lui accorda la permission de lui ravir tout son bien par tous les moyens qui seraient en sa puissance. On pense bien qu'il fut très-satisfait de cette permission ; car ceux qui, par état et par caractère , font du mal sans qu'on le leur permette , doivent éprouver une grande jouissance, quand ils croient pouvoir le faire impunément.

L'histoire sacrée nous apprend ce que le

diable farfadet fit éprouver à ce digne serviteur de Dieu, il n'épargna rien pour lui faire
subir toutes les tribulations de la vie humaine:
il le priva d'un seul coup de toute sa posté-
rité, sans pouvoir ébranler sa vertu, ni lui arracher la moindre plainte envers son Dieu. Job
rapportait toutes ses pensées à ce Dieu, qui,
disait-il, avait le droit de lui reprendre ce
qu'il avait bien voulu lui donner. Après avoir
épuisé tout ce que la méchanceté peut ima-
giner, le démon fut au désespoir de n'avoir pu
ébranler la vertu de Job ; il eut l'audace de
s'adresser de nouveau au Seigneur, afin qu'il
lui accordât de frapper ce mortel au physique,
n'ayant pu affecter son moral.

Dieu, persuadé de l'inébranlable fermeté
de son fidèle serviteur, voulut bien encore accéder à cette demande, afin d'avoir la possibilité de confondre encore plus facilement le
plus criminel de tous les farfadets ; mais il ne
lui donna cette permission, qu'à la condition
expresse qu'il respecterait la vie de Job et n'irait
pas au-delà des souffrances corporelles.

Le démon, pour user le plus amplement
possible de cette permission, couvrit le corps
du malheureux persécuté d'une lèpre ou d'un
ulcère, dont la vue était pour le moins aussi
hideuse que les souffrances en étaient cruelles.

III.   17

La femme du vertueux Job , qui jusqu'à ce jour avait partagé les principes de piété de son époux , le voyant dans cet état affreux, voulut lui faire désavouer la foi qu'il avait en Dieu et à ses ineffables bontés ; elle lui disait que puisqu'il était accablé de tant de maux , il devait être désespéré d'avoir eu tant de confiance en un Dieu qui ne lui avait envoyé que des chagrins et de la misère.

L'époux méprisa les discours d'une femme insensée , et lui dit seulement qu'il était de son devoir d'accepter ses souffrances de la main de celui qui l'avait comblé de biens , mieux encore que de toute autre main ; que cette espèce d'épreuve ne devait exciter en lui qu'un redoublement de vertu.

Les malheurs de Job , que l'on avait connu si pieux , si riche et si estimé , furent publiés dans toute la contrée, et même au-delà ; ses amis en furent affectés. Plusieurs vinrent pour le voir; et sitôt qu'ils le virent , ils en furent tellement affectés, qu'ils ne purent que verser des larmes sur l'état affreux où se trouvait réduit le plus sincère et le meilleur ami : ce furent les seules marques d'intérêt qu'ils purent lui donner en ce moment.

Mais après ce premier tribut d'affection , ils voulurent examiner de près l'état effrayant du saint homme : il leur parut en effet si cruel, qu'ils restèrent comme frappés de la foudre. Pendant l'espace de sept jours qu'ils demeu- rèrent assis près de lui sur la terre (son état ne permettait pas à Job d'habiter une maison , dont il aurait corrompu l'air, par l'infection qui sortait de ses plaies) , ses amis ne purent en au- cune manière proférer une seule parole , et ne rompirent le silence que pour augmenter son affliction : ils lui observèrent que sa maladie ne pouvait être que la punition de quelque faute dont il ne se serait pas repenti. Quoiqu'il n'eût rien à se reprocher, Job , dont la sagesse était si grande, et malgré la supposition presque offen- sante de ses amis, ne voulut pas les contrarier ; il leur dit avec une grande humilité de cœur, que personne ne pouvait répondre entière- ment d'être exempt de péché envers Dieu ; que quand il croirait vivre d'une manière exem- plaire, il ne devrait pas être son garant, mais bien s'en rapporter toujours à Dieu , pour le guider et lui pardonner : il ne dit donc que tres-peu de chose pour sa justification auprès de ses amis, parce que son espérance et sa conso- lation étaient seules au roi des rois.

Les amis de Job seraient restés frappés de leurs préventions, tant il est vrai qu'on croit plutôt le mal que le bien , si Dieu ne les eût fait repentir de leur jugement hasardé envers un malheureux qu'ils auraient dû respecter dans l'état affreux où il se trouvait.

Pour faire cesser les épreuves cruelles qu'il voulut bien permettre au démon de faire endurer au bonhomme Job, Dieu le guérit à la vue de ses amis, lui rendit le double des richesses que le diable lui avait enlevées, le fit père d'enfans aussi nombreux que ceux qu'il avait perdus, et ordonna de le faire jouir tranquillement d'une heureuse et longue vieillesse, qui se prolongerait jusqu'à la naissance de sa quatrième génération.

Et comme le démon l'avait accusé de ne rendre de devoir à son maître qu'en raison des jouissances que lui procuraient les biens temporels qu'il possédait, Dieu les lui rendit non pas comme récompense de ce qu'il avait souffert aux yeux des hommes, mais pour convaincre ceux qui ne jugent que sur l'apparence, qu'il se plaît autant à faire le bien, sur la terre, à ceux qui mettent leur gloire à le servir, que ce qu'ils ont lieu d'en attendre dans le ciel, ainsi que Jésus-Christ l'a annoncé à ses apôtres, en parlant au nom de son père.

Ainsi donc il n'est pas un de nous qui ne dût se soumettre à d'aussi rudes épreuves, persuadé, comme il devrait l'être, d'en recevoir la juste récompense.

Cette nouvelle preuve de l'existence d'un esprit malfaisant, qui dirige tous les farfadets de la terre, a une parfaite connexité avec ma position. De temps en temps j'ose me comparer au bonh·nme Job. Rien n'a pu ébranler ma constance dans l'amour de ce Dieu, que je sers par devoir et par reconnaissance. J'ai mieux aimé renoncer à l'héritage de mon oncle, que de consentir à la moindre proposition qui m'aurait fait dévier de la route du bien. De prétendus amis ont traité de chimères toutes les prédictions célestes qui m'ont annoncé le bonheur de l'éternité. Les démons m'ont persécuté. J'ai éprouvé toutes sortes de maladies, particulièrement celles que les farfadets ont le pouvoir de nous communiquer; et si je n'ai pas reçu la récompense qui m'est assurée, c'est qu'il n'est pas encore temps de voir augmenter la famille à laquelle je veux donner un nom qui ne sera entaché ni par la cupidité, ni par l'ambition.

Et si, comme l'a dit un de nos grands écrivains, tout homme est ambitieux, l'ambition qui m'est personnelle est bien connue de mes lecteurs. Je veux exterminer tous les farfadets qui désolent le monde; car dussé-je souffrir encore plus de maux que n'en a endurés le vertueux Job, je persévérerai dans mon ambition. Convenez, chers lecteurs, qu'à ce prix on peut

bien s'écrier avec emphase, qu'on se glorifie
d'être ambitieux !....

CHAPITRE LXIII.

Sur Saint-Antoine.

JE viens d'établir un parallèle entre le bonhomme Job et moi. Je veux maintenant faire
ressortir les ressemblances qui existent dans la
vie de Saint-Antoine et la mienne.

A l'âge de dix-huit ou vingt ans, le grand
Saint-Antoine fut maître de ses biens, par le
décès de son père et de sa mère : c'est à la même
époque de ma vie que j'ai commencé à jouir
de mon indépendance. Il méprisa les richesses
de ce monde ; elles ne m'ont jamais tenté.

Mais ce qui doit amener plus de rapproche-
mens entre la vie de ce bienheureux et la mienne,
c'est que le diable, prévoyant que Saint-Antoine
convertirait par son exemple beaucoup de mortels, l'attaqua par toutes sortes de moyens et
d'artifices, en commençant par la finesse du re-
nard, pour continuer ensuite par la force du
lion : c'est aussi ce qui m'est arrivé.

Le démon, que Saint-Antoine ne connaissait

pas encore pour être le chef des farfadets, n'emprunta-t-il pas la figure d'une fille effrontée et honteusement découverte, pour solliciter le religieux à des actions impudiques?..... Qu'on se souvienne de ce qui m'est arrivé dans l'église de Saint-Germain l'Auxerrois.

Si le chef des farfadets, après avoir désespéré de vaincre Antoine, lui a dit, en avouant sa faiblesse: *J'en ai beaucoup trompé, et j'ai renversé plusieurs grands personnages; mais je confesse que tu m'as vaincu*, n'ai-je pas obtenu les mêmes aveux de Rhotomago et de toute sa horde farfadéico-diabolique?

Le lit du saint était la terre nue, ou au plus couverte d'un peu de jonc et d'un cilice : ma couche est couverte d'épingles et d'aiguilles.

Saint-Antoine, retiré dans un sépulcre, fut tellement tourmenté par le démon, qu'il le laissa évanoui et sans apparence de vie. Les farfadets m'ont tenu pendant trois ans à l'agonie; et sans la détermination que j'ai prise de publier mon ouvrage, il y a déjà long-temps que je n'existerais plus : aucun secours humain n'aurait pu me rendre la vigueur que j'avais perdue.

Le saint défiait toujours son ennemi par ces paroles: *Me voici, je suis Antoine; je ne fuis pas, je ne me cache point, je te défie, et ta violence ne me séparera jamais de Jésus-Christ;*

quand je serais entouré des escadrons de mes *ennemis, mon cœur ne craindra point.* Mes lecteurs se rappellent sans doute mes imprécations et la profession de foi que j'ai toujours faite.

Mais ce qui, dans le cours de la vie du saint, ressemble bien mieux à ce qui m'est arrivé depuis que je suis sur la terre, c'est lorsque le démon, tout effrayé par Antoine, appela ses compagnons à son secours. Ils firent un si grand bruit, qu'on aurait dit que tout l'édifice allait tomber; et à l'heure même le saint vit paraître des figures horribles de lions, de taureaux, de loups, d'aspics, de serpens, de scorpions, d'ours, de tigres et d'autres bêtes sauvages, qui, chacune à l'envi, s'efforçaient de l'épouvanter et de lui nuire. N'est-ce pas comme moi?....

Antoine fut affecté de plusieurs plaies sur son corps. J'ai été paralysé de tous mes membres; mes jambes ont, pendant très-longtemps, été ulcérées.

En recueillant tous ces faits, qui se trouvent consignés dans le premier volume de la *Vie des Saints*, par François Giry, j'y vois encore qu'un jour le saint regardant au ciel, vit descendre une clarté qui dissipa l'obscurité de sa grotte et fit fuir tous les monstres qui s'y étaient rassemblés, et qui étaient plus effroyables encore que les ténèbres. Le serviteur de Dieu reconnaissant, à cette lumière, la présence de son Seigneur, lui dit, du profond de son cœur : *Où étiez-vous, ô bon Jésus; où étiez-vous! Pourquoi n'êtes-vous pas venu dès le commencement, pour me guérir de mes blessures ?* A quoi une voix répondit : *Antoine, j'étais ici, et j'attendais la fin de ton combat; mais voyant maintenant que tu as résisté courageusement, et que tu n'as point cédé, je t'aiderai toujours, et ferai voler ta réputation par tout le monde.* Ce trait ne ressemble-t-il pas à l'apparition que j'ai eue dans ma chambre, et à la visite céleste dont j'ai été gratifié ?

Mais s'il faut le dire sans détour, je trouve que les souffrances que Saint-Antoine a éprouvées n'ont pas été aussi grandes et surtout aussi longues que les miennes.

Peut-on comparer à tout ce que j'ai souffert depuis plus de vingt-trois ans, la retraite du saint sur le haut d'une montagne au-delà du Nil, dans un vieux château habité seulement par des serpens ?

Non, j'abandonne le parallèle, pour citer ce qui est arrivé à Saint-Antoine comme une preuve irrécusable de tous les malheurs qui me sont survenus. C'est encore à la même histoire des saints que je vais puiser des faits incontestables.

Pour les avoir racontés lui-même, Saint-Antoine
n'a pas été menacé par un Chaix, son compatriote, d'être traduit devant les tribunaux pour
le faire passer pour un calomniateur ou un monomane.

Les démons poursuivirent Antoine et le persé-
cutèrent toujours. Chemin faisant, ils lui firent
paraître un bassin d'argent, comme si quelqu'un l'eût laissé choir par accident. Le saint
s'apercevant de la ruse de l'ennemi, fit le signe
de la croix, et d'un cœur plein de foi, dit ces
paroles : *Que ton argent, malheureux, périsse*
avec toi ! tu n'empêcheras pas pour cela mon
voyage: Ce bassin était sans doute la pièce farfadérisée de nos temps.

Un jour le saint avait entendu heurter à la
porte de sa cellule : étant sorti pour savoir ce que
c'était, il aperçut un homme d'une grandeur si
prodigieuse, que sa tête touchait au ciel ; il lui
demanda qui il était, et le spectre lui répondit
qu'il était Satan. Je viens, ajouta-t-il, savoir
de vous pourquoi non-seulement les religieux,
mais encore tous les chrétiens, me maudissent;
car, quelque disgrâce qu'il leur arrive, ils me
chargent de malédictions. Le saint répondit
qu'ils le faisaient avec raison, parce qu'ils
étaient tentés et sollicités au péché par ses
artifices. A quoi l'esprit répliqua, qu'il était

forcé, à sa confusion, de convenir de ces vérités.
Les farfadets ne se sont-ils pas souvent com-
portés ainsi avec moi?

Tout comme moi, Saint-Antoine a souvent
désiré la mort : mais la providence divine, qui
voulait se servir de lui à autre chose et pour
convertir ses déserts en un paradis, ne permit
pas que le glaive tranchât la vie à celui qui
devait la donner à tant d'autres.

Je dirai, comme M. Giry : Il n'est pas possible
d'exposer ici le nombre et la qualité des miracles
et des grâces accordés aux fidèles par l'entremise
de ce saint personnage. Il avait une autorité ab-
solue sur toutes sortes de maladies; et particulièrement Dieu lui avait donné un si grand
pouvoir sur les esprits malins, que son seul nom
suffisait pour les tourmenter et en délivrer les
possédés. Qu'on se rappelle mon remède.

Il se défiait de lui-même et craignait que les
merveilles que Dieu opérait par son moyen, ne
lui acquissent trop de réputation; il résolut de
s'éloigner de ce lieu où il était connu, et s'étant
muni de pain, il s'en alla à la Haute-Thébaïde.
Comme il était sur le bord d'une rivière et
attendait la barque pour la passer, il entendit
une voix qui lui dit : *Antoine, où vas-tu, et
que fais-tu?* Il répondit : *Je m'en vas dans la
Thébaïde, parce que le monde trouble ici mon*

repos et me demande des choses qui sont au-dessus de mes forces. Il y a encore là quelque chose de semblable dans mon histoire.

Tous mes lecteurs le savent aussi bien que moi et que notre historien Giry. Le très-saint et très-glorieux Saint-Antoine ayant vécu cent cinq ans, après avoir éclairé le monde par l'exemple de ses vertus, de ses miracles et de ses triomphes, eut révélation de Notre-Seigneur qu'il le voulait appeler à sa gloire et lui donner la récompense éternelle de ses travaux. Il le dit à ses frères avec beaucoup de joie, et les exhorta à persévérer constamment à la vertu. Il mourut en disant à ses disciples : *Demeurez avec Dieu, mes enfans, car votre Antoine s'en va et ne sera plus vu de vous en cette vie.*

Et moi aussi, quand la volonté de Dieu m'appellera à sa gloire, je ferai la même recommandation à tous les mortels qui m'auront écouté et qui m'auront lu. Je serai satisfait de ma vie, puisqu'elle aura été consacrée à la guerre contre les farfadets.

M. Chaix, maintenant, après avoir lu ce que je viens de citer sur Saint-Antoine, oserait-il dire que je suis fou? s'il osait me traiter de la sorte, je lui répliquerais par l'épithète outrageante d'hérétique; car il ne peut y avoir qu'un hérétique qui oserait nier les méfaits du diable, et par conséquent l'existence des farfadets.

La preuve la plus évidente de cette existence, c'est le récit de la vie de Saint-Antoine : c'est pourquoi je me joindrai à Saint Chrysostôme, pour engager mes concitoyens à lire cette vie en même-temps que mes Mémoires : c'est la vraie doctrine des vrais philosophes et l'exemple des chrétiens. Je vous prie, dit ce saint, en parlant des vertus de Saint-Antoine, de lire attentivement le livre de sa vie ; et non-seulement de le lire, mais de vouloir imiter ses exemples.

J'ai déjà dit dans un de mes chapitres, que je me procurais toujours un nouveau plaisir, toutes les fois que j'examinais la gravure qui représente les souffrances du grand saint de l'autorité duquel je m'étaye pour donner la preuve de tout ce que j'ai avancé.

Ecrions-nous avec le grand Saint-Augustin : *Qu'est-ce que nous faisons, qu'avez-vous entendu ? Les ignorans et les idiots s'élèvent de la poussière et ravissent le ciel ; et nous, avec toutes nos sciences, lâches et pusillanimes que nous sommes, nous nous laissons ensevelir dans les appétits de la chair et du sang. Peut-étre qu'à cause qu'ils nous ont devancés, nous avons honte de les suivre, et nous ne rougissons pas, au contraire, de ne les point suivre, eux que nous devrions surpasser.*

Chaix, Pinel, Moreau, et vous tous farfadets de ce monde, qui m'avez si injustement persécuté, vous tremblez, maintenant que vous avez la certitude que vous n'aurez plus la possibilité de me faire passer pour fou. Je viens de vous en donner la preuve ; Saint-Antoine a été persécuté par les génies malfaisans, et Saint-Antoine est maintenant dans le ciel auprès de són Dieu.

Je ne terminerai pas ici mes preuves , j'ai encore à vous citer d'autres autorités devant lesquelles vous devriez trembler. Je vais vous parler de Jésus-Christ !... Fuyez, fuyez, ce nom divin a toujours fait l'épouvante des farfadets : Saint-Antoine n'avait qu'à le prononcer pour faire fuir à l'instant même tous les malins esprits qui voulaient le tenter. J'ai moi-même fait plusieurs fois cette épreuve, et elle m'a réussi ; fuyez , fuyez , c'est l'Esprit Saint qui va m'inspirer.

CHAPITRE LXIV.

Jésus-Christ est tenté lui-même par le démon farfadet.

Il est bien prouvé qu'avant l'arrivée de notre divin Rédempteur , Dieu avait des serviteurs fidèles ; mais la race des méchans croissant en proportion de celle des bons, les derniers implorèrent la justice de Dieu pour les punir ou pour les absoudre ; et comme la punition a toujours été le dernier parti que Dieu ait employé envers ses enfans, il leur promit un Rédempteur qui racheterait tous leurs péchés. Mais à quel prix, hélas, les a-t-il rachetés ! Que n'a-t-il pas souffert ! A combien d'épreuves n'a-t-on pas exposé sa vertu ! il n'eût pas été possible à tout autre qu'au fils de Dieu de supporter tant de maux dans le cours de la vie humaine

Il arriva enfin, ce Messie dont la foi doit être pour nous le guide certain de toutes nos actions ! sa vie est connue dans tous ses détails ; mais on se demande pourquoi Satan a pu être autorisé à approcher de notre Rédempteur.

Ce ne dut être que pour ajouter à la gloire du fils de Dieu, que Satan lui fut envoyé : il fut à cet effet conduit dans le désert par le Saint-Esprit ; là, on le laissa pendant quarante jours éprouver les souffrances de la faim et de la soif. Il aurait bien pu, comme Dieu, les supporter toujours ; mais il voulait souffrir comme homme : il éprouva donc le besoin de la faim, parce qu'alors il se voyait en proie aux séductions du malin esprit.

En effet, le démon s'approcha de lui pour

le tenter, et lui dit, avec sa méchanceté ordinaire : Pourquoi souffrez-vous , puisque vous
êtes le fils de Dieu et que tous les miracles doivent illustrer votre vie ? commandez donc que
les pierres deviennent des pains. Jésus mépri-
sant ce discours , ne répondit que par ces paroles , qui sont consacrées à tout jamais par
leur sagesse : *L'homme ne vit pas seulement
de pain , mais de toutes les paroles qui sortent
de la bouche de Dieu mon Père.*

Le démon , peu satisfait d'une réponse à
laquelle il devait bien s'attendre , transporta
Jésus sur le haut du temple de Jérusalem , et
lui dit : Faites-moi mieux voir encore que vous
êtes le fils de Dieu, précipitez-vous du haut en bas
de ce temple ; alors vous ne parviendrez point
à terre, car je suis assuré que les anges vous sou-
tiendront. Jésus, qui ne devait pas condescen-
dre à aucune proposition du malin esprit ,
répliqua par ces paroles, qui nous ont été
transmises d'âge en âge : *Vous ne tenterez point
le Seigneur votre Dieu.* Le démon , encore
plus irrité de ce refus , le transporta sur une
des plus hautes montagnes , d'où il lui fit re-
marquer en un moment tous les royaumes du
monde avec toute la richesse et la splendeur
dont ils brillent. Après lui avoir détaillé tous
les avantages de la vie terrestre , il lui fit

espérer la jouissance de tous ces biens, s'il voulait se prosterner devant lui, le reconnaître pour son maître, en un mot, l'adorer; ajoutant faussement que tout cela lui appartenait, qu'il pouvait en disposer en faveur de qui il voudrait. Jésus reconnaissant la fausseté de ces paroles astucieuses, dit au démon très-impérativement: *Retire-toi, Satan, sache qu'il est écrit: vous adorerez le Seigneur votre Dieu, et vous n'adorerez que lui seul.*

Le démon se voyant déjoué dans toutes ses tentatives, comme le sont ordinairement tous les imposteurs, s'éloigna, sans perdre l'espoir de revenir; et ce qui dut encore augmenter sa rage, c'est qu'il vit de loin les anges qui s'approchaient de Jésus et se mirent à lui prodiguer tous les secours que méritaient sa sagesse et sa vertu.

Comme la sagesse de Jésus était en grande renommée parmi les peuples qu'il visitait, chacun s'empressait de le demander pour recevoir de lui la foi si nécessaire au salut des hommes.

Ses apôtres et lui, après une tempête affreuse qu'il sut apaiser, abordèrent dans un pays où ils trouvèrent deux malheureux que le malin esprit avait soumis à sa puissance.

Ces infortunés ayant su que Jésus venait de débarquer, allèrent au-devant de lui, et se

III.   18

rent à crier : Fils de David ! que devons-
nous espérer de votre présence ? Venez-vous
nous tourmenter avant le moment fatal ?

Ces deux possédés étaient tellement furieux,
qu'ils ne pouvaient plus habiter que des endroits isolés ou parmi les tombeaux : en quelque
endroit qu'ils fussent, on n'osait plus en approcher. L'un d'eux, surtout, était agité du
démon depuis si longtemps, qu'il n'avait ni
habit, ni maison, et errait le plus souvent sur
les montagnes. C'était en vain qu'on avait fait
tout ce qu'il était possible pour le ramener et
pourvoir à sa subsistance : on ne put jamais y
parvenir, et c'est alors que le démon le transporta dans le désert. Voilà les bienfaits qu'on
doit attendre des services rendus à un tel maître,
et de l'amour qu'il a pour ceux qu'il soumet à
sa puissance. Ayant donc vu de loin Jésus-Christ,
ainsi que je l'ai dit, il s'empressa, ainsi que son
compagnon, de courir après lui.

Le diable voyant que le possédé voulait se
délivrer de lui, pria le fils de Dieu de ne point
le tourmenter en lui commandant de quitter le
possédé. Jésus eut égard à la supplication du
diable, lui ordonna néanmoins de laisser cet
homme, et lui demanda son nom ; il répondit
qu'il se nommait *Légion*, que ce mot signifiait
plusieurs, parce que jamais il ne faisait d'expédi-

tion seul, et que par conséquent ils étaient entrés
en grand nombre dans le corps de ce malheureux.
Il ajouta qu'un de ses plus grands supplices était
d'être privé de faire du mal à quelqu'un, et il
le conjura de ne point lui commander d'aller
se jeter dans l'abîme ; mais de lui permettre ,
au sortir du corps de ces deux possédés, d'aller
se cacher dans le corps des pourceaux qui paissaient près des montagnes de l'endroit.

Par cette bonté qui n'appartient qu'à la divinité, le fils de Dieu accéda à la demande de son
plus cruel ennemi ; mais par cet acte de condes-
cendance il nous apprend qu'il peut disposer de
tout ce qui nous appartient , parce que nous ne
possédons rien , que nous ne le tenions de sa
divine grâce ; que le démon , malgré la puissance
qu'il s'arroge, ne peut rien sur les hommes , si
Dieu ne lui accorde la permission de nous tourmenter, et ne le lui ordonne pour nous punir
des fautes que nous pouvons avoir commises.

Cela nous apprend aussi ce que la haine et
la rage du démon peut contre l'espèce humaine,
dans les tourmens qu'elle éprouve , si Dieu ,
dans sa toute-puissance , ne mettait pas souvent
des bornes à cette fureur démoniaque.

Là bonté de Dieu éclata particulièrement dans
cette circonstance ; car, dès que Jésus eut accordé au diable ce qu'il avait demandé, en le

18*

laissant s'introduire dans le corps des pourceaux, on vit ces animaux, qui étaient auparavant tranquilles, devenir tout-à-coup égarés,
courant avec impétuosité sur les rochers où ils
paissaient tranquillement ; et par une suite de
cet égarement, ils furent se précipiter dans le
lac voisin, où plus de deux mille périrent ainsi
possédés par le démon, parce que Dieu voulut
faire périr le diable qui avait pris le nom de
Legion, pour tourmenter deux malheureux qui
gardaient leurs troupeaux. Ceux-ci, saisis de
frayeur, coururent porter dans les villes et villages voisins la nouvelle de la perte qu'ils venaient de faire, et de l'heureuse délivrance des
deux possédés, que Notre-Seigneur Jésus-Christ
venait d'opérer.

Cette nouvelle surprenante attira une quantité prodigieuse de personnes au lieu où était
Jésus ; on venait s'assurer de la vérité d'une
chose si extraordinaire.

Tous en furent convaincus, lorsqu'ils virent
assis aux pieds de Jésus-Christ cet homme qui,
furieux un instant auparavant, était aussi doux
qu'il avait été cruel ; il avait recouvré son bon
sens et ses habits. Les témoins de sa délivrance
en racontèrent toutes les circonstances, et ce
récit redoubla l'étonnement des auditeurs.

Ils étaient saisis de respect, sans doute, pour

celui qui commandait ainsi aux démons ; mais ils craignaient un autre événement qui les mettrait dans l'impuissance de réparer la perte de leurs pourceaux ; ils supplièrent Jésus-Christ de chercher un lieu plus favorable pour exercer ses miracles.

Celui qui venait d'être délivré, le pria de lui permettre de le suivre, afin de raconter partout le bienfait dont il l'avait comblé. Non, lui dit Jésus, retournez en votre maison, racontez les choses incroyables que Dieu a faites en votre faveur ; proclamez, annoncez sa puissance divine, et méritez par la constance de votre foi le bien et la grâce qu'il a bien voulu vous dispenser.

L'exorcisé obéit à l'ordre de Jésus, et ne cessa, dans toute sa route, de publier les bontés ineffables qu'il avait obtenues du fils de Dieu.

A présent, que les incrédules se taisent, et qu'ils ne se permettent pas d'endoctriner ceux qui me ressemblent, pour les faire renoncer au plus doux et au plus grand des bonheurs, celui de croire aux miracles en tous genres de Notre Seigneur Jésus - Christ. En effet, qui ne pourrait être enchanté et transporté d'admiration, après avoir entendu raconter le miracle des cinq pains et des deux poissons, qui, par la grâce divine de Notre Seigneur, ont nourri près de cinq mille personnes qui étaient venues pour recevoir de lui des leçons de sagesse et d'amour pour le Dieu tout-puissant !

Après leur avoir enseigné tout ce qui les intéressait sur le royaume de Dieu , et après avoir guéri tous ceux qui eurent confiance en sa bonté et en son pouvoir , il ne voulut pas , les voyant la plupart épuisés de fatigues et de peines, qu'ils retournassent chez eux sans avoir reçu de sa part une marque sensible de sa sollicitude.

Il se fit rendre compte de la quantité de peuple qui l'entourait , et de l'impossibilité où on était de se procurer des alimens de première nécessité ; et après qu'on lui eut répondu , il vit qu'il était impossible de pourvoir à tous les besoins qui devaient presser cette grande quantité de monde. Heureusement qu'un de ses fidèles serviteurs possédait cinq pains et deux poissons, dont on ne désigna pas la grosseur. Mais quelle que fût la capacité de ces objets, elle ne pouvait suffire pour alimenter un si grand nombre de personnes. Jésus s'étayant en la grâce de son père pour exécuter un dessein qui devait le couvrir de gloire , ordonna que l'on fît asseoir tout ce peuple en bon ordre ; il se fit apporter les pains et les poissons, et levant les yeux au ciel , il invoqua la toute-puissance de son Père. Bientôt après il rompit et distribua lui-même les vivres à tout le peuple, qui fut parfaitement rassasié, et tellement satisfait, que les restes de ce repas imprévu semblaient être encore plus considérables que les provisions qui lui avaient servi à opérer ce miracle.

CHAPITRE LXV.

Un Roi de l'antiquité est puni de son incrédulité.

C'est sans contredit une chose admirable que de croire à ce que je vais raconter; il serait impossible d'y ajouter foi, si l'autorité de laquelle je l'ai appris n'était pas aussi puissante. Malheur à ceux qui chercheraient à le révoquer en doute! c'est alors qu'on pourrait à juste titre les accuser de farfadérisme.

On se rappelle aisément ce roi de l'antiquité qui vivait avant Jésus Christ, et qui, après avoir consulté Dieu sur le succès qu'il devait espérer de ses armées, n'en reçut aucune réponse, parce que sa demande était indiscrète.

Le roi ne consultant que sa fureur et son

désespoir, s'adressa au démon pour obtenir de lui ce que Dieu ne lui avait pas accordé.

Il n'avait pas manqué, pendant son règne, de faire des lois contre les devins, et contre toutes les personnes accusées de maléfices.

Mais pour arriver à ses fins, il se déguisa, et se présenta chez une femme accusée de faire profession de la magie. Il lui demanda de lui faire apparaître l'ombre du prophète le plus renommé de son temps. Dieu, pour punir la curiosité de ce prince impie, permit l'apparition de ce prophète, ou plutôt d'un fantôme qui s'adressant à lui, lui dit d'une voix forte et tonnante : *Pourquoi m'interrogez-vous, puisque le Seigneur veut qu'un autre vous succède ? Il va vous accabler de tous les maux dont il vous a menacé ; votre royaume sera en d'autres mains, il appartiendra à l'un des plus fidèles serviteurs du Seigneur, et vous et vos enfans descendrez avec moi dans la nuit des tombeaux avant le temps prescrit par les lois de la nature.*

Ces paroles, prononcées d'une voix prophétique et formidable, épouvantèrent le perfide roi à tel point qu'il tomba la face contre terre, et fut très-longtemps sans vouloir prendre la moindre nourriture, malgré l'extrême faiblesse où il se trouvait.

La prédiction fut accomplie, les troupes et

l'empire de l'indiscret furent anéantis , ses enfans furent tués , et lui-même fut atteint d'une
flèche dont la blessure mortelle , jointe au désespoir qui l'accablait , le portèrent à prier son
écuyer de terminer ses souffrances en lui donnant la mort.

Cette proposition de la part d'un impie fut
rejetée par l'écuyer , qui conservait encore
quelques sentimens humains ; mais le prince
ne regardant la vie que comme un opprobre ,
termina lui-même des jours qu'il ne pouvait
plus supporter qu'avec honte Ainsi finit ce
roi dont la foi n'avait pas été constante , et qui
avait à se reprocher les mauvais traitemens
qu'il avait fait endurer aux prêtres du Seigneur.

Cette leçon doit servir d'exemple à tous ceux
qui seraient tentés de manquer de foi, car c'est
le plus grand des vices que la trahison. De
tout temps la trahison a trouvé de très-fortes
punitions , et cependant les âmes pures et sin-
cères les ont jugées trop faibles encore en raison
de l'énormité du crime ; car quiconque trahit
son Dieu est capable de tout le mal possible
auprès des hommes ; un faussaire , un traître ,
n'a en effet ni foi ni loi.

Aussi me suis-je bien gardé , d'après ces sages
réflexions, qui ont toujours guidé ma conduite,

d'abandonner la foi de mes pères, je m'y suis
fortifié autant que cela a dépendu des forces de
mon âme, et je ne puis mieux faire que d'inviter ceux qui veulent être heureux à suivre la
route que j'ai prise.

CHAPITRE LXVI.

Plusieurs faits consignés dans l'Ecriture Sainte,
et notamment celui relatif aux anges rebelles,
viennent à l'appui du farfadérisme.

Puisqu'il a existé des rebelles parmi les anges
que Dieu avait admis dans son saint paradis,
comment peut-on trouver étonnant de rencontrer des farfadets parmi les hommes?

Le chef des anges rebelles, qui est le diable,
emploie tous les moyens pour se faire des prosélytes : il s'est déclaré l'ennemi du bien que
Dieu voulait nous faire; il doit donc toujours
être en opposition avec le bien.

Aussi voilà pourquoi l'air est infecté de mauvais esprits qui ne sont occupés qu'à diviser les
hommes entre eux, et c'est parce que l'eau purifiante du baptême nous rendrait tous vertueux, que les farfadets cherchent à en arrêter
l'effet en nous faisant boire, pendant que nous

grandissons , à une coupe empoisonnée , mais dont le breuvage est assez doux pour nous faire tombér dans le piége qui nous est tendu par un maléfice.

Tout ce qui nous est enseigné par l'Ecriture Sainte part d'une source trop pure pour qu'on puisse en contester l'authenticité. J'en ai recueilli toutes les preuves que j'ai cru utiles à la démonstration de mes assertions. J'aurais pu, si je l'avais voulu, consigner ici beaucoup d'autres miracles ; mais il faut laisser quelque chose à faire à ceux qui viendront après moi.

J'espère que quelques bonnes âmes animées de l'esprit qui m'éclaire, voudront bien se charger de ramener tous les faits que je puis avoir oubliés , en y joignant ceux qui pourront leur être personnels.

Plusieurs passages de l'Ancien Testament et de la Vie des Saints leur apprendront que les démons ont eu de tous les temps la faculté de se métamorphoser pour faire du mal aux chrétiens qui ont eu le bon esprit de résister à leur séduction et à leur tentation. Ainsi, qu'on ne m'accuse pas d'être un visionnaire. A-t-on porté cette accusation contre Saint-Antoine, contre les prophètes et les patriarches ? Ah ! l'Histoire sacrée compterait alors un plus grand nombre de martyrs, car quand on nous accuse

auprès des hommes , il n'y a qu'un pas de l'accusation à la condamnation.

C'est donc sur la foi des martyrs qu'il faut
établir la nôtre , sans nous occuper des raisons
de nos persécuteurs , mais bien des leçons de
la sagesse , des exemples de Notre Seigneur
Jésus-Christ et des préceptes de ses apôtres ;
gardons-nous d'imiter le perfide Judas qui a
porté sur toutes les générations le signe de la
réprobation éternelle.

De jour en jour l'audace des farfadets devient
plus grande : autrefois ils en avaient moins, puisque souvent ils se montraient à découvert , aujourd'hui, au contraire , ils conservent toujours leur invisibilité , quoique de prétendus
philosophes nous affirment que nous vivons
dans le siècle des lumières. Ah ! oui , on sera
éclairé quand mon ouvrage aura paru ; mais on
le sera d'une manière différente de celle de nos
prétendus savans, que je n'ai pas craint quelquefois de désigner nominativement dans mon
ouvrage , parce que leur science leur a été
donnée par le démon , chef des farfadets. Il
doit être permis de se plaindre quand on souffre.

Les farfadets regardent - ils en pitié le mal
qu'ils font aux chrétiens ? Non : il ne faut donc
pas avoir pitié d'eux ; nos malheurs nous viennent souvent d'avoir eu confiance à des per-

sonnes qui nous abusent, et qui font cause com-
mune avec les farfadets visibles ou invisibles, .
que j'abhorre et que j'exècre dans quelque classe
ou dans quelque situation qu'ils se trouvent ;
car c'est une engeance à nulle autre pareille, un
ver rongeur de notre sang, qui nous mine, nous
exténue et nous fait souffrir mort et passion.

Il est vrai que, fort de tous les exemples dont
fourmillent les écrits saints, je suis quelquefois
consolé par mes persécutions elles - mêmes ,
sur-tout si je pense que Dieu m'a trouvé digne de
supporter l'épreuve à laquelle il m'a soumis.
Mon âme s'agrandit et voit déjà le séjour bienheureux que j'attends. J'aurai souffert sans
murmurer toutes les tortures imaginables, je
me serai soumis avec résignation à toutes les
volontés de mon Dieu, de mon Maître tout-
puissant.

Aussi, quand j'élève mes yeux au ciel , il me
semble déjà que je suis dans ce séjour, envi-
ronné de la pompe divine qui fut toujours ré-
servée à ceux qui n'ont été souillés par aucune
pensée mondaine !.... j'entends dans ce moment la musique sainte accompagner les bienheureux qui chantent la gloire et la puissance
du Maître du monde !...

Quel charme ! quel ravissement s'empare de
toute ma personne !... Ces accens enchanteurs,

ces paroles célestes forment un ensemble délicieux!... Oui, je suis transformé en habitant de
la voûte céleste, et je m'écrie dans mon enthousiasme : Ah! que je serai heureux quand j'arri-
verai par la volonté de mon Dieu à ce suprême
bonheur !...

Et pourquoi n'en serais-je pas digne? tous les
hommes qui ont subi des épreuves comme celles
auxquelles j'ai été soumis, ne jouissent-ils pas
du prix de leurs vertus? Je voudrais passer toute
ma vie à lire l'Histoire sacrée ; je voudrais que
mes antagonistes pussent la commenter, et ils
ne pourraient plus m'attaquer avec une certaine apparence de vérité.

Je suis heureux de pouvoir comparer mes
malheurs à ceux des saints que Dieu a appelés
près de lui, ils jouissent de la grâce divine !
Quelle belle idée est renfermée dans ces mots !
Quel est le mortel, excepté les farfadets, qui
ne voudrait pas aspirer à ce bonheur ! Il est vrai
que peu d'hommes en sont dignes, en raison des
rares qualités qu'il faut avoir pour l'obtenir ;
mais c'est aussi pour cela que la chose en a plus
de prix et qu'elle est souvent désirée sans pouvoir être obtenue ; car ce n'est pas la faveur
qui accorde cette grâce, Dieu n'a jamais récompensé que ceux qui méritent réellement
la récompense.

C'est donc en lisant l'Ecriture Sainte que je me suis pénétré qu'il n'y a qu'une conduite exemplaire qui puisse nous faire appeler à la vie éternelle ; car il ne suffit pas de n'avoir rien à se reprocher de ce que les hommes appellent faute ou erreur, il faut avoir fait beaucoup de bien pour la mériter.

Ah! que l'Ecriture Sainte est une belle chose! c'est en m'en pénétrant que je me suis armé de ma résignation, et que par elle j'ai été digne d'un regard protecteur de mon Créateur.

Permettez-moi donc, ô mon Dieu! en attendant le moment fortuné de jouir des délices du paradis, de vous adresser les premiers mots d'un cœur tout plein de votre grâce infinie, et à qui il fut permis jadis de joindre sa voix à celle des bienheureux qui, avant lui, avaient été victimes du farfadérisme, et avaient combattu les anges rebelles.

O mon Dieu!.......
Au séjour des élus mon âme est appelée,
Sur vous seul en tout temps j'ai fixé ma pensée.

CHAPITRE LXVII.

Quelques nouveaux faits relatifs au farfadé-
risme et aux enfans d'Esculape.

J'ai parlé souvent contre les médecins et je
n'ai pas encore donné la preuve qu'ils sont loin
de connaître les maladies dont le corps humain
est journellement attaqué. Je vais la donner;
cette preuve sera facile.

Les individus qui se disent disciples d'Hippo-
crate, ne jugent jamais des maladies pour lesquelles on les consulte, que par les renseignemens que leur donnent leurs malades. Une forte
colique s'empare d'un individu qui la veille
était bien portant ; les farfadets lui ont administré, dans la nuit, un lavement corrosif: et vîte,
vîte, le médecin. Il arrive, il questionne le
souffrant : Que sentez-vous ? — Je sens dans
mon corps quelque chose qui me brûle. — Qu'a-
vez-vous bu et mangé hier ? — J'ai mangé à ma
table les alimens qu'on m'y sert à-peu-près tous
les jours. — Cependant, si vous n'aviez pris que
vos alimens ordinaires, vous ne seriez pas ainsi
tourmenté. — Je vous promets que je n'ai pas
pris autre chose.

L'enfant d'Esculape est déconcerté. Après avoir cité Gallien, et même, s'il le faut, Nabuchodonosor, il ordonne des potions calmantes, tandis qu'en sollicitant les prières de l'exorcisme, il aurait fait guérir son malade. Le malheureux expire dans ses bras. L'ouverture du corps est ordonnée. Tous les intestins sont dévorés : qui les a ainsi décomposés ? Les farfadets, et les médecins avaient dit que c'était une indigestion.

Il en est de même dans bien d'autres circonstances. Les farfadets sont toujours les auteurs de toutes les morts violentes.

Quand ces misérables en veulent à un honnête homme, ils peuvent l'étouffer ou l'étrangler ; et les médecins, à qui on demande les motifs de la mort violente, répondent toujours, ou par malice ou par ignorance, que la mort a été causée par une apoplexie ou par un coup de sang.

La plupart d'entre eux savent bien que ce sont les farfadets qui ont assassiné la victime : ils ne veulent pas dévoiler leurs complices ; et puis, on entend le vulgaire gémir et se plaindre : Bon Dieu ! que cette mort est surprenante ! Ce matin, ce malheureux était bien portant ! Et, comment voulez-vous qu'il résistât à des persécutions si prolongées ? S'ils ne lui avaient pas administré le lavement corrosif, on lui aurait empoisonné ses alimens ou son tabac : rien ne

III.

coûte à la race farfadéenne.' Les farfadets font tomber une tuile sur la tête d'un malheureux qu'ils veulent tuer : ce sont eux qui cassent l'essieu d'une voiture remplie de voyageurs ; qui font prendre le mors aux dents d'un cheval fringant, et qui donnent la rage aux loups et aux chiens. Si quelqu'un meurt par suite de l'un de ces accidens, les médecins alors ne se trompent pas ; mais ils enragent de ne pas pouvoir dissimuler ; il est vrai qu'ils n'avouent jamais que ce sont les farfardets, leurs complices, qui sont les instigateurs de tous ces malheurs.

Je ne veux pas revenir sur les preuves que j'ai déjà administrées contre M. Pinel, lorsque, par le conseil de M. le grand-pénitencier, j'allai le consulter sur mes grandes souffrances.

Je vais, à l'appui des raisonnemens auxquels je viens de me livrer dans ce chapitre', faire connaître tous les genres de mort que les farfadets pourraient me faire endurer : alors les médecins ne pourront pas divaguer sur la cause qui m'aurait enlevé de ce monde, si les farfadets me tuaient.

Les farfadets s'introduisent toutes les fois qu'ils le veulent dans mon appartement ; ils ont donc tous les moyens de se délivrer de moi, lorsqu'ils le jugeront à propos.

Peut-être me poignarderont-ils !....., Il faut

alors que les voisins , lorsqu'ils ne m'entendront plus remuer , viennent frapper à ma porte : si je ne réponds pas , ils iront querir le commissaire de police , mon voisin , qui fera enfoncer ma serrure et me trouvera baigné dans mon sang.....: Il a été assassiné par' les farfadets, s'écrieront alors tous ceux qui auront lu mon ouvrage , et on imposera silence au médecin assez téméraire pour dire que je me suis suicidé ou que j'étais fou. On ne me refusera pas la sépulture, car, j'en répète ici la déclaration solennelle, jamais je ne me suiciderai.

Peut-être m'étoufferont-ils, soit par le magnétisme, soit en me plaçant sous mes matelas comme Coco !.... Dans ce cas, tous les agens de police judiciaire doivent se refuser à faire un rapport sur le dire des médecins. Ils voudraient encore éloigner les soupçons qui doivent planer sur les farfadets.

Peut-être me pendront-ils ! .... Oh ! alors , qu'on se rappelle la correspondance que j'ai eue avec le farfadet carabin , et personne ne doutera que je n'aie été la victime de Carnifax.

Peut-être m'empoisonneront-ils!.... Dans ce cas, qu'on donne un démenti à tous les médecins qui affirmeraient que je suis mort d'une indigestion ; qu'on leur montre mes entrailles corrodées , car on ne doit pas craindre de les accuser d'être les complices de mes assassins.

Toutes les suppositions que je viens de relever ici, sont faites autant pour moi que pour les autres malheureux que les farfadets persécutent.

La terre a caché dans son sein plus d'un forfait du genre de ceux que je viens de décrire. Mon cher oncle est mort de vieillesse, dit-on; mais les farfadets n'ont-ils pas précipité sa mort, pour priver *leur fléau* de l'héritage qui lui était promis ?

Madame Berbiguier sa veuve, de qui j'ai eu tant à me plaindre, n'est-elle pas morte aussi d'une manière fort singulière ? C'était au commencement de juin 1820. Le matin, à dix heures, son procureur frappe à sa porte. On ne lui répond pas. La porte est ouverte à la réquisition de la Justice : que voit-on ? Une dame étendue au pied de son lit, baignée dans son sang et ayant un œil hors de la tête. Tous les secours furent inutiles. Les farfadets le voulurent ainsi.

Les scellés furent apposés chez elle. Qui lui avait enlevé tout l'argent qu'elle aurait dû avoir ? Lecteur, je veux que vous répondiez vous-même.

Lorsque M. Chaix vint me prier de la part de MM. Pinel et Moreau, de me faire recevoir franc-maçon, ces misérables farfadets avaient peut-être formé le projet de me faire mourir, et de pouvoir dire ensuite que c'était de peur que j'étais mort.

C'est, sans doute, pour pouvoir laisser à M. Pinel la faculté de pouvoir faire un faux rapport sur ma mort, que ee même M. Chaix vint me supplier de ne pas nommer ce médecin dans mon ouvrage. N'ayant pas pu me faire peur dans une loge de franc-maçon, il voulait m'effrayer par mille balivernes, plus ridicules les unes que les autres; mais il devait savoir que je ne crains pas plus les médecins que les farfadets.

CHAPITRE LXVIII.

Dernières recherches faites dans mes notes pour savoir si je n'ai rien oublié de ce que je dois écrire contre les Farfadets.

J'ai déjà expliqué comment les âmes des farfadets se séparent de leurs corps pour aller tourmenter leurs victimes; j'ai également donné connaissance à mes lecteurs des moyens que j'emploie pour rendre captifs mes persécuteurs. Rien ne peut les soustraire à ma vengeance. Je les tiens pendant quinze jours embrochés, ce qui prouve bien que ce sont des âmes qui n'ont pas besoin de nourriture. Mais où restent leurs corps pendant ce temps? Il y a sur cela différentes versions, et je ne veux en adopter une, que lorsque je saurai qu'elle est bien avérée. Ce qui est bien certain, c'est que pendant les années 1820 et 1821, le ministre de la guerre des farfadets doit avoir éprouvé beaucoup de pertes dans le personnel de son armée ; voici quelques faits particuliers :

1°. Le 24 août de cette dernière année, veille de la fête de notre bon Roi, je me promenais aux Tuileries, pour entendre le concert qu'on devait donner à l'occasion de la Saint-Louis. Je regarde du côté de la barrière de l'Etoile, et je vois l'ouest couvert de nuages : le côté de l'est était aussi obscurci et des éclairs annonçaient un orage prochain. L'orage, dis-je alors, voudrait-il interrompre nos chants d'allégresse? Non, je ne le veux pas : nuages disparaissez ; et tout disparut après ma prière. La nuit fut belle, et le lendemain tout le monde jouit du beau temps, la fête du Roi ne fut pas troublée par les farfadets

2°. Deux époux cruellement tourmentés par les farfadets, occupaient leur couche nuptiale, lorsque ces ennemis des humains prirent la femme, la portèrent dans un coin de sa chambre, l'obligèrent à prendre la position d'une statue qui tenait sa chemise d'une main pour lui servir de draperie et puis lui firent prendre une autre position ; mais ils la plaçaient toujours

de manière à ce que ses postures fussent indé-
centes. Son mari s'éveillant était tout surpris
de ne pas trouver sa femme à ses côtés et de la
voir ainsi posée. Ce n'est qu'avec peine qu'il
parvint à la ramener à ses côtés. Des personnes
de la connaissance de ce couple infortuné me
le firent connaître, et je le guéris radicalement par mon remède.

3°. Dans le temps que je logeais à l'hôtel Mazarin, M. Papon Lomini et M. Arlouin me parlèrent de Belzébuth et de ses adorateurs. M. Lomini m'avoua que Belzébuth venait une fois par
an sur la terre, et que c'est alors qu'il donnait
des ordres à ses subordonnés pour qu'ils le se-
condassent de leur mieux. Il ajouta que le nombre des farfadets était si considérable, qu'ils
pourraient, s'ils le voulaient, faire la guerre à
Jésus-Christ. Qu'on avoue maintenant qu'il
n'est pas possible de porter l'audace à un plus
haut degré.

4°. Le jour de la fête du Roi de cette année
1821, j'entendis, en me promenant dans les
Champs-Elysées, plusieurs dames qui disaient
que beaucoup de jeunes gens mouraient subi-
tement et que bien d'autres étaient estropiés
sans que l'on sût d'où cela provenait.

Je fus satisfait de cet aveu, je vis bien que
mes lardoires et mes épingles étaient bonnes à

quelque chose, et je fis des vœux pour que le farfadérisme ne fût pas toujours couronné des lauriers du crime.

Puissent donc les honnêtes gens se réunir à moi pour faire la guerre aux ennemis de Dieu ! et nous dégoûterons ceux qui en seraient tentés d'entrer dans une compagnie où on ne pourra plus s'enrôler sans danger.

5°. Je cherche depuis bien longtemps tous les moyens de combattre les farfadets, j'en ai déjà indiqué plusieurs. Mes ennemis disent qu'ils sont ridicules; mais c'est pour y mettre empêchement et pour n'être pas contrariés.

Il serait bon, au contraire, qu'au lieu de ces laboratoires particuliers, comme celui où j'ai travaillé jusqu'à ce jour, il y eût un laboratoire public à Paris, ainsi que dans toutes les grandes villes et dans tous les ports de mer. Que de malheurs on éviterait !

Il est vrai que je n'ai fait connaître jusqu'à présent que les remèdes à employer contre les farfadets qui viennent nous tourmenter; je me réserve de donner celui que j'emploie contre le mauvais temps aux gouvernemens qui voudront me faire consulter.

6°. Je sais par MM. Arlouin et Papon Lomini, que MM. Pinel et Moreau font souvent des voyages secrets. Je voulais bien apprendre de leur bouche dans quelles régions ces farfadets allaient; mais on ne me répondit pas. Que dois-je en augurer, si ce n'est que leur voyage a pour but d'aller consulter Satan et Belzébuth, leurs maîtres; et ce qui vient à l'appui de cette supposition, c'est que M. Étienne Prieur m'avait dit un jour qu'il était porteur d'une procuration héréditaire qui lui donnait plein pouvoir pour agir à sa volonté dans plusieurs départemens.

7°. M. Chaix, le digne courrier de MM. Pinel et Moreau, parlait un jour devant moi du démon et de ses créatures. Il sortit de son portefeuille un diplôme qu'il affecta de montrer, en riant, à tous ceux qui étaient avec nous. En voilà un, me dit-il. Un Monsieur de la société lui observa que ce n'était pas un diplôme de franc-maçon, et je convainquis tout le monde que c'était un diplôme de farfadet. On rit; mais on fut d'accord pour reconnaître en lui un général du farfadérisme, qui a de grands pouvoirs dans les départemens méridionaux, quoique ses chefs n'aient pas été bien contens de la dernière mission qu'il vient de remplir auprès de moi.

8°. Le 9 septembre 1821, à huit heures et trois-quarts du matin, je causais avec un nommé M. Antoine, voisin de l'hôtel que j'habite; je lui

souhaitais le bonjour, qu'il me rendit de la meilleure grâce du monde, après que je lui eus
donné une prise de tabac qu'il m'avait demandée.
Pendant notre conversation un blondin, qui
conduisait un tombéreau d'immondices, s'approcha de nous et me demanda aussi en riant
une prise de tabac. J'avais encore ma tabatière
à la main, et je lui donnai ce qu'il demandait :
cela parut lui faire beaucoup de plaisir, les farfadets veulent s'accoutumer au tabac. Après
m'avoir dit quelques paroles fort honnêtes, cet
homme se retira, et M. Antoine me quitta un
instant après, en riant du ton de familiarité
avec lequel le blondin s'était présenté à nous.

Quand je fus seul, je fis mes réflexions et je
jugeai bien que cet homme familier devait être
un farfadet qui, par ordre de MM. Pinel et Moreau, voulait peut-être jeter un sort dans ma
tabatière. Je retire le tabac qui y restait encore,
et j'en prends du nouveau au premier bureau que
je vis. Je mis ce qui restait de ma tabatière
dans un papier pour en régaler les farfadets qui
viendraient me faire visite. La chose était certaine ; en rentrant chez moi je ne me sentis
plus sous la même influence, et j'écrivis ces
mots : *MM. Pinel et Moreau m'ont envoyé un
nouvel émissaire, mais j'ai su le reconnaître.*
Tout cela ne fut pas plutôt écrit que je tombai de

nouveau sous la domination de mes anciens maîtres. Ils retirèrent les pouvoirs du blondin qui
n'avait pas été assez adroit pour me tromper.

Arrête-là tes recherches, *fléau des farfadets ;* si tu allais plus avant , tu dépasserais le
terme que tu as prescrit à ton troisième volume.

CHAPITRE LXIX.

La Complainte.

Je me suis toujours fait un plaisir de recher-
cher la société des gens d'esprit. Parmi les personnes que je fréquente , j'ai trouvé des litté-
rateurs , des savans et des poetes.

Dernièrement, je racontais mes malheurs à un
de ceux qui sont poëtes, et il en fut tellement
affecté qu'il me proposa de faire une complainte,
qu'il me donnerait ensuite pour être insérée dans
mon ouvrage. J'acceptai , et on me tint parole.

Mais l'auteur de cette complainte ne s'est
pas bien pénétré de ma situation , il a dans ses
couplets confondu le diable avec les farfadets,
tandis qu'il existe une différence très – grande
entre Belzébuth , Satan, et les hommes qui
se dévouent à leur culte. Le diable est le chef

des farfadets, mais les farfadets ne sont pas le diable, ils n'en sont que les serviteurs.

Cependant, comme je ne veux pas répondre à une honnêteté par une grossièreté, j'ai promis de donner cette complainte dans un de mes chapitres, je tiens à ma parole. Mes lecteurs voudront bien faire comme moi : lorsqu'ils verront que le poète a attribué au diable ce qui appartient aux farfadets, ils changeront le mot diable par celui de farfadet. Je l'aurais fait moi-même en copiant la complainte, si cela n'en avait pas dérangé la rime ; et comme on dit, il faut autant que possible que la rime s'accorde avec la raison. Quoi qu'il en soit, voici cette complainte :

COMPLAINTE

En faveur de M. Berbiguier de Terre-Neuve du Thym, surnommé le Fléau des Farfadets.

AIR : *Plaignez, plaignez le pauvre enfant.*
(*Alexis ou l'Erreur d'un bon Père.*)

> Fléau boîtait dans sa jeunesse,
> Fléau souffrit quand il fut grand·
> Fléau voit venir la vieillesse ;
> Mais sans voir finir son tourment.
> Dans la rue, à l'Eglise, à table,
> Tout près du feu, tout près de l'eau,
> Plaignez, plaignez le bon Fléau,
> Il est la victime du diable.

Par le malheur le plus étrange,
Fait-il son café, son ragoût,
En sel tout son sucre se change,
Et son sel du sucre a le goût.
Quand de sa bouche charitable
Il approche quelque morceau,
Plaignez, plaignez le bon Fléau,
Il craint un mauvais tour du diable.

Il avait une pauvre bête
Qui l'amusait par ses ébats ;
Elle mangeait dans son assiette,
Sans cesse elle suivait ses pas.
Un jour la horde épouvantable
Lui coupe la queue, et bientôt,
Plaignez, plaignez le cher Coco,
Il fut la victime du diable.

Quand Fléau ferme la paupière,
Il croit s'endormir : pas du tout ;
La troupe infernale et guerrière
De son lit gagne chaque bout :
A ce sabbat abominable
Fléau s'éveille de nouveau.
Plaignez, plaignez le bon Fléau,
Qui voudrait bien tuer le diable.

Lassé de tout ce stratagême,
De ces combats, de ces tourmens,
Enfin Fléau s'arme lui-même
Et combat contre des géans.

Bientôt, ô prodige incroyable !
Sans lances , sans glaive nouveau ,
Voyez, voyez le bon Fléau,
Fléau tout seul fait peur au diable.

Car lorsque la horde fourmille
Dans tous les recoins de son lit ,
Il s'arme d'un clou , d'une aiguille ,
Il la poignarde au petit bruit :
Crainte que des désirs coupables
N'atteignent un sexe plus beau ,
Mesdames, bénissez Fléau ,
A sa chemise il coud les diables.

Comme ils ont la chair coriace ,
Fléau prend le gros cœur d'un bœuf ,
Il l'entrelarde et puis le lace
A l'aide d'un poinçon tout neuf.
Ses succès sont incalculables ;
Dans l'huile et rarement dans l'eau ,
Voyez , voyez le bon Fléau ,
Il fricasse cent mille diables.

Il a vu sorcier et sorcière ,
Ne pouvant plus jouer des dents,
Noircir de tabac en poussière
Un nez noirci déjà du temps.
Avec cette poudre agréable ,
Du verjus , du poivre et point d'eau,
Voyez, voyez le bon Fléau,
Il met en bouteille le diable.

Vous voyez , cher lecteur, que j'ai bien fait de vous expliquer l'erreur où est tombé mon ami en confondant le diable avec les farfadets ; avec cette explication sa complainte devient excellente , et je me flatte que vous la chanterez quelquefois.

Je vais la chanter..... Ecoutez-moi , j'ai une belle voix ; plus d'une fois j'en ai donné des preuves lorsque je chantais le plain-chant au lutrin de nos paroisses.

CHAPITRE LXX.

Explication des litographies qui ornent les trois volumes de mon ouvrage ; je ne veux pas oublier une seule de mes promesses , lecteurs , vous allez trouver ici même cette explication.

La première litographie qui se trouve au frontispice de mon premier volume , représente mon portrait , où j'ai cru devoir prendre la qualification de *Fléau des Farfadets.* Les quatre coins du dessin sont ornés d'un cœur de bœuf, piqué de deux morceaux de soufre en sautoir , de plantes aromatiques et de quelques paquets d'aiguilles et d'épingles. Au - dessous de moi on voit mon cher Coco, victime du farfadérisme, et mon ami fidèle.

La seconde, page 8 du premier volume, représente un intérieur où la Jeanneton la Valette et la Mançot me font le jeu du Taro. C'est dans ce moment que je fus placé sous l'influence d'une planète malfaisante ; deux farfadets, déguisés en singes et en chauve-souris, inspirent le génie-malfaisant des deux sybilles.

La troisième, page 284 du premier volume, représente Rhotomago suivi d'une troupe considérable de farfadets qui viennent me faire la proposition d'entrer dans leur exécrable compagnie. Je les repousse avec indignation. J'ai devant mes yeux la sainte Croix de Notre-Seigneur Jésus-Christ. Quelques petits farfadets invisibles voudraient que j'en détournasse les regards ; ils sont effrayés en jetant les yeux sur une bouteille qui renferme quelques milliers de prisonniers de leur armée infernale. Rhotomago n'ose pas faire usage contre moi de son trident.

La quatrième, au frontispice du second volume, rend la scène que j'eus avec un pompier, lorsque je faisais mon remède afin que le jour de la fête de notre bon roi fût éclairé par un soleil sans nuages. J'ai déjà donné l'explication de cette litographie dans le onzième chapitre de mon second volume, page 49 et suivantes.

La cinquième, page 170 du second volume, représente le moment où je suis occupé à préparer les plantes aromatiques que je dois brûler en faisant mon remède ; c'est l'intérieur de la chambre modeste que j'occupe dans l'hôtel Guénégaud, chez M. Gorand. J'ai toujours détesté la somptuosité : mes meubles sont aussi simples que ma personne. En examinant bien scrupuleusement cette lithographie, on y voit quelques farfadets qui me surveillent et qui voudraient m'empêcher de me livrer à mes opérations.

La sixième, page 340 du second volume, me représente encore continuant mes préparatifs du remède anti-farfadéen. Je suis assis au coin de ma cheminée et auprès d'une table où j'ai placé des plantes aromatiques, des aiguilles, des épingles, du soufre et du sel, etc..... Une bouteille remplie de farfadets captifs se trouve aussi placée sur ma table.

Je regarde mes prisonniers d'un œil provocateur ; mais les misérables sont dans l'impossibilité de me nuire. M. Pinel, armé d'un trident et accompagné d'une troupe considérable de ses invisibles, voudrait bien m'effrayer ; mais rien ne peut altérer le calme de mes sens. M. Etienne Prieur, déguisé en cochon, ne peut pas résister à l'odeur de mes plantes anti-farfadéennes , il vomit ce qu'il vient peut-être de manger chez une autre de ses victimes.

La septième , au frontispice du troisième volume , représente l'assemblée des farfadets , présidée par Belzébuth , un trident à la main , et en face duquel on voit Rhotomago assis, qui attend des ordres. Parmi les autres farfadets qui assistent au congrès infernal on distingue MM. Pinel , Moréau , Chaix , et Etienne Prieur, toujours déguisé en cochon, qui se plaint d'avoir été piqué par mes aiguilles et mes épingles. Chaix attend les ordres de Belzébuth , pour aller et venir sur la terre et dans les enfers. Ce misérable ne peut pas rester tranquille, il a besoin de voya-ger. Tous les farfadets, d'accord , se plaignent de leur fléau. L'assemblée délibère que pendant toute sa vie on ne lui laissera pas un instant de repos.

La huitième et dernière, page 3o7 du troisième volume , est une représentation de l'effet du Bouc émissaire farfadéen. Cette peau de bouc, qu'on a placée au milieu de la salle la moins sombre de l'enfer, est gonflée par un démon , à l'aide du soufflet infernal. L'infâme Belphégor des enfers préside à cette invention diabolique ; il est armé de la baguette magnétisée dont MM. Bouge et Nicolas se servirent, à Avignon, pour me placer sous leur influence. Les farfadets

sautent sur le bouc, qui les élève jusqu'aux nuages, où l'infâme Rhotomago les attend pour conjurer le temps. Les farfadets spectateurs de cette scène abominable sont ceux qui ont été condamnés à l'inaction par arrêt du conseil suprême des enfers. Parmi ces derniers se trouvent la Jeanneton Lavalette, la Mançot et la Vandeval. Tous les signes qui sont autour de cette lithographie sont des signes farfadéens.

CHAPITRE LXXI.

Mes Pièces justificatives.

Me voilà enfin arrivé à mes pièces justificatives, j'en ai fait un recueil qui répond victorieusement à toutes les dénégations de mes détracteurs.

Je vais les transcrire ici, sans mettre dans le choix de ces pièces la moindre régularité. Si je les avais classées par ordre de dates, ce classement annoncerait de ma part une prétention qui pourrait me nuire. J'aime mieux laisser errer le lecteur tantôt sur un objet, tantôt sur un autre. Ce sera à lui à faire l'application de la pièce qu'il lira, avec le fait consigné dans le corps de mon ouvrage, qui lui sera relatif.

Et comme je suis déjà arrivé à la vingtième feuille de mon troisième volume, et que je veux pourtant que toutes mes pièces justificatives soient imprimées, elles vont l'être en plus petits caractères. Imprimeurs, vîte à l'ouvrage.

Vîte à l'ouvrage, vous dis-je, je commence par la note succincte des frais qui ont été exposés pour parvenir à être payé de la succession de mon oncle.

Frais payés par les co-héritiers Berbiguier.

	fr	c.
Frais funéraires.	208	»
Deuil de la veuve Berbiguier.	249	90
Frais de dernière maladie.	457	»
Frais de scellés et d'inventaire.	6,549	72
Droits de mutation.	4,377	44
A M. D..., avoué d'appel.	452	40
A M. D..., avoué.	283	19
A M. B..., avoué.	5,277	4
A MM. B.-C...	2,743	91
A M. L..., avoué.	2,391	50
A M. B..., avoué.	1,315	35
A M. C..., avoué.	3,153	57
A M. M..., avoué.	556	63
A M. de L..., avoué.	9,756	24
Frais de liquidation, avoués, notaires et conseils.	15,000	»
Transaction avec les héritiers de M. Berbiguier.	2,700	»
Total.	55,541	89
Transaction avec les héritiers exclus.	2,000	»
Total général.	57,541	89

Nota. Ce compte n'est que provisoire, attendu que M. Jousselin, l'exécuteur testamentaire, n'a pas encore rendu le sien.

Moreau et la Vandeval à M. Berbiguier.

Du Comité infernal et invisible

Farfaredico parafarapines,

Tremble, Berbiguier! Tremble, infatigable persécuteur de nos infernales orgies, perturbateur éternel
de nos moindres plaisirs! c'est nous, Moreau, la
Vandeval, qui t'écrivons, nous que tu as lacérés hier
avec sept mortissimelles épingles, nous que tu as
dénoncés au curé. Et tu ne crains pas, vil mortel,
d'exciter le courroux de notre puissance infinie! Tu
as cassé la troisième côte du côté gauche de notre tendre
et chère nièce Féliciadoïsca, en la serrant contre un
mur il y a quelques jours. Tu te plais aussi, de temps
en temps, à révéler au premier venu les mystères
sacrés de l'opotéosoniconi-gamenaco. Tremble! nous
te le répétons, toutes tes préparations seront vaines,
tes audacieux projets s'évanouiront comme la fumée
dont il te plaît d'empoisonner quelquefois notre empire. Rien ne pourra te garantir de notre vengeance,
ni ta grosse lévite de bure, ni ta poche gauche de
côté où tu mets tes pièces de 3o sols, qui sera toujours pleine de nos griffardets, ni tes voluptueux
boudins qui servent de trône à l'amour, et d'où partit
le trait qui blessa le cœur de notre tendre Féliciadoïsca.
Que t'avait-elle fait, malheureux, pour s'attirer ta
noire vengeance? elle voulait te procurer le plaisir
de nous appartenir. Le beau malheur! Un vieux Ro-
drigue comme toi, qu'une fille de seize ans voulait
amener avec elle; y a-t-il de quoi crier au secours?...

Tremble, Berbiguier ! tremble *totis omnibus membris tuis!*..... Tu as fait un vacarme infernal , prétendant que nous avions tué ton écureuil le 12 septembre 1819. Eh bien ! nous nions le fait ; nous lui avions seulement coupé la queue. Berbiguier, c'est pour la tienne, que Féliciadoïsca , aussitôt guérie, doit partir pour nous l'apporter dans une assiette ; la mère de cette chère nièce le veut absolument , elle prétend que tu as voulu la séduire. *Guerre ou paix.*

Si tu veux entrer dans notre société , tu n'as qu'à dire oui à haute voix, le 16 février , à trois heures treize minutes du soir; alors tu seras bien reçu , tu seras enlevé dans une gondole zéphirine qui te transportera dans un lieu de délices où tu jouiras *ad libitum.*

Adieu.   *Signé* MOREAU et la VANDEVAL.

P. S. Pinel , Papon , Chaix , etc. , etc. , se joignent à nous.

Lucifer à M. Berbiguier.

Empire des Diables , le 30e jour de la lune.

Monsieur Berbiguier ,

Si je prends la peine de vous écrire , c'est d'après les ordres de Belzébuth et du conseil de ses ministres. Nous vous avons déjà écrit une lettre , à laquelle vous n'avez pas fait de réponse. Vous voulez la joindre à votre Mémoire; mais tremblez , si vous avez le malheur de le mettre au jour , nous sommes cent dix qui avons juré votre perte. Vous avez fait mourir quinze de nos conjurés par le moyen de la piqûre ; je vous

prie de vous décider à vous mettre de notre côté avec
vos collègues, ou bien sans quoi c'est fait d'eux et de
vous. Vous n'avez qu'à choisir la place que vous voulez
employer dans notre société, ainsi que ceux qui travaillent avec vous à nous persécuter et nous empêcher
nos travaux; ainsi vous les préviendrez, s'ils sont
décidés à changer de façon de penser à notre égard.
Demain nous allons en députation de trente chez vous,
pour avoir une réponse décisive; si cela ne suffit pas,
nous irons à cinq cents vous assiéger et vos associés;
il faudra que vous sautiez le pas tous ensemble.

Signé LUCIFER.

A M. Moreau, Physicien, etc.

Paris, 16 septembre 1818.

Monsieur,

Je crois devoir vous écrire pour vous apprendre
que M. Chaix, votre ami, m'ayant fait une visite le
6 avril dernier, me promit de votre part que vous
termineriez définitivement avec moi aussitôt que vous
auriez reçu la réponse que vous attendiez de Messieurs qui composent votre société d'Avignon. Ne
voyant aucun changement dans ma position, je dus
rappeler à votre ami la promesse qu'il m'avait faite
en votre nom; il m'invita à la patience jusqu'au
moment de son départ pour Carpentras, en me disant
de lui écrire, si je n'obtenais pas ce que j'avais droit
d'attendre de vous.

Ne voyant aucune fin à mes maux, je ne les lui
laissai pas ignorer, d'après l'invitation qu'il m'en avait
faite lui-même; mais je ne reçus point de réponse.

Je pense, Monsieur, qu'il doit vous avoir fait connaître, ainsi qu'à Messieurs vos collègues d'Avignon, mes justes plaintes là-dessus ; cependant vos agens ne cessent de me tourmenter jour et nuit ; veuillez donc, je vous en prie, leur ordonner de cesser leurs persécutions, vous me l'avez souvent promis et vous n'en avez rien fait encore.

Néanmoins, je me suis rendu à toutes les invitations que vous avez bien voulu me faire ; j'ai répondu aux différentes questions que ma situation vous obligeait alors de m'adresser ; vous paraissiez même instruit de tout par Messieurs vos confrères Physiciens d'Avignon, qui vous avaient chargé de me faire tout le mal possible ; ce dont vous vous acquittez fort bien. Mais pourquoi ne pas préférer le bien que vous m'aviez tant promis ? Pourquoi ne pas me rendre à la liberté que vous m'aviez également promise, avec la condition expresse de ne pas vous quitter, si je ne voulais être poursuivi par les farfadets, partout où je me trouverais ; enfin vous avez manqué à votre parole, et me voilà tombé entre les mains de la Vandeval, ensuite dans celles de M. Pinel père, et puis après dans celles de M. Prieur (Etienne), desquels je n'ai certainement pas à me louer.

Je suis, en attendant la réponse que je vous prie de vouloir bien me faire,

Votre serviteur, etc.

B.....

Au même.

Paris, 29 septembre 1818

Monsieur ,

J'ai eu l'honneur de vous écrire, le 16 du courant, relativement aux maux que je souffre depuis nombre d'années. M. Chaix m'avait donné l'assurance, avant de quitter Paris , que vous et M. Pinel père, docteur en Médecine à la Salpêtrière de cette ville, ne demandiez pas mieux que de satisfaire aux justes réclamations que je vous ai si souvent faites ; mais que MM. les membres de la Société d'Avignon ne pouvaient s'accorder sur ce point avec vous; que pour cela , lui, notre ami Chaix, à son arrivée à Carpentras, ferait des démarches dans leur ville pour les engager à terminer , moyennant votre entremise et celle du docteur votre ami.

Comme je n'ai pas reçu de vos nouvelles, et que je suis continuellement en butte aux persécutions, veuillez bien , je vous prie , Monsieur, répondre à mes lettres, pour que je sache enfin à quoi m'en tenir.

J'ai l'honneur d'être, etc.   B.........

A M. Moreau père.

Le 10 novembre 1818.

Monsieur ,

Je me suis fait l'honneur de vous écrire deux lettres, l'une en date du 16, l'autre du 19 du mois de septembre dernier , et l'une et l'autre sont restées sans réponse. Ce silence de votre part m'étonne d'autant plus , que les motifs qui les avaient dictées devaient mériter votre attention. Je ne sais pourquoi plusieurs lettres que j'ai également adressées à M. Pinel père et à M. Chaix, notre ami commun , pour être présentées aux membres de votre société à Avignon , n'ont pareillement pas eu de réponse ; je me persuade que ces Messieurs vous auront écrit pour vous transmettre leurs décisions , et que vous ne tarderez pas plus long-temps à les mettre à exécution, puisque ce retard est très-funeste à mon repos , et que cela vous est parfaitement bien connu.

Vous n'ignorez pas non plus toute la perfidie de la femme Vandeval et de plusieurs autres, et vous ne vous rappelez pas aussi de toutes les belles promesses que vous m'aviez faites à cet égard : je suis tourmenté jour et nuit par cette canaille ; les maux que j'endure sont insupportables ; la décence ne me permet pas de vous les détailler ici, ils sont de nature à ne pouvoir les expliquer qu'en tête-à-tête.

Je ne puis concevoir les causes qui vous empêchent de prendre une détermination en ma faveur....... Si vous éprouvez des difficultés à correspondre avec moi, pourquoi ne pas vous adresser au prince Belphégor, ambassadeur des enfers, chargé des affaires de France ? Elles seraient toutes applanies à votre simple réquisition.

Vous devez vous entendre aussi avec Léonard , grand-maître du Sabbat, chevalier de la Mouche, pour que ses coquins d'agens ne viennent plus me tracasser,

ils me magnétisent pour me faire dormir et pour commettre ensuite les plus grandes infamies.

J'ai l'honneur d'être, etc.   B........

P. S. Je ne dois pas vous laisser ignorer que j'ai
déjà écrit plusieurs lettres à M. Prieur père, médecin
à Moulins, qui sont toutes relatives à la conduite que
tiennent Messieurs ses fils à mon égard.

J'écris à M. Pinel pour que vous puissiez vous entendre définitivement en ce qui me concerne. Après
vingt-trois ans d'épreuves et de souffrances, il serait
temps de voir une fin à mes tourmens.

Au même.

Paris, 16 novembre 1818.

Monsieur,

Vous devez avoir reçu une lettre de moi, en date
du 10 courant, où je me plaignais des maux que vous
me faites souffrir depuis tant d'années. Pourquoi
gardez-vous le silence là-dessus ? C'est parce que sans
doute il vous plaît de ne pas cesser de me tourmenter
nuit et jour. Je sais bien que je ne suis pas le seul sur
qui vous exercez toutes vos opérations magiques, que
vous les faites éprouver à des milliers de victimes de
vos fureurs infernales ; mais comme vous êtes, vous,
M. Pinel et nos Messieurs d'Avignon, les principaux
chefs de cette horrible société, je crois que vous ne
vous conformez pas à tous les ordres de votre président Léonard, et que vous y mettez beaucoup du
vôtre ; cela devient probable lorsque je pense qu'au

lieu de trouver quelque adoucissement à mes peines , je souffre encore davantage depuis ma dernière lettre. Dites-moi, puisque je suis sous votre domination depuis vingt-trois ans, si votre intention est de me tenir ainsi éternellement ? Dites-moi quel plaisir vous pouvez trouver à me rendre ainsi malheureux ! Le mal seul peut-il toujours vous satisfaire ? Je vous le demande enfin, Monsieur, dois-je en espérer la fin ?

-Quoi! vous ne respectez même pas , lorsqu'il est question de vos cruelles manœuvres auprès de ma personne , les lieux où elle se trouve; vous osez l'attaquer jusque dans l'Eglise , où je vais souvent !

Je dois donc souffrir ainsi toute ma vie? cela est affligeant sans doute; mais la religion adoucira mes maux, et le temps de votre punition arrivera.

J'ai néanmoins une consolation qui tempère mes souffrances : Dieu m'a fait connaître vos ouvrages et les moyens d'éviter encore de plus grands maux. M. Etienne ne me les a pas laissé ignorer, il m'a dit que vous pourriez m'empoisonner, et même m'assassiner; mais Dieu me préservera de ce côté de vos exécrables projets.

J'envoie le double de cette lettre à M. Pinel , médecin à la Salpêtrière.

J'ai l'honneur d'être , etc.   B.........

Au même.

Paris , 4 décembre 1818.

Monsieur ,

J'ai reçu avec plaisir le dire verbal que vous avez fait au porteur de ma lettre du 16 novembre dernier. Quoique j'eusse désiré de votre part une réponse par écrit, je ne suis pas moins sensible à vos honnêtes procédés; je crois les mériter, et je désirerais avoir un entretien avec vous pour vous en convaincre; veuillez donc bien venir me voir, comme vous me le faites espérer, je ne doute pas de vos bonnes intentions pour moi, et je m'en rapporte là - dessus au récit qui vient de m'en être fait.

Je vous prie donc, Monsieur, de vouloir bien m'indiquer le jour et l'heure qu'il vous plaira de m'accorder une visite, visible ou non invisible, comme vous avez coutume de les faire; vous me rendrez la première aussi agréable que les secondes que vous me faites me deviennent pénibles et souffrantes. Dans le premier cas, je vous regarderai toujours comme un ami; mais dans la seconde hypothèse, commé le plus cruel de mes ennemis.

J'ai l'honneur d'être, etc.   B.........

A M. Moreau père.

Paris 9 décembre 1818.

Monsieur,

Je devais m'attendre, d'après la promesse faite au porteur de mes lettres, que j'aurais de vous, ou une visite, ou une réponse par écrit; je n'ai cependant pas encore joui de l'un de ces deux avantages. Je hasarde encore celle-ci pour voir si je serai plus heureux.

Je me plais toujours dans la confiance que vous

m'aviez inspirée, vous , M. Etienne Prieur et M. Papon Lomini , son cousin , malgré que je vous considère tous comme les principaux auteurs de mes maux , parce que je pense que vous finirez par avoir pitié de moi.

Je n'entreprendrai pas, Monsieur, de vous donner des connaissances sur des choses dans lesquelles vous êtes certainement mieux instruit que moi ; mais je suis bien aise de vous faire savoir que quoique je ne sois pas agrégé à votre société diabolique , je connais la force et la composition du gouvernement infernal , les noms de quelques-uns des grands qui composent cet étonnant empire. Je vais vous les nommer.

(Ici suit la nomenclature que j'ai donnée dans mon premier volume, pages 3 et 4.)

Tous ces Messieurs composent la cour du gouvernement des enfers; on ignore s'il y a des princesses auprès de Proserpine ; ce qui peut faire croire qu'elle est peut-être seule parmi tous les farfadets , et qu'elle est l'ornement de cette brillante cour. Si cela est ainsi , elle doit se plaire à être seule parmi les démons.

J'ai l'honneur d'être , etc.   B.........

A M. Moreau , rue de la Planche-Mibray , n. 13.

Paris, 18 janvier 1818.

Monsieur ,

Le porteur de ma dernière m'ayant fait savoir de votre part votre intention de venir me voir le 17 du courant, dans la matinée , je vous ai attendu vainement jusqu'à trois heures de l'après-midi. Je me félicitais d'avance du double avantage que je croyais en retirer ; d'un côté, l'honneur de votre visite, et de l'autre, de voir bientôt une fin à mes maux.

Je pense, Monsieur, que vos grandes occupations ne vous ont pas permis de remplir cette promesse, ainsi que vous en aviez manifesté l'intention.

Vous m'obligeriez, Monsieur, si vous vouliez me faire un mot de réponse par le retour du porteur de la présente, ou bien de me faire savoir verbalement le jour et l'heure que je pourrai avoir l'honneur de votre visite, sans l'attendre inutilement.

J'ai l'honneur d'être, etc.   B........

P. S. Dites-moi, Monsieur, je vous en prie, vous à qui on accorde tant de sagesse, ce que je dois penser de tout ce qui m'arrive. Les maux que j'éprouve jour et nuit viennent-ils de vous ou des différens chefs de l'autorité diabolique que je vous ai cités dans ma précédente ? Dans ce dernier cas, vous pourriez, comme un des principaux officiers de cette autorité, lui rendre compte de ma triste situation et tâcher de m'obtenir les moyens de l'adoucir. Dans le premier cas, vous pourriez, d'après le rapport d'un de vos subalternes (dont j'ai déjà parlé), cesser de me tourmenter, puisqu'il dit que cela ne tient qu'à vous. Dites-moi, s'il vous plaît, si j'ai besoin d'inspecteur partout où je me trouve ; ne sont-ce pas là des procédés affreux ? n'est-ce pas une conduite horrible ? J'espère, Monsieur, que vous y mettrez une fin, car définitivement je ne dois pas être votre esclave.

J'ai l'honneur d'être, etc.   B........

Au même.

6 janvier 1819.

Monsieur ,

Les préceptes de ma religion , desquels je ne m'é-
carterai jamais , m'ordonnent de rendre le bien pour
le mal ; c'est pourquoi je viens vous souhaiter une
bonne et heureuse année , une parfaite santé et l'accomplissement de tout ce que vous pouvez désirer.

J'attends avec résignation , d'après la promesse que
vous m'en aviez faite , le plaisir de vous voir , et je
l'attends avec d'autant plus d'impatience que je commence à craindre que vous ne me manquiez de parole ,
et que je pense que vous ne répondrez pas seulement
à ma lettre ; j'ai néanmoins un grand intérêt de savoir
si Messieurs vos collègues d'Avignon vous ont écrit
sur ce qui me concerne. De mon côté , j'en attends
une également de M. Chaix , votre ami.

Je croyais que mes maux finiraient avec l'année
1818 , et que ma tranquillité daterait du 1er janvier 1819 , époque à laquelle tout le monde a paru
sous les dehors de l'amitié , et s'est montré vraiment
généreux ; mes espérances ont été vaines , et depuis
lors vous me tourmentez plus que jamais , vous et les
vôtres.

De grâce , dites-moi , Monsieur , auquel de vos collègues puis-je m'adresser pour obtenir une liberté qu'il
serait temps d'avoir , après vingt-trois ans d'attente.
Tant de courage et de résignation de ma part méri-
terait au moins un adoucissement à mes maux. D'où

ient donc cette obstination de ne pas répondre à mes lettres, où je ne cesse de vous demander réponse, sans que vous daigniez seulement faire ce que l'honnêteté exige, puisque toute lettre mérite réponse ?

Veuillez donc, je vous prie, je vous le répète encore, ou venir me voir, ou bien m'écrire; servez-vous de ce dernier moyen tant que vous voudrez, je ne regretterai pas le port de vos lettres; mon désir à en recevoir de votre part doit vous prouver, au contraire, tout le plaisir que vous me feriez.

J'ai eu l'honneur d'adresser une même lettre à M. Pinel père.

J'ai l'honneur de vous saluer.   B.........

A M. Etienne Prieur, se trouvant au grand Séminaire de Noyon, département de la Somme.

Paris, 30 mai 1818.

Monsieur,

Vous me dites, dans votre lettre du 24 du présent mois, que vous n'êtes ni sorcier ni magicien. Qui donc m'a persécuté et poursuivi depuis le 24 octobre 1817 jusqu'au 1er février 1818, époque à laquelle vous avez quitté l'hôtel Mazarin? Pourquoi ne m'avez-vous pas envoyé de vos nouvelles? Pourquoi ne m'avez-vous pas donné votre adresse? Vous m'aviez cependant promis de venir me voir, de me délivrer de tous mes maux. Avez-vous tenu votre parole? Vous m'avez donc trompé lors de votre départ, et le baiser que vous me donnâtes fut celui de Judas ; comme lui vous êtes donc un traître.

Je crois bien que vous m'avez visité depuis ce temps ; mais vos visites n'ont pas été celles d'un ami , puisque vous ne me les avez faites qu'invisiblement pour me tourmenter nuit et jour. Vous avez cependant embrassé l'état ecclésiastique : je vous en félicite , et je dois vous pardonner. Vous ne devez sans doute avoir embrassé cet état qu'après avoir renoncé à Satan, à ses pompes et à ses œuvres , pour servir un meilleur maître ; ah ! désormais je ne vous verrai plus que comme mon ami ; si je ne puis vous voir, j'espère que vous m'écrirez pour que je puisse être par vous instruit de tout ce qu'il m'importe de savoir.

Je désire que vous soyez heureux dans votre nouvel état , et que tout soit pour votre satisfaction et pour celle de vos parens. Vous ne devez pas douter des prières que je ferai pour vous ; je n'oublie, de ce côté, ni mes amis ni mes ennemis.

Je suis , etc.   B........

Au même.

23 juin 1818.

Monsieur,

J'attends de vous une réponse à ma lettre du 23 mai dernier , vous me la faites désirer d'autant plus que j'espérais savoir auquel de vous ou de M. Arloin, notaire, j'appartenais. Ne serait-ce pas à M. Papon Lomini , votre cousin ? Ce dernier, à qui je me plaignais de vous , sur votre manque de parole , entre autres à celle de m'arracher des mains de MM. Mo-

reau et Pinel, pour me soustraire à leurs importunes
visites, tandis que vous continuiez les vôtres; ce dernier, dis-je, me dit avoir appris de vous, que votre
qualité d'abbé ne vous permettait plus d'exercer la
magie, et qu'alors vous le chargeâtes, avec un homme
de loi, de tous vos pouvoirs. Faire le mal, ou le
commander, n'est-ce pas la même chose? Cependant
la religion que vous professez vous défend l'un comme
l'autre. Quoi qu'il en soit, enfin, je ne veux connaître que vous, parce que je n'attends satisfaction
de nul autre.

Je communiquai à Monsieur votre cousin la copie
des lettres que je vous adressai à Amiens; il en trouva
la morale si juste, qu'il me pria de les lui donner pour
les montrer à Monsieur votre père, qu'il devait voir
à l'époque des vacances lors prochaines.

Vous ne trouverez sans doute pas mauvais qu'en
confiant à votre cousin la copie de ces lettres, je lui
fisse confidence en même temps de la conduite que
vous avez tenue envers moi depuis le 24 octobre 1817.
Veuillez bien me faire connaître votre façon de penser
là-dessus, et ne me laissez pas dans une attente aussi
cruelle. Vous jugerez de ma prudence et de ma mo-
dération en voyant ma circonspection auprès de vous,
qui ne craignez pas de faire le tourment et le malheur de ma vie; mais je vous déclare ici que si vous
manquez encore à votre parole, je ne vous importunerai plus, et que j'écrirai à votre Supérieur pour
que mes lettres vous soient communiquées, et pour
que vous connaissiez à mon style qu'il continue d'être

celui que votre conduite m'a forcé de prendre jusqu'à ce jour.

J'ajouterai ici, que je rencontrai, il y a peu de temps, votre cousin Lomini au Luxembourg, où j'avais été me promener ; je le vis venir à moi tenant à la main un livre de magie, dont il eut la complaisance, de me lire plusieurs passages : je fus convaincu des pouvoirs que vous aviez sur moi, celui sur-tout de me tourmenter ; mais je vis aussi celui que vous aviez de me guérir, comme vous me l'avez si souvent promis, sans m'avoir jamais tenu parole, et celui de pouvoir me mettre sous la domination d'un autre.

Mais que m'importe d'appartenir à Pierre ou à Paul, si cela peut vous dispenser de remplir vos engagemens auprès de moi ? Serai-je plus avancé si vous laissez à tout autre le pouvoir dont vous vous désistez ? Il faut, pour remplir vos promesses, non-seulement vous démettre de votre emploi, mais ne pas en investir un autre.

Ainsi, quels que soient les arrangemens que vous ayez pris avec les personnes auxquelles vous m'avez confié, je ne dois reconnaître que vous pour mon possesseur.

Je suis, en attendant votre réponse, etc. B........

P. S. Je vous préviens que j'ai affranchi ma lettre.

———

Au même, au Séminaire d'Amiens.

27 juin 1818.

Monsieur,

J'ai reçu votre lettre du 25 de ce mois ; je ne reviens pas de ma surprise sur vos procédés à mon égard, et sur la conduite que vous avez tenue auprès de moi depuis le 24 octobre 1817 jusqu'au 1er février 1818.

Vous paraissez singulièrement, étonné de ma position, que vous attribuez à des causes étrangères ; vous ne vous rappelez sans doute pas des détails que vous m'avez faits, et qui se rapportaient aux moyens magiques de MM. Moreau et Pinel, de la femme Vandeval, ainsi que des physiciens d'Avignon; vous fûtes alors convaincu combien peu je méritais les tourmens que me faisait endurer, la nuit comme le jour, le médecin de la Salpétrière ; vous n'hésitâtes pas à me retirer de ses mains par des cérémonies qui sont indispensables à votre société; vous disiez, en frappant avec mon grand couteau sur le bois : *Ah! coquin de Pinel, que le diable te débarbouille! Et vous ajoutiez, en vous tournant de mon côté : *Il souffre cruellement à présent, le coquin !*

Ne dites-vous pas à plusieurs personnes, en ma présence, que je n'étais plus au pouvoir de ce méchant homme ; que vous m'aviez retiré de ses mains, malgré l'opiniâtreté qu'il montrait à vouloir me conserver ; que j'étais enfin sous votre domination, parce que cela était nécessaire pour que vous pussiez me rendre vous même la liberté?

N'ajoutiez-vous pas, en présence de bien des personnes, qu'il était encore indispensable que vous me suivissiez partout, dans les temples, dans les promenades, que vous vous introduisissiez secrètement chez moi, le jour comme la nuit, pour me tourmenter ; que, sur l'observation de ces mêmes personnes, qu'elles n'en voyaient pas la nécessité, vous répondîtes qu'il fallait que cela fût encore pour quelque temps, pour que vous pussiez ensuite me rendre le repos et la liberté?

En voulez-vous d'autres preuves? N'avez-vous pas donné à votre cousin Papon Lomini des pouvoirs sur moi, dont il abusait; et sur les plaintes que je vous en fis, ne le menaçâtes-vous pas de lui ôter ces pouvoirs? donc que vous êtes un magicien. Vous avez souffert toutes ces atrocités, jusques à ce que vos amis, qui en avaient eux-mêmes été témoins, vous eussent pour ainsi dire forcé de les lui ôter.

Enfin, votre entrée au Séminaire d'Amiens vous ayant mis dans le cas de ne pouvoir plus servir deux maîtres à-la-fois, vous avez abandonné sans doute le démon pour ne servir que Dieu (et je vous en félicite); mais, je vous le répète, que je sois au pouvoir de M. Lomini ou d'un autre, je n'en souffre pas moins : je ne veux donc connaître que vous, parce que personne autre ne peut, je pense, porter remède à mes maux. Que votre cousin, au lieu de s'occuper de magie, s'applique plutôt aux études qui doivent le faire un jour un avocat? Vous avez tort vous-même de le distraire de cette dernière occupation, qui lui deviendrait utile et honorable, tandis qu'en l'initiant dans les affreux mystères de l'autre, vous lui rendez le plus mauvais des services.

Votre ami, M. Frontin, que je vois quelquefois, et à qui je n'ai pas laissé ignorer les souffrances que vous me faites endurer, ne vous a-t-il pas dit que cela était indigne de la part d'un jeune homme de famille, qui est censé avoir reçu de bons principes, et qni semble aujourd'hui n'y être rentré que pour en démentir la réalité? Mais cette religion que vous semblez avoir embrassée, sera toujours incompatible avec votre conduite; si vous ne prêchez pas sincèrement sa doctrine, elle vous repoussera de son sein.

Je dois, Monsieur, vous parler de la sorte, tant que vous vous obstinerez à me tenir sous votre puissance infernale. Vous ne devez pas en imposer ainsi aux hommes, tandis que dans votre âme vous ne cessez d'appartenir à Satan.

Vous vous recommandez à mes prières, et vous avez raison; je ne vous oublie pas, je prie Dieu sans cesse de vous faire rentrer en vous-même, et qu'il vous pardonne.

Je suis, Monsieur, en attendant votre réponse, qui sera, j'espère, plus satisfaisante que les précédentes.

Votre ami, B.........

Au même.

9 juillet 1818.

Monsieur,

Je viens de recevoir votre lettre du 7 de ce mois; vous m'accusez réception de ma dernière, sans faire mention de celles que je vous ai précédemment adressées; il est vrai que vous n'avez pas répondu à toutes.

Comment pouvez-vous traiter de chimères des maux auxquels vous savez que je suis en proie depuis vingt-trois ans, et que vous avez toujours regardés vous-même comme les effets de la perfidie des hommes? Vous voulez aujourd'hui qu'ils ne soient que ceux de l'imagination, que le temps, ce grand-maître, dites-vous, à l'aide de vos opérations, achèvera de détruire. Mais, Monsieur, croyez-vous donc que j'aie absolument perdu l'esprit, et que je sois devenu incapable d'aucune réflexion ? Si je ne suis malade que d'imagination, toutes vos opérations pour me guérir seront infructueuses ; et si mon mal est réel, pourquoi vouloir à présent me faire entendre qu'il est factice ? Dans ce dernier cas, Dieu seul peut me guérir, et dans le premier vous êtes bien coupable envers moi de ne pas me délivrer de tous mes persécuteurs, d'après les promesses que vous m'en avez si souvent faites.

Vous voulez encore me persuader que M. Papon Lomini, votre cousin, n'a jamais eu de pouvoir sur moi. Si cela est ainsi que vous voulez me le faire entendre, qui donc a pu me tourmenter si cruellement depuis votre absence ? Répondez à toutes ces questions ; c'est ce qu'il est important pour moi de savoir. Pourquoi n'avez-vous pas écrit en toutes lettres les noms de M. Pinel, de madame Vandeval, de M. Moreau ? Pourquoi n'en avoir mis que les lettres initiales, comme vous avez fait de votre signature ? Que signifie cette circonspection ?

Veuillez bien, je vous prie, me répondre de suite.

Je suis, Monsieur, en attendant le plaisir de vous revoir,

Votre affectionné serviteur,

B..........

Au même.

Monsieur,

Permettez que je vous témoigne ici combien ma surprise fut grande, lorsque Monsieur votre frère Baptiste m'apprit que vous étiez entré au séminaire, dans le dessein d'embrasser l'état ecclésiastique. C'est très-bien, si Dieu vous y a réellement appelé. Mais comment vous êtes-vous décidé tout-à-coup à devenir un jour un ministre du Très-Haut, lorsque, dans différentes conversations que nous avons eues ensemble, j'ai toujours remarqué en vous une façon de penser bien contraire aux principes qui vous dirigent aujourd'hui ; et qui paraissent bien différens par la démarche que vous venez de faire ? Vous aviez l'air alors de ne pas vouloir reconnaître le chef visible de l'Eglise, ni les ministres qui la desservent, parce que, disiez-vous, il ne fallait pas d'intermédiaire entre Dieu et les hommes ; et vous en reconnaissez à présent la nécessité. D'où vient un changement si prompt ? Je vous en félicite, si aucune considération humaine ne vous a guidé dans cette démarche, et que ce ne soit qu'une inspiration de la toute-puissance qui ne cesse de veiller à notre salut. Vous vous êtes donc soumis à une puissance bien opposée à celle où vous aviez eu le malheur de tomber, puisque vous étiez sous la domination du démon. La magie que vous exerciez, tous vos procédés physiques, et enfin tous les travaux que vous avez faits sur moi, prouvent ce que j'avance.

Vous ne pourrez donc aujourd'hui servir deux maîtres si opposés l'un à l'autre ; vous ne voudrez pas
imiter le Père Imbert et le Père Cazin, que vous m'avez
désignés comme s'occupant de magie , en présence de
bien des personnes, qui peuvent , ainsi que moi, l'attester. Mais je reviens sur le changement extraordinaire
qui vient de s'opérer en vous. Est-ce de votre pur mouvement que vous avez embrassé cette nouvelle vocation ? Serait-ce pour obéir aux volontés de Monsieur
votre père ? Ses intentions, alors, n'ont pas été sans
doute de vous y faire entrer par force , comme il y en
a malheureusement tant d'exemples. Dieu ne demande
que la pureté du cœur dans ses ministres , et c'est
un grand malheur pour ceux qui ne l'ont pas : il aurait mieux valu pour eux être dans le monde d'honnêtes artisans que d'être de mauvais prêtres.

Considérez quels seraient vos regrets , lors du jugement dernier, et ceux de Monsieur votre père, si
vous n'étiez pas réellement bien appelé.

Vous me permettrez , avant de finir ma lettre, de
vous adresser quelques reproches. Vous êtes parti
d'ici sans me faire vos adieux , vous ne m'aviez pas
même prévenu de votre départ , tandis que vous
m'aviez promis votre adresse, que vous saviez m'être
très-nécessaire pour terminer avec vous sur tout ce
qui me concerne. Je ne sais que penser à ce sujet ;
mais ce qui me surprend bien plus encore, c'est de
vous voir venir me tourmenter toujours, tant de nuit
que pendant le jour. Aujourd'hui même , ayant embrassé l'état ecclésiastique, serviriez-vous deux maîtres à-la-fois ? Expliquez-vous là-dessus , je vous prie :

je ne puis concevoir comment vous n'avez pas entièrement renoncé à l'un, en vous jetant dans les bras
de l'autre, votre Créateur, auquel seul vous devez
obéir, et duquel vous devez attendre votre bonheur,
tant dans ce monde que dans l'autre, tandis que tous
les malheurs vous attendent, si vous tenez toujours à
la puissance du démon.

J'attends votre réponse et en même temps ma
liberté.

Je vous salue, et suis, etc.   B.........,

Lettre de M. Prieur (Etienne) à M. Berbiguier.

Monsieur,

J'ai reçu votre lettre du 19 de ce mois, je vois avec
peine qu'au milieu d'excellens conseils que vous me
donnez, vous y mêlez des personnalités indignes d'un
bon chrétien; cependant, Monsieur, par respect pour
votre personne, je veux bien me résoudre à vous
rendre compte de ma conduite.

Je suis venu au Séminaire d'Amiens, non pour
essayer ma vocation, mais pour entrer sous la hou-
lette du bon pasteur; et si je n'ai point le bonheur
de devenir prêtre, je serai du moins religieux. Notre
Seigneur, comme vous le savez, Monsieur, est venu
pour sauver la pécheresse Madeleine, la Samaritaine
qui avait eu cinq maris, le publicain, le mauvais
larron, et pour moi qui vaux beaucoup moins. Ne soyez
point étonné si, las d'une vie errante et vagabonde, je

suis venu exposer ma misère au médecin qui ressuscita le Lazare, qui guérit le lépreux et rendit la vue, l'ouie et la parole, à ceux qui en étaient privés; comme la femme de Jérusalem, j'ai voulu toucher la robe du divin maître, pour être guéri de mes blessures ; comme le paralytique, j'ai crié dans la détresse où je me trouvais : *Fils de David, ayez pitié de moi.* Notre Seigneur touché, sans doute, de mon envie extrême de le servir, m'a fait rentrer dans le bercail. Bien des fois, mon très-honoré Monsieur, je vous ai scandalisé; mais, Monsieur, Saint-Pierre, qui est un très-grand Saint, renia bien son Dieu ; et moi qui ne suis qu'un pauvre pécheur, ne pourrai-je donc obtenir à vos yeux le pardon de quelques inconséquences? Je vous demande pardon des fautes qui me seraient échappées en votre présence, je vous fais mes excuses de ma conduite passée ; je ne suis ni sorcier ni tenté du diable ; je n'ai ni ne veux avoir aucune relation avec l'infâme séducteur des âmes. Laissez-le dans son enfer, et débarrassez-vous de toutes ces idées de sortiléges, de possessions et de magie, qui ne pourraient qu'être un obstacle à votre salut éternel.

Votre lettre a coûté 16 sols; je ne suis pas riche, je ne suis pas à même de recevoir d'autres lettres. Ainsi, Monsieur, quoique vous m'honoriez beaucoup de m'écrire, dans l'impossibilité où je suis de vous être utile, vous pouvez vous en abstenir. Je me recommande à vos prières, qui ne peuvent manquer d'être agréables au Seigneur.

Je vous prie aussi de ne point communiquer mon adresse à qui que ce soit, j'appuie là-dessus comme chose très-importante. ÉTIENNE †.

Au grand Séminaire d'Amiens, faubourg de Noyon, département de la Somme.

Du même au même.

25 juin 1818.

Monsieur,

J'AI reçu votre lettre. Je vois avec peine que vous êtes toujours dans le même état. Votre maladie est très-affligeante. Vous vous croyez tourmenté, et vous avez raison. L'affaiblissement de vos nerfs produit chez vous toutes vos chimères.

Vous vous êtes persuadé que j'étais sorcier, et de-là vous concluez que je suis invisible. Mon cousin a tort, très-tort assurément, d'exaspérer votre imagination par des citations ridicules ou puériles. Il serait fort embarrassé de vous montrer un livre de magie. Il abuse de votre crédulité. Cessez, Monsieur, de croire que j'aille chez vous la nuit. Je suis un homme comme vous, de chair et d'os ; je suis, de plus, à une distance de trente lieues, comment voulez-vous que je puisse me transporter chez vous toutes les nuits pour danser sur votre corps ?

Prenez des bains, suivez un bon régime, buvez du bon vin, promenez-vous dans des lieux saints, continuez à servir Dieu comme vous l'avez toujours fait, vous verrez que vos idées bizarres passeront, que votre santé deviendra meilleure et votre tranquillité parfaite.

Vous ne croirez plus ni aux sortiléges, ni aux possessions d'un homme qui vous veut du bien, vous respecte infiniment, et a l'honneur d'être,

Votre très-humble serviteur,

ETIENNE P......

Je me recommande à vos prières.

Du même au même.

Amiens, 7 juillet 1818.

Monsieur,

J'AI reçu votre dernière lettre avec satisfaction. Vous paraissez beaucoup mieux, votre esprit est plus calme et votre santé meilleure; avec du temps et de la patience nous viendrons à bout de déraciner de votre imagination toutes les impressions funestes qui vous travaillent depuis plus de vingt-trois ans.

M. Lomini n'a jamais eu un vrai pouvoir sur vous: présentement il n'en a aucun; il vous abuse visiblement, en voulant vous persuader qu'il peut quelque chose; mais il ferait pour lui d'abord, et se débarrasserait de ses agitations secrètes qui, comme un ver rongeur, le dévorent nuit et jour. Soyez tranquille de son côté, vous ne devez rien en attendre.

Vous êtes tourmenté du désir de votre guérison. Vous ne laissez pas respirer toutes les personnes qui comme P....., Van....., M....., se sont chargées de vous, et s'en sont déchargées avec plaisir. Je vous verrai avant un mois. Je vous donnerai l'adresse de notre maison, vous y viendrez me voir afin que je puisse opérer votre guérison plus promptement. Ne

m'oubliez pas auprès d e la Sainte-Vierge, quand vous
allez le soir à Saint-Roch.

Je vous salue avec respect et considération,

ÉTIENNE.

Du même au même.

23 septembre 1818.

TRÈS-EXCELLENT Berbiguier, je vous ai vu hier
poudré, peigné, calamistré, au Palais-Royal, galerie
de Bois. Je vous recommande la sagesse, la retenue
dans vos actions, dans vos paroles et dans vos expressions. Voilà votre lettre que je vous renvoie, elle
montre le mauvais état de votre cervelle. Si vos
parens la voyaient, ils vous remieraient. Il n'en faut
pas davantage et beaucoup moins, pour vous faire
mettre à Charenton.

Je vous salue, très-excellent Berbiguier de Terre-
Neuve du Thym.

Du même au même

Sans date.

Monsieur,

J'AI reçu votre lettre écrite le 8 septembre, précédent mois. Vous faites toujours les mêmes plaintes
contre moi. Je veux vous parler et vous rendre votre
lettre. Venez donc mercredi, sur les deux ou trois
heures, au Luxembourg, du côté du jardin des Chartreux, je vous y attendrai.

Je vous salue très respectueusement,

ÉTIENNE PRIEUR.

Du même au même.

Jeudi , 22 octobre 1818.

Monsieur ,

J'ai reçu une lettre de mon père , dans laqulle il est question de vous. Si vous voulez que je vous dise ce qu'elle contient, j'irai demain vendredi, 23 de ce mois, vous attendre au Luxembourg , dans l'allée qui donne sur le parapet de l'enclos des Chartreux , dès une heure après-midi jusqu'à trois heures.

Je vous salue très-respectueusement ,

ETIENNE PRIEUR.

Lettre à M. Papon Lomini , étudiant en droit , hôtel d'Anjou , rue Serpente.

Paris , 21 juin 1818.

Monsieur ,

J'ai écrit à M. Etienne Prieur votre cousin , le 30 du mois dernier.

N'ayant pas reçu de réponse de ce jeune homme , ce qui m'inquiète beaucoup , je m'empresse de vous en instruire pour savoir de vous si , d'après la résolution qu'il a prise d'entrer dans un séminaire , il ne vous aurait pas abandonné les droits qu'il avait sur moi, ou bien sur d'autres personnes qui seraient de votre connaissance. M. Etienne avait l'habitude d'arrêter les lettres que je mettais à la poste ; c'est pourquoi je ne reçois point de réponse, et que je n'en ai pas reçu , sur-tout à celle que je lui adressai il y a treize jours. Il fait arrêter mes lettres par son fondé de pouvoir.

Lorsque j'eus le plaisir de vous rencontrer au jardin du Luxembourg, il y a huit à dix jours, la conversation roula sur M. Etienne, que vous parûtes blâmer d'abord de s'être en allé sans me faire ses adieux ; vous ne fûtes pas moins surpris de la manière dont il se comportait avec moi, et vous m'assurâtes qu'il avait les moyens de me guérir et de me rendre à la liberté. Comme je ne me souviens pas quels sont ces moyens, je vous prie, Monsieur, de vouloir me les faire connaître, afin que j'écrive à votre cousin pour qu'il veuille bien en finir avec moi.

Je ne doute pas, d'après l'entretien que nous eûmes sur M. Etienne, que vous ne soyez en correspondance avec lui ; veuillez donc me faire savoir son adresse, dans la réponse que vous voudrez bien me faire. En supposant qu'il ait changé de domicile, s'il ne répond pas, je ne sais alors à qui je dois adresser mes lettres pour qu'elles puissent lui parvenir d'une manière sûre.

Vous voudrez bien vous rappeler aussi du livre que vous lisiez, et des passages de ce livre que vous eûtes la complaisance de me lire, où il était question des pouvoirs de la magie et des moyens qu'il fallait prendre pour monter en grade, pour posséder et déposséder, donner la puissance à l'homme ou la lui ôter, selon le bon plaisir de ceux qui composent cette infernale société. Je n'ai d'autres motifs à vous faire toutes ces demandes, que pour les communiquer à Monsieur votre cousin, qui voudra bien alors ne plus me tourmenter :

III.   22

tout aujourd'hui doit l'y engager ; Dieu, la religion, et l'état saint dans lequel il est entré.

Je suis, avec considération, etc.   B.........

P. S. Les poursuites journalières et les visites nocturnes de votre cousin sont très-désagréables pour moi.

Au même.

16 juin 1818.

Monsieur,

Je m'étais fait un plaisir de vous adresser une lettre le 11 de ce mois, relativement à M. Etienne Prieur, votre cousin, et dans l'espérance d'avoir une réponse de votre part ; mais au lieu de me répondre, vous avez cru devoir prendre la peine de venir chez moi : je vous ai assurément vu avec plaisir ; mais votre visite n'a pas rempli mon attente ni l'objet que je m'étais proposé, si j'eusse reçu deux mots écrits de votre main.

Vous m'avez parlé de votre cousin comme d'un homme incapable de troubler mon repos ; vous me dites que son caractère d'abbé l'a placé au-dessus de toute prévention d'avoir fait pacte avec le démon, et que ma manière de penser envers ce jeune homme était outrageante, au point que, s'il produisait mes lettres en justice, elles pourraient me devenir funestes. Je vous répondis que je souffrais extrêmement ; que je ne pouvais attribuer mes souffrances qu'à M. Etienne, comme ayant été mon dernier maître, et qui s'étant en allé sans m'en avoir prévenu, avait sans cesse manqué à sa parole d'honneur. Je n'en pouvais accuser d'autres, puisqu'il n'avait pas daigné s'expliquer avec moi, ni me faire connaître celui à qui il fut obligé de me remettre, lorsqu'il a quitté le monde pour consacrer ses jours au Seigneur; ce que j'admire en lui, et ce dont je le félicite.

Vous me fîtes entendre que vous vous étiez chargé de cette affaire. Si cela est, Monsieur, pourquoi me laisser toujours ainsi sans me rendre le repos? Quelles sont donc vos raisons pour éluder si longtemps ma guérison? Veuillez bien m'en instruire, je suis las de ne pas voir la fin de mes souffrances.

Vous me parlâtes aussi de M. Arloin, comme ayant des pouvoirs sur moi. Vous me dîtes que ceux que votre cousin vous avait donnés n'étaient que temporaires, et qu'il pouvait, quoique prêtre, vous les retirer quand bon lui semblerait; qu'il en conservait même qui lui étaient particuliers.

Vous ajoutâtes aussi que M. Baptiste Prieur, votre cousin, avait également pouvoir sur moi. Voilà que j'ai presque toute la famille qui me persécute.

Qu'ai-je donc fait, grand Dieu! pour être si malheureux? Vous venez jour et nuit me tourmenter: connaissant l'attachement que j'ai pour mon Coco, vous vouliez, dans votre dernière visite, que je le tuasse; le pauvre animal ne peut certainement pas vous gêner: c'est ma seule compagnie depuis plus de deux ans, et vous êtes loin de ma demeure; je suis logé rue Mazarine, et vous rue Serpente.

Rappelez-vous également que vous me promîtes d'écrire à M. Etienne relativement à moi. Je vous invite à le faire bientôt, si vous ne l'avez déjà fait, et dans ce dernier cas je vous prie de me faire con-

naître le contenu de sa réponse pour ce qui me concerne. Dans le cas contraire, veuillez bien ne pas
tarder davantage à lui écrire, sinon je serai forcé de
lui adresser une troisième lettre moi-même ; je connais un moyen sûr de la lui faire parvenir.

Je suis votre serviteur,   B.........

Réponse de M. Papon Lomini.

Monsieur,

J'ai attribué jusqu'à présent vos extravagances à
votre crédulité pour des choses impossibles et dénuées
de tout sens commun; elles vous ont été suggérées
par un jeune homme sans jugement, et malheureusement vous en avez l'esprit tellement imbu, qu'il
serait impossible de parvenir à vous rendre à des idées
plus saines.

Je vous prie, en conséquence, Monsieur, de ne plus
m'écrire, vous me coûtez des ports de lettres inutiles; par une plus forte raison encore, on me croirait
coupable d'entretenir chez vous des idées qui vous
font beaucoup de mal, et que je vous engage à chasser bien loin de vous.

Je suis, avec considération, votre serviteur,

PAPON LOMINI.

P. S. Si vous persistez à m'écrire, je ne recevrai
plus vos lettres, et d'ailleurs je quitte l'hôtel.

M. *Berbiguier à M. Papon Lomini.*

18 juin 1818.

Monsieur,

Il paraît que vous ne m'avez pas bien compris, le style de vos lettres est bien différent de votre manière de parler. N'avez-vous pas pris souvent mon parti auprès de M. Etienne Prieur, votre cousin, relativement à la conduite indigne qu'il tenait à mon égard? Combien de fois ne lui avez-vous pas fait des reproches en ma présence et celle de vos amis, sur ses impertinences? ne l'avez-vous pas souvent invité à me laisser tranquille et à me rendre la liberté? N'avait-il pas promis de le faire? C'est ainsi que vous avez toujours parlé; mais à présent ce n'est pas ainsi que vous écrivez. Croyez-vous que tous ces subterfuges me fassent oublier vos mauvais procédés à mon égard, et ceux de votre cousin Etienne Prieur, qui, pour me cacher le lieu de sa retraite, m'a laissé ignorer son départ de Paris? Non, je ne suis pas dupe de tout cela.

Ce jeune homme, disiez-vous, voulant se consacrer à Dieu, et ne pouvant servir deux maîtres à-la-fois, vous avait abandonné ses droits en partie, ne voulant pas se départir de ceux qui lui étaient propres. Pourquoi donc, de votre côté, manquez-vous à la promesse que vous m'aviez également faite, de me tirer de l'affreuse situation dans laquelle vous me tenez constamment l'un ou l'autre? Car, enfin, je dois appartenir ou à vous ou à lui. Ce matin, j'ai eu encore

votre visite, ou celle des personnes de votre société ;
il faut que vous ayez là, vous et vos associés, une
bien grande jouissance ! Vous ne vous contentez pas de
me tourmenter, vous faites également souffrir mon
pauvre Coco ; en vérité, vous poussez bien loin la
méchanceté !

Je ne vois pas à présent la nécessité de vous confier le double des lettres que j'ai écrites à M. Etienne,
pour que vous puissiez les montrer à Monsieur son
père, lorsque les vacances vous permettront d'aller
à Moulins ; je pense que le résultat que vous en attendiez n'en serait pas heureux, lorsque je réfléchis à
tout ce que contient votre dernière lettre ; vous ne
m'aviez jamais parlé de cette manière. Qui vous a
donc obligé de changer ici de langage ? Vous chantiez
autrement alors que je rendais quelques petits services
à votre cousin, qui, comme vous, aujourd'hui me
traite de fou. Aurait-il trouvé beaucoup de personnes
qui eussent (soit dit sans reproches) tenu envers
lui la conduite d'un véritable ami, que vous voulez à
présent faire passer pour fou ?

Je suis, votre serviteur,   B.........

P. S. D'après la réponse que j'attends de vous, je
réglerai ma conduite envers M. Etienne ; je me déci-
derai à écrire indirectement à ce dernier, s'il le faut.

Monsieur Papon Lomini à M. Berbiguier.

26 mars 1819.

Monsieur,

Je suis bien vivement affecté de l'éloignement où
vous vous êtes tenu à mon égard depuis ma sortie de

l'hôtel Mazarin ; je ne puis croire que vos sentimens pour moi ne soient pas toujours ceux que vous m'avez témoignés. Non , vous n'avez jamais connu la haine.

Je me suis présenté plusieurs fois chez vous sans vous avoir trouvé. Ne sachant pas l'heure à laquelle je pourrais vous voir , et craignant de n'être pas plus heureux , permettez-moi de vous offrir un déjeûner bien amical.

Ne me donnez pas le déplaisir de le refuser. J'ai éprouvé des malheurs qui ne peuvent être confiés qu'à un véritable ami ; permettez-moi de vous accorder cette marque de ma confiance , sachant que vous compatirez à mes maux. Jésus-Christ , notre divin maître , a dit à ses disciples de faire aux autres ce que nous voudrions qu'on nous fît.

J'ai besoin de vos avis , ne me les refusez pas : je vous attends dimanche matin à neuf heures.

Veuillez ne pas m'oublier dans vos prières , et apportez Coco avec vous , pour que j'aie le plaisir de l'embrasser.

J'ai l'honneur de vous saluer.

PAPON LOMINI ,
Rue des Fossés de M. le Prince, n°. 51.

M. Berbiguier au Supérieur du Séminaire d'Amiens.

11 août 1818.

Monsieur ,

J'ai écrit à M. Etienne Prieur , l'un de vos séminaristes , pour répondre à sa lettre en date du 7 juillet dernier. Dans cette lettre il promettait de me faire

savoir l'époque précise de son départ pour Paris ,
qu'il présumait être à la fin dudit mois de juillet. Je
n'ai cependant reçu aucune nouvelle de lui depuis ce
temps.

Je désirerais , Monsieur , que vous eussiez la complaisance de me dire si M. Etienne Prieur est toujours
sous votre direction à Paris ou à Moulins son pays , là
enfin où je pourrais connaître son adresse , et vous
m'obligerez infiniment.

S'il est près de vous , je vous prie de vouloir bien
lui communiquer la lettre que je me fais l'honneur de
vous écrire , et l'inviter à me donner signe de vie.

Dans le cas contraire , honorez-moi de votre réponse,
et pardonnéz à la liberté que je prends de vous interrompre de vos intéressantes occupations.

J'ai l'honneur de vous saluer , et d'être , Monsieur,
votre très-humble serviteur.   B........

Au même.

18 août 1818

Monsieur ,

J'ai eu l'honneur de vous adresser une lettre , le 11 de
ce mois , relative à M. Etienne Prieur , un de vos subordonnés , et je me vois privé de votre réponse.

Daignez, Monsieur, m'accorder quelques lignes de
votre main , ou bien engagez M. Prieur , s'il est encore
à votre séminaire , de m'écrire lui-même , ainsi qu'il
m'en avait fait la promesse.

J'ose espérer , Monsieur , que vous voudrez bien
me pardonner, si je vous importune encore, dans l'es-

pérance que vous voudrez bien aussi satisfaire à la demande que j'ai l'honneur de vous faire.

J'ai l'honneur d'être, etc.   B........

Lettre de M. Tripier, à M. Berbiguier.

Du Séminaire d'Amiens, 16 août 1818.

Monsieur,

M. Prieur s'est mis en vacances le 17 ou 18 juillet. Comme il n'était ici qu'en passant et qu'il ne peut avoir le désir de remonter campagne dans cette maison, je ne sache pas qu'il ait donné son adresse à personne. Il a certainement repris le chemin de Paris; mais j'ignore s'il doit aller jusqu'à Moulins. Je voudrais, Monsieur, pour l'intérêt que vous paraissez prendre à ses affaires, pouvoir vous donner des renseignemens plus satisfaisans : sans doute que lui-même ne tardera pas à satisfaire votre empressement.

J'ai l'honneur d'être votre très-humble et obéissant serviteur,   TRIPIER.

Lettre de M. Bailly, à M. Berbiguier.

Amiens, 23 août 1818.

Monsieur,

M. Prieur n'est plus dans notre séminaire, il en est sorti le 18 juillet; je ne sais où il est. Je n'ai reçu aucune lettre de vous, à l'adresse de M. le supérieur, en date du 11 de ce mois; c'est à votre dernière que je réponds, en l'absence de M. le supérieur, qui est aux eaux de Vichy.

J'ai l'honneur d'être, avec respect, votre très-humble serviteur.　　　　BAILLY, *p. du séminaire.*

Cette lettre n'étant pas signée du même nom que la précédente, j'en ai instruit M. le supérieur.

———

A M. le Supérieur du grand séminaire d'Amiens.

Paris, 4 septembre 1818.

Monsieur,

J'ai reçu votre lettre du 23 août dernier, elle m'a bien surpris en apprenant que vous n'aviez pas reçu ma première en date du 11 du susdit mois.

La réponse que vous avez bien voulu faire à ma dernière, m'est un sûr garant que vous auriez également répondu à ma première, si elle était tombée dans vos mains, ce qui me fait croire qu'elle vous fut interceptée, puisque la réponse à ma première fut signée par un M. Tripier, autant que j'ai pu bien lire son nom. Cette lettre est datée du 16 août, de votre séminaire.

L'ayant reçue le 19, j'ai reçu la seconde le 23 dudit mois, signée Bailly. La différence des signatures me fait croire que cette dernière est allée à sa véritable adresse, tandis que l'autre peut être tombée en mains étrangères : c'est ce qu'il vous sera facile de reconnaître en examinant l'écriture; et à cet effet, je me ferai un plaisir de vous la faire tenir, si vous le jugez bon, par une commodité sûre, qui me la rapporterait à son retour.

M. Etienne, dans une de ses lettres, en date du 7 juillet, avait promis de m'instruire de son arrivée à

Paris. Je n'entends plus cependant parler de lui, quoique je sache bien qu'il est ici, puisque son frère Baptiste m'a dit l'y avoir vu, sans pouvoir me dire où il restait. Ces Messieurs paraissent vouloir me laisser ignorer sa demeure; je ne sais par quel motif, et je suis très-mécontent d'une telle conduite.

J'ose espérer, Monsieur, que vous voudrez bien répondre à cette troisième lettre, en vous priant de pardonner à mes importunités.

J'ai l'honneur d'être, Monsieur, votre très-humble serviteur ,   B........

N'ayant pu me procurer aucune satisfaction des frères de M. Etienne Prieur, je crus devoir m'adresser à M. Prieur père, à Moulins; voici la lettre que je lui écrivis le 8 septembre 1818 , et qu'il me renvoya par son fils :

A M. Prieur père.

Paris, 6 septembre 1818.

Monsieur ,

Je prends la liberté de vous écrire sans avoir l'avantage d'être connu de vous, parce que je crois nécessaire de vous instruire de tout ce que M. votre fils Etienne Prieur m'a fait éprouver.

Je fis connaissance de ce jeune homme dans le courant du mois d'août 1817, à l'hôtel Mazarin, où je logeais avec lui; je lui connus d'abord les bons principes que donne une bonne éducation. L'amour de la religion, que je remarquai en lui, m'inspira beau-

coup de confiance, en sorte que nous nous rendions
de fréquentes visites.

Les conversations que j'avais avec lui dans nos promenades m'étaient d'autant plus agréables qu'elles
m'attachèrent encore plus fortement à lui. Il me
faisait des confidences; j'étais touché de ses maux;
il paraissait écouter les avis que je lui donnais,
comme venant d'un véritable ami; de sorte que je
remarquais en lui plus d'étourderie de jeunesse qu'un
mauvais caractère, et je faisais tout pour le ramener
au bien; je crus même y avoir réussi.

Je crus devoir aussi, de mon côté, lui faire part de
mes souffrances; il parut les écouter avec intérêt, et
me promit de bientôt les adoucir, s'il ne pouvait entièrement les éloigner.

Je ne lui cachai pas alors que, sans y avoir jamais
consenti, j'étais au pouvoir des magiciens, physiciens, et sorciers qui me tourmentaient jour et nuit
depuis plusieurs années; qu'ils me poursuivaient jusques dans le temple du Seigneur, ce qui me faisait
souffrir bien plus encore que lorsqu'ils venaient troubler pendant la nuit mon sommeil.

Monsieur votre fils, persuadé que ce n'étaient que
des coquins, des méchans, qui me tourmentaient
ainsi, me dit qu'il me prendrait sous sa protection
pour me retirer des mains de ces misérables, et que
moyennant quelques opérations indispensables contre
eux, il me rendrait mon entière liberté. Tout cela
demandait du temps, et dans cet intervalle il me fit
faire connaissance avec ses frères et M. Papon Lomini, leur cousin. Je ne vis dans tous ces jeunes

gens que des personnes bien élevées, et je me faisais un plaisir de les fréquenter assez souvent.

Je m'aperçus, cependant, que tous ne paraissaient pas suivre la même route. Monsieur votre fils Etienne, avec qui nous faisions quelquefois des courses hors de Paris, sur-tout au Mont-Valérien et au calvaire, où la dévotion nous conduisait, promettait toujours de m'arracher des mains de mes ennemis, et sous divers prétextes il me tint ainsi jusques à son départ pour le séminaire d'Amiens, qu'il eut soin de me cacher. Je m'adressai à Messieurs ses frères, à son cousin, pour l'engager à tenir la promesse qu'il m'avait faite de me rendre à la liberté ; ce qu'il n'a pas encore exécuté ; en sorte que si je ne suis plus sous la domination de MM. Pinel, Moreau et de la femme Vandeval, je n'ai pas cessé d'être sous la sienne.

Aucun de ces Messieurs ne daigna répondre à mes lettres ; je sus néanmoins que M. Etienne était en Picardie. Vainement lui ai-je écrit ; vainement l'ai-je attendu dans le courant du mois de septembre, époque à laquelle je le croyais en vacance, et à laquelle il avait promis de venir me voir.

Ne l'ayant pas vu au temps qu'il m'avait fixé, j'ai pris la liberté d'écrire deux lettres à M. le Supérieur du Séminaire d'Amiens. J'appris qu'il n'était plus dans cette ville, qu'il en était parti pour venir à Paris. J'ignore positivement l'endroit où il se trouve. Comme il se peut que vous l'ayez appelé auprès de vous, je demandai à M. Baptiste s'il pouvait me donner son adresse, afin que je pusse lui rappeler ses promesses. Il me répondit qu'il l'avait vu, mais qu'il ne connais-

'sait pas l'endroit où il restait ; qu'il s'en informerait pour me donner cette indication par écrit, et je l'attends encore, même après la lui avoir demandée par lettres. Je ne fus pas plus heureux auprès de MM. Prieur droguiste, et Papon Lomini : l'un me répondit négativement, et l'autre garda le silence.

Je ne puis donc, Monsieur, que m'adresser à vous, j'espère que vous voudrez bien me répondre. Les droits que la nature vous donne sur Monsieur votre fils Etienne l'obligeront sans doute à remplir envers moi ses promesses et à me rendre enfin le repos et la liberté.

J'ai l'honneur de vous saluer et d'être, Monsieur, avec la plus grande considération ,

Votre très-humble serviteur, B.........

Cette lettre étant restée sans réponse jusqu'au 3 octobre même année, j'écrivis la suivante le même jour.

Au même.

3 octobre 1818.

Monsieur ,

Je pris la liberté de vous écrire, le 8 septembre dernier, relativement aux peines que M. Etienne Prieur, l'un de vos fils, me fait éprouver depuis plus d'un an. Je dois penser que vous lui avez donné connaissance de ma lettre, en lui faisant les reproches qu'un bon père a droit de faire à un fils, quand il s'écarte des principes qu'il en a reçus.

Ce jeune homme, sans chercher à réparer ses torts envers moi, me fit un billet, non daté, pour m'inviter à me trouver le 22 septembre dernier au jardin du Luxembourg, où il désirait converser avec moi et me remettre une lettre. Il ne s'y rendit pas, et le lendemain 23, je reçus de lui un second billet, conçu en ces termes :

« Très-excellent Berbiguier, je vous ai vu hier poudré, peigné, calamitré, au Palais-Royal, galerie de Bois. Je vous recommande la sagesse, la retenue dans vos paroles, dans vos expressions ; voilà votre lettre que je vous renvoie, elle montre le mauvais état de votre cervelle : si vos parens la voyaient, ils vous feraient interdire; il en faut beaucoup moins pour vous faire mettre à Charenton.

» Je vous salue, très-excellent Berbiguier de Terre-Neuve du Thym. »

Cette lettre me parvint sans signature ni adresse; ne voulant pas répondre à ces mauvaises plaisanteries, je me plaignis par lettre à Monsieur votre fils aîné, et je lui communiquai en même temps les motifs qui m'avaient obligé à vous écrire. Celui-ci ne répondit pas à ma lettre ; mais il s'introduisit chez moi le même jour, 28 septembre, vers les neuf heures quarante minutes du soir, voulant me prouver, comme il l'a fait les 20 et 23 février 1819, en se rendant invisiblement chez moi, qu'il est initié, ainsi que son frère et son cousin, dans la société magique.

M. Prieur l'aîné, chez lequel je me suis rendu le 21 février dernier, pour me plaindre des maux et des poursuites continuelles que me fait éprouver Monsieur son frère Etienne, me promit d'employer tous ses moyens pour me tirer de ses mains ; cela ne l'empêcha pas, le même jour 21 février et le 23 dudit mois, de s'introduire chez moi invisiblement, en s'annonçant par un tapage infernal , capable d'effrayer l'homme le plus courageux ; il me fit sentir l'influence d'une planète, en faisant souffler sur moi le vent le plus horrible, et faisant tomber une pluie à torrent , qui brisa plusieurs vitres d'une des fenêtres de la maison. D'après cela , je jugeai que je venais de changer de maître, et que j'étais à la merci de plusieurs monstres , qui se disputaient le barbare plaisir de me tyranniser, et qui voulaient parvenir à se rendre maîtres de moi. Le 28 septembre M. Etienne me visita le soir , faisant à-peu-près le même tapage ; je ne craignis pas alors de le nommer ; ce qui le déconcerta, ne croyant pas que je susse distinguer son travail ; il se détermina alors à se retirer et à me donner un peu de repos.

Le lendemain matin , je m'aperçus que le poil de mon malheureux écureuil avait été rasé sur son dos. Non content de cela, vers la fin de l'année 1817, dans une de ses excursions secrètes il coupa , à l'aide d'une ficelle , la belle queue de ce pauvre animal , auquel il savait que je suis très-attaché, l'ayant élevé moi-même; et sur le reproche que je lui en fis , il me répondit qu'il n'en avait agi ainsi que parce que ce bel ornement le rendait trop beau.

Voilà comment ces Messieurs parviennent à s'amuser : ils trouvent également du plaisir à arrêter ma montre en or et à répétition, de manière que je ne puis plus la faire aller malgré les fréquentes réparations que je lui fais faire par l'horloger.

Ma tabatière en écaille , recouverte en lames d'or , est entièrement dégradée par leurs attouchemens magiques.

Mes épingles et autres objets sont changés de place par les farfadets, pour, en me les faisant chercher, mettre obstacle à mes opérations.

Je trouve souvent des choses sales dans ma boisson et dans mes alimens.

Enfin, ces misérables sont sans cesse auprès de moi; à l'Eglise, pour me détourner dans mes prières; à la promenade, pour m'inquiéter. M. Papon Lomini, accompagné de M. Arloin, tous deux locataires de l'hôtel Mazarin, où je suis logé, ne cessent de me faire des visites diaboliques.

Un jour qu'ils avaient l'air très-riant, je leur dis : Vous avez vraiment de quoi rire; en me promenant hier au soir au Palais - Royal, à l'une des galeries de Bois, on me prit ma tabatière: heureusement que ce n'était pas ma tabatière d'or; je sentis bien le mouvement, mais je ne vis personne à mes côtés. Ces Messieurs ne cessaient pas de rire, et me dirent cependant que ma tabatière me serait rendue.

Vous voyez, Monsieur, combien c'est abuser de ma patience, et quelle est ma pénible situation.

J'espère que vous voudrez bien la prendre en considération auprès de Messieurs vos fils, afin qu'ils aient à me rendre le repos que je réclame d'eux depuis si longtemps.

J'ai l'honneur d'être, etc.   B.........

J'espère, Monsieur, de votre complaisance une réponse à ma lettre.

———————

Mon impatience aux maux que je souffrais ne me permit pas d'attendre bien longtemps sa réponse ;

je lui adressai en conséquence la lettre suivante , en date du 11 octobre 1818.

Au même.

Monsieur ,

Je ne sais pourquoi vous gardez le silence sur deux lettres que je vous ai adressées contre Messieurs vos fils : , je sais que vous avez fait passer ma première à M. Etienne , et je ne dois pas douter que vous n'ayez reçu ma seconde, en date du 5 octobre courant ; quelles peuvent être les raisons qui vous engagent à ce silence ? vous ne devez sans doute pas approuver la conduite de vos jeunes gens à mon égard ?

Ces Messieurs , ainsi que M. Papon Lomini , me montrent beaucoup d'ingratitude , ils ne doivent pas ignorer tout l'intérêt que je prenais à eux , et principalement à M. Etienne , lorsqu'ils étaient à l'hôtel Mazarin. J'ai rendu à ce dernier des services dont il devrait au moins se rappeler, et c'est de lui dont j'ai le plus à me plaindre. Pourquoi s'introduisent-ils invisiblement dans ma chambre, pour diriger sur moi une planète qui fait venir le vent , la pluie , la grêle ou la neige ? Ils font un vacarme épouvantable, déplacent tout ce qui se trouve dans ma chambre , et viennent ensuite se mettre à côté de moi dans mon lit, me heurtent, me poussent , me frappent la tête , et maltraitent mon pauvre écureuil, au point de l'irriter contre moi et de me forcer par-là à le maltraiter moi-même, pour me faire passer pour un méchant, un fou , comme ils ont l'insolence de le dire, et comme je vous l'ai déjà avoué dans ma dernière.

Je vous déclare que je ne suis ni fou ni méchant. Ils voudraient sans doute me le faire devenir ; mais la confiance que j'ai en Dieu, et les prières que je lui adresse, me garantiront de tous ces malheurs, et mes ennemis seront un jour confondus.

Rappelez-vous, Monsieur, de la maladie que M. Baptiste, l'un de vos fils, fit en l'an 1817, ce qui le détermina à aller près de vous, et ce à quoi je l'avais très-fortement engagé ; à cette époque votre fils, M. Etienne, venait me voir tous les jours. Un soir que ce jeune homme pleurait sur sa position, je l'engageai à se soumettre à vos volontés ; mais il repoussait là-dessus tous mes conseils, en me disant qu'il préférait se noyer plutôt que d'obéir à vos ordres. Enfin, se voyant sans ressource, il se rendit à mes remontrances et vous écrivit pour vous témoigner son repentir. Voyez, Monsieur, quelle est son ingratitude ! dans ce moment même il est à mes côtés pour me tourmenter.

Veuillez donc, Monsieur, employer toute l'autorité d'un père pour l'obliger à me laisser en repos, et je vous prie de vouloir bien aussi répondre à mes lettres.

J'ai l'honneur de vous saluer avec, etc.   B.........

A M. Chaix.

Paris, 22 avril 1818.

Mon cher ami Chaix,

Je m'aperçois avec inquiétude que mon Coco éprouve des agitations continuelles, et que j'en éprouve

23*

moi-même des désagrémens, ainsi que vous me l'aviez prédit, lorsque vous me parliez de MM. Pinel et Moreau, avec qui sans doute vous devez souvent vous entretenir de moi. Je viens vous prier de vous intéresser à mon sort auprès de ces deux Messieurs, qui pourraient alors se voir et obtenir de leur société de me laisser tranquille, étant incapable moi-même de jamais leur faire du mal.

J'espère tout de votre amitié, et je désire que la présente vous trouve en bonne santé.

Vous voudrez bien remettre à mon cousin Comaille votre réponse, pour qu'elle ne soit pas enlevée dans la boîte aux lettres.

Je suis, avec amitié, votre dévoué,   B.........

Au même.

12 mai 1818.

Mon cher ami,

Je vous adresse cette lettre plutôt que d'aller vous voir; je sais que vous êtes sur le point de votre départ, et je crains de ne pas vous trouver chez vous, pour vous prier d'aller chez MM. Pinel et Moreau, dans les motifs que je vous ai expliqués par ma dernière lettre en date du 22 avril dernier.

Depuis notre dernière conversation sur les farfadets, je suis plus tourmenté que jamais, mon Coco est plus agile que de coutume, en sorte que je suis obligé de le renfermer dans sa cage. Vous voudrez bien aussi me dire pourquoi Messieurs les magiciens d'Avignon se refusent à me rendre la liberté, quand même ceux de Paris y consentiraient. Répondez - moi , je vous prie , afin que je sache à quoi m'en tenir.

Je vous salue ,   B.........

Au même.

18 mai 1818.

Monsieur et cher ami ,

Vous devez avoir reçu deux lettres de moi , l'une en date du 22 avril dernier, et l'autre du 12 du présent mois. Je viens encore vous réitérer ma prière de vouloir bien m'instruire de ce que vous avez appris concernant la société d'Avignon , et relativement à MM. Pinel et Moreau qui font leur résidence à Paris.

Vous voudrez bien me dire aussi si le nombre de la société farfadéenne augmente, c'est-à-dire s'il est quelques-uns de ces misérables que je ne connaisse pas ; et dans le cas que vous ne soyez pas à portée de voir les deux personnes que je viens de vous nommer, je vous prie de leur écrire, pour qu'elles veuillent bien en finir avec moi.

Vous savez , Monsieur, que je souffre depuis vingt-trois ans, et que mes souffrances aujourd'hui sont sans interruption ; faites-moi donc l'amitié de me répondre , afin que je sache à quoi m'en tenir.

Madame R***, que j'eus le plaisir de saluer et de consulter relativement à ma triste situation et aux maux que j'éprouve, pense comme moi ; elle est surprise de ce que vous ne me répondez pas, elle vous invite à m'écrire, et elle me charge de vous en prier expressément.

Dans la crainte de ne pas vous voir, je vous fais

cette lettre. Mes intentions, en vous écrivant, sont toujours d'obtenir ce que j'espère de vous, quelques adoucissemens à mes maux; enfin, l'assurance de recouvrer ma liberté et ma tranquillité.

Votre serviteur et ami, B........,

Ce Monsieur n'ayant répondu à aucune de mes lettres, je voulus bien l'excuser en raison de ses occupations, et je fus lui faire mes adieux, lors de son départ; cependant, je fus encore forcé de lui écrire à Carpentras pour lui rappeler ses promesses.

A M. Chaix, à Carpentras,

17 juin 1818.

Monsieur,

J'eus le plaisir de vous embrasser la veille de votre départ, et j'ai appris avec peine les obstacles qui vous survinrent, et qui vous obligèrent à rétrograder; je désire à présent que vous jouissiez à Carpentras d'une bonne santé.

Veuillez bien vous rappeler de la visite que vous me fîtes ici, où il fut question de MM. Pinel et Moreau, vos grands amis, et de l'ouvrage que je faisais contre eux, comme contre les farfadets d'Avignon que vous connaissez; cela m'intéresse beaucoup.

Rappelez-vous aussi des menaces que vous me fîtes de la part du physicien et de celle du docteur médecin de la Salpétrière de cette ville, que, si je m'obstinais à continuer les Mémoires que vous me vîtes commencer, je m'exposerais à être tué ou empoisonné; que le soir de ce même jour, me trouvant

chez madame R***, où vous m'attendiez, vous réité-
râtes les menaces que vous m'aviez faites le matin.
Les réponses que je vous fis furent comme celles que
je vous avais déjà faites, que je ne craignais pas la
mort. Le lendemain vous vîntes encore chez la même
dame, vous fîtes tomber la conversation sur le même
sujet, toujours en présence du Monsieur Belge, qui ne
cessa de louer ma conduite, en approuvant également
tout ce que je faisais contre des hommes qui me
tourmentaient depuis vingt ans; et madame R*** était
en tout cela de son avis.

Vous changeâtes alors de langage, en me disant
que vos amis de Paris me priaient, de votre part, de
ne rien écrire contre eux; que leur intention était de
me donner la tranquillité, mais qu'ils ne pouvaient
rien faire sans le consentement de ceux d'Avignon,
et qu'on leur écrirait à cet effet; vous ne doutiez
même pas qu'ils ne répondissent aux bonnes intentions de ceux d'ici, et rien de tout cela ne s'est
réalisé.

Ainsi, toujours persécuté, malgré vos promesses,
je crus devoir encore vous adresser trois lettres: la
première, en date du 22 avril; la seconde, du
12 mai; et la troisième, du 18 du même mois de
la présente année 1818. Vous n'ignoriez cependant
pas toutes les indignités que me faisaient éprouver
tous ceux que vous prétendiez vouloir me rendre à
la liberté, et vous ne daignâtes pas me répondre.

Je n'ai fait, en vous écrivant, qu'exécuter la promesse que je vous fis la veille de votre départ, de

vous écrire à Carpentras, si l'on continuait à me tourmenter; je ne fais donc que tenir ma parole.

Vous me promîtes, en m'embrassant, que je ne souffrirais pas longtemps, et que je jouirais bientôt de ma liberté et de ma tranquillité; cependant je suis encore tourmenté jour et nuit; j'ai remarqué néanmoins que mes souffrances étaient moins fortes depuis votre départ.

Maintenant que vous n'êtes qu'à quatre lieues d'Avignon, veuillez bien, je vous prie, m'écrire pour savoir si les correspondans de MM. Pinel et Moreau consentent à me rendre le repos. Que cela soit ou non, je répugnerai toujours à être sous une domination infernale. Il est temps que tout cela finisse, les douceurs en apparence dont je crois jouir à présent, ne peuvent me contenter, il faut que je sois tranquille tout-à-fait; je ne me laisserai point endormir pour cela, je ne cesserai pas de continuer mon Mémoire contre les farfadets, parce que je sais que ce ne serait qu'avec plus de fureur encore que je serais ensuite attaqué.

J'espère donc, Monsieur, que vous voudrez bien m'être utile, comme vous me l'avez si souvent promis. Vous vous êtes plaint, m'a-t-on dit, de mon ingratitude, en disant que vous m'aviez donné cinquante dîners et presqu'autant de déjeûners, que je ne vous avais jamais rendus. Vous vous trompez, vous ne m'avez vu que deux fois à votre table; en différentes occasions, il est vrai que j'ai pris chez vous quelques verres de liqueur ou d'eau-de-vie, que j'acceptai, parce que je les croyais offerts de bon cœur ; mais cela ne doit pas être compté pour des repas, car vous auriez alors quelques raisons de vous plaindre de moi.

Je vous salue.   B.........

A M. Chaix, propriétaire à Carpentras.

25 juillet 1818.

Monsieur et ami,

J'ai eu l'honneur de vous écrire le 17 du mois dernier. J'espère toujours que mes lettres vous trouveront en bonne santé et dans la disposition surtout de me rendre service auprès de vos confrères d'Avignon, et pour savoir encore si MM. Pinel et Moreau, vos amis et non les miens, veulent enfin consentir à ce qu'on me rende à la liberté. Ceux d'ici, m'avez-vous dit, ne demandent pas mieux ; vous me l'avez avoué vous-même, non par écrit, mais verbalement, avant votre départ, et vous gardez à présent un profond silence sur toutes mes lettres ; cependant je souffre toujours en attendant l'effet de vos promesses.

Vous n'avez pas non plus répondu à ma dernière, que je vous ai adressée à Carpentras. Je crois devoir encore vous écrire celle-ci : en vous importunant ainsi, je parviendrai peut-être à obtenir de vous quelques résultats plus heureux que ceux que j'ai vainement attendus jusqu'à ce jour ; j'attribue cette négligence de votre part aux occupations que vous donne l'ameublement de votre nouvelle maison, et je suppose à présent que vous devez avoir le repos et le temps nécessaires pour vous intéresser à ma demande; croyez qu'il en serait réellement bien temps.

Je suis toujours , en attendant votre réponse ,

Votre dévoué ,   B.........

Mes respects à Madame votre sœur, ainsi qu'à Monsieur votre beau-frère.

———

Je n'ai jamais pu comprendre comment un compatriote, qui se disait mon ami , pouvait se distinguer par une indifférence aussi marquante; un homme, que je considérais comme un bon enfant , à qui je n'ai jamais témoigné que la plus étroite cordialité, un compatriote enfin , pouvait me tromper, me trahir et m'abandonner à la méchanceté de mes ennemis, prendre leur défense , me faire espérer de s'intéresser auprès d'eux pour leur faire cesser leurs persécutions et m'abuser ainsi , tandis que lui, de son côté , m'accusait d'ingratitude et de vilainie, en me reprochant, contre la vérité , plus de cinquante repas que j'ai , dit-il, pris chez lui sans lui en rendre un seul. Il m'a été bien sensible de me voir ainsi trompé par celui de qui je croyais me défier le moins. Cette conduite de la part d'un Carpentracien m'a tellement indigné contre lui, que je ne le regarde plus aujourd'hui que comme le plus cruel de mes ennemis , et que je ne cesserai de le traiter comme tel.

Quand on est tourmenté comme je le suis, on cherche tous les remèdes possibles pour se soulager, on se donne beaucoup de peine , la tête se monte contre ceux qu'on croit être les auteurs de ses maux, et c'est là une des principales causes de mes souffrances : j'ai fait tout ce que j'ai cru être dans le cas de me faire sortir de ce cruel état ; je n'ai pu souffrir assez patiemment ; j'attaque toutes les personnes qui , sous l'apparence de l'amitié , m'ont cruellement trompé ; M. Prieur voulait classer de ce nombre la personne à qui j'adressai la lettre suivante, pour savoir ce qu'était devenu ce jeune homme.

A M. l'abbé Bascou.

18 mai 1818.

Monsieur l'abbé ,

Je prends la liberté de vous écrire pour me rappeler à votre souvenir. Nous avons été liés d'amitié, parce que M. Étienne était votre ami , et je crus alors vous mettre au nombre des miens. Vous aviez promis de venir me voir , vous ne m'avez cependant pas procuré ce plaisir. Vous savez comme j'en ai agi auprès de ce jeune homme ; eh bien , je n'ai plus reçu de ses nouvelles, et je suis toujours tourmenté ; tout le monde m'a abandonné : M. Baptiste Prieur ne loge plus à l'hôtel, non plus que son cousin M. Lomini , en sorte que je ne vois plus personne à qui je puisse adresser mes plaintes contre M. Étienne , leur parent. Si par hasard vous saviez , Monsieur, où il se trouve , je vous prie , au nom de notre ancienne amitié et de la religion, de vouloir bien le voir, et d'obtenir de lui qu'il cesse de me tourmenter et qu'il me rende à la liberté.

J'ose espérer , Monsieur, que vous voudrez bien prendre en considération ma demande, et me répondre aussitôt que vous le pourrez.

J'ai l'honneur de vous saluer et d'être,

Votre serviteur,   B.........

364

Cette lettre est restée sans réponse, et je ne crus pas devoir en écrire une autre à M. l'abbé.

Lettre écrite à M. Baptiste Prieur, étudiant en Médecine, rue Mazarine, à Paris.

1er octobre 1818.

Monsieur,

J'ai eu depuis peu le plaisir de vous voir, pour vous prier de me donner l'adresse de M. Etienne Prieur, votre frère; ne la connaissant pas vous même, vous me promîtes de vous la procurer et de me l'envoyer ensuite dans une lettre, en ayant soin préalablement de voir Monsieur votre frère aîné, avec lequel vous ouliez, disiez-vous, vous consulter à ce sujet. Nous voilà au 27 du courant sans avoir reçu de vos nouvelles, je viens donc vous rappeler, Monsieur, les promesses que vous me fîtes dans notre entrevue.

Le silence de M. Etienne me surprend aussi: il m'écrivit du séminaire d'Amiens, le 7 juillet dernier; il me mandait qu'il serait ici à la fin de ce mois, pour venir expressément me débarrasser des importunités des physiciens qui composent la société infernale.

Pourquoi ce retard? Pourquoi manque-t-il à sa parole et ne vient-il pas me voir? Il veut donc que je sois tourmenté sans cesse et la nuit et le jour? il n'ignore pas que je n'ai pas un instant de repos, il ne veut donc pas me rendre la liberté?

Cela est bien malheureux pour moi. Qu'ai-je gagné à connaître Monsieur votre frère? Loin d'apporter quelque adoucissement à mes maux, il ne fait que les aggraver.

Vous m'avez dit, Monsieur, que ce jeune homme m'avait cédé à M. Papon Lomini, votre cousin, et à d'autres qui vivaient avec lui; vous êtes convenu vous-même que c'était une injustice; voyez s'il est possible que l'on puisse être aussi malheureux que moi! Je vous le demande, Monsieur, et j'attends là-dessus votre réponse.

Je vous salue très-humblement,   B.........

Au même.

3 septembre 1818.

Monsieur,

Je vous ai adressé, le 27 août dernier, une lettre, pour vous rappeler la promesse que vous me fîtes le 24 du même mois, relativement à Monsieur votre frère Etienne; cependant vous avez manqué à votre parole d'un côté, et vous gardez un profond silence de l'autre. Il me semble que vous ne devriez pas ignorer, sur-tout, que toute lettre mérite réponse. M. Etienne, que j'ai si souvent prié de me rendre à la liberté, et qui, sous différens prétextes, a toujours éludé sa promesse, me tient sans cesse sous sa domination, et c'est vainement que j'ai sollicité auprès de vous, et auprès de votre cousin Papon Lomini. Mais promettre et tenir sont choses différentes avec vous autres Messieurs. La conduite que vous tenez à mon égard m'autorise à vous faire ces reproches, elle est contraire aux principes de l'éducation que vous avez reçue, à ceux de l'humanité et aux lois sociales.

Votre frère aîné, à qui je me suis également adressé, ne daigne pas non plus me répondre ; il est donc bien avéré que vous vous entendez tous pour me persécuter. Dans une visite que me fit M. Papon Lomini, j'appris de lui que Monsieur votre frère Etienne, avant d'entrer au séminaire, lui avait laissé en partie ses droits sur moi ; que vous étiez vous-même initié dans ses droits et dans une partie de ses secrets ; l'intérêt que vous avez paru prendre à ce qui me regarde n'a donc été que perfidie et fausseté, je ne dois plus garder de ménagemens avec vous. Il n'est pas douteux que vous ne fassiez vous-même partie de la société magique : vous êtes trop bien instruit des pouvoirs qu'y exercent M. Moreau, M. Pinel et la femme Vandeval ; les deux premiers représentent Pluton et Lucifer, et cette dernière, Proserpine. C'est sans doute le grand maître des sabbats, Léonard, qui vous empêche tous de répondre à mes lettres.

Belphégor, ambassadeur en France, représentant de Belzébuth, chef suprême de l'empire infernal, fondateur de l'ordre de la Mouche, auquel M. Etienne s'était adressé pour réclamer de ce ministre du démon ma liberté, ce Belphégor n'a pas cru devoir accéder à cette demande, ou bien elle n'a jamais été faite. Quoi qu'il en ait dit, ce jeune homme n'a donc jamais fait qu'abuser de ma confiance par des promesses mensongères, sa conduite n'a eu d'autre but que d'obtenir de ses chefs un grade plus élevé.

Je n'entends plus parler de lui, il ne veut ni me

voir ni m'écrire : il n'a donc pas besoin de mes prières à Saint-Roch , puisqu'il est toujours au pouvoir de Satan.

Malgré tous mes maux , et tous ceux qui peuvent m'atteindre encore , je n'abandonnerai jamais Dieu ; ce n'est que de lui que j'attends un adoucissement à mes peines, car je n'espère rien de ceux qui se sont donnés au diable.

Soyez assuré que je ne vous importunerai plus par mes lettres ; mais j'entreprendrai ce que je n'avais pas encore intention de faire.

Je suis votre serviteur,   B.........

Les farfadets se sont fait un jeu de mes souffrances , leur méchanceté était encore pour moi plus cruelle que les maux qu'ils m'ont fait endurer, et je trouvais une espèce de soulagement en écrivant à tous ceux que je croyais être parens ou amis de mes persécuteurs.

Lettre à M. Prieur aîné.

6 février 1818.

Monsieur ,

Surpris du peu de cas que vous faites de mes lettres , je prends la liberté de vous écrire une troisième fois, toujours dans l'espérance que vous voudrez bien prendre la peine de me répondre. N'allez pas m'abuser encore au point de vouloir me faire entendre que tous les maux que j'éprouve n'existent que dans mon imagination ; que Monsieur votre frère est incapable de me faire le moindre mal ; qu'il est , au surplus , éloigné de moi de plus de quatre-vingts lieues, et que je vous impatiente avec mes contes.

Croyez-vous, Monsieur, que j'aie perdu totalement la tête? votre frère est ici; et s'il n'y est pas (comme je vous le dis dans ma dernière), il a chargé quelqu'un de me tourmenter à sa place. Votre obstination à ne pas me répondre me fait croire que vous êtes d'intelligence avec lui; ce que je n'avais pas voulu croire jusqu'à présent.

M. Papon Lomini, votre cousin, et M. Arloin, son parent et son ami, sont venus me voir, la conversation n'a roulé que sur la méchanceté de Monsieur votre frère, contre lequel ils ont été eux-mêmes indignés, sachant les services que je lui avais rendus. Ils me promirent de voir à ce sujet M. Baptiste, votre frère, pour engager M. Etienne de cesser toute persécution à mon égard, ou qu'ils y mettraient bon ordre.

Je vous donnerai, dans une autre lettre, les détails de tous les maux que votre frère me fait souffrir depuis le mois d'octobre.

Comment ne serais-je pas indigné de sa conduite? Il avait promis de me tirer des mains de M. Pinel; il avait été témoin lui-même de toutes ses cruautés et de celles de sa compagnie infernale, au point qu'il promit de me retirer de son pouvoir pour me faire passer dans le sien, en me disant qu'une fois que j'y serais, il me rendrait à la liberté.

J'ai l'honneur d'être, Monsieur,

Votre serviteur, B.........

Au même.

Paris, 3 mars 1818.

Monsieur,

J'ai eu l'honneur de me présenter chez vous, le 21 février, pour vous parler de Monsieur votre frère Etienne Prieur; vous me promîtes que vous le verriez une heure après, pour l'engager à cesser ses persécutions envers moi. Il paraît, Monsieur, que vous ne l'avez pas encore semoncé à ce sujet, puisque je ne cesse d'être tourmenté jour et nuit de ses visites et de celles de sa compagnie.

Je vois souvent Monsieur votre cousin, il est venu hier encore pour savoir si votre frère continuait à m'inquiéter.

Je désirerais que Monsieur votre frère Baptiste en fût également instruit. Ayant été plusieurs fois chez lui, et ne l'ayant pas trouvé, je lui écrivis une lettre, que je remis à son portier le 28 du mois dernier. Nous nous vîmes le lendemain, nous parlâmes beaucoup de votre frère Etienne, relativement aux maux qu'il me fait souffrir; il en parut très-affecté: voyant sur-tout que mon persécuteur manquait continuellement à la promesse qu'il me faisait de mettre fin à mes peines, il promit de le voir, pour obtenir enfin de lui la cessation de mes persécutions.

M. Etienne, dans ses visites, ne m'a pas laissé ignorer quelles sont les personnes, tant hommes que femmes, qui sont les plus acharnées à me poursuivre. Ces personnes exercent auprès de moi les mêmes

III.   24

travaux, tant physiques que magiques, que ceux que M. Etienne exerce sur moi.

Pour vous prouver combien tous ces Messieurs magiciens sont acharnés à ma poursuite, je vais ici vous citer un fait.

Le 24 du mois de février, je me trouvais au Palais Royal, je me promenais aux galeries de Bois, ayant ma boîte dans la petite poche de mon gilet, mon habit boutonné, et ma redingote qui me couvrait en entier ; ma boîte me fut enlevée dans un moment où je n'avais personne autour de moi ; elle ne put l'être que par magie, ainsi qu'on m'a souvent, par ce moyen, enlevé de l'argent et mes bijoux. Vous voyez combien il serait fâcheux que Monsieur votre frère introduisît chez moi des personnes invisibles qui vinssent me voler, et ce qui serait encore plus désagréable, qui missent dans mes alimens des drogues très-malfaisantes.

Vous avez vu, le 21 du mois dernier, mon écureuil, qui avait le bout de la queue coupée dans sa cage. Eh, bien ! M. Etienne n'a pas craint de s'avouer lui-même l'auteur de cette méchanceté. Il me dit plus encore, il prétendit être maître de ma personne, et qu'il en avait le pouvoir par procuration. J'ignore enfin ce qu'il veut faire de moi, et quelle est la planète sous laquelle il désire me placer.

Vous êtes, Monsieur, le frère de celui qui abuse ainsi de ma bonne foi. Après avoir été aussi honnête envers lui, je ne devais pas m'attendre de sa part à un pareil traitement. Je ne doute pas, Monsieur, que vous ne soyez sensible à tout ce que cet inconsidéré me fait souffrir.

Je vous prie donc de vous réunir en famille pour obtenir de Monsieur votre frère une fin à mes maux, pour me rendre entièrement à moi-même.

Je ne doute pas que vous n'ayez reçu ma lettre du 23 février, l'ayant mise moi-même à la poste et l'ayant affranchie.

Faites-moi l'amitié de me répondre, et vous obligerez celui qui a l'honneur d'être,

Votre serviteur,   B.........

M. Prieur aîné fit verbalement la réponse suivante :

« M. Berbiguier a tort de se persuader que mon frère le tourmente ; il n'est plus à Paris depuis six mois, il en est à plus de quatre-vingts lieues. »

Telle fut la réponse de ce Monsieur à ma lettre du 3 mars. Je crus devoir lui écrire encore la lettre suivante :

Au même.

5 mars 1818.

Monsieur,

Je m'attendais à recevoir de vous une réponse par écrit à mes deux lettres précédentes; vous auriez dû au moins m'en accuser la réception.

D'après votre réponse verbale faite au porteur de ma lettre, je ne puis croire à l'absence de votre frère, que vous dites être parti depuis six mois. Je dois me persuader le contraire, puisque le 21 février vous me promîtes de le voir dans une heure, et vous vous flattâtes d'obtenir de lui la fin de mes persécutions.

24*

Monsieur votre frère Baptiste, que je vis le 1ᵉʳ mars, me promit de lui en parler aussi, pour qu'il cessât envers moi toutes ses menées. M. Papon Lomini m'a fait, à plusieurs reprises, les mêmes promesses ; accordez-vous donc entre vous autres, Messieurs. C'est parce que vous ne l'avez pas fait, que je suis persuadé que votre frère n'est pas, comme vous me l'avez fait dire, parti depuis six mois ; et ce qui me le prouve mieux encore, c'est que je suis continuellement tourmenté jour et nuit, et que je l'ai rencontré dans Paris, il n'y a que quelques jours. En supposant que votre frère fût réellement parti de Paris, n'est-il pas possible qu'il ait chargé un autre magicien de ses pouvoirs pour venir me tourmenter ? J'ignore quel est celui qui en serait alors chargé ; ce que je sais parfaitement, c'est qu'il s'acquitte très-bien de sa mission, car il ne me laisse pas un moment de repos. Je vais vous en donner une preuve bien récente.

Hier, 4 du mois, étant à écrire, je ne sais quel magicien m'enleva la boucle de ma jarretière ; ce qui m'obligea d'en acheter une autre paire, ainsi qu'une tabatière pour remplacer celle qui me fut enlevée par magie, comme je vous l'ai dit dans ma dernière. Tout cela, comme bien d'autres choses, me prouve que mes soupçons ne sont pas mal fondés.

Dans votre réponse, si vous jugez à propos de m'en faire une, veuillez bien me faire savoir en quel pays se trouve Monsieur votre frère.

Je suis avec considération, etc.   B.........

Au même.

7 mars 1818.

Monsieur ,

Voici la cinquième lettre que je me fais l'honneur
de vous écrire, dans l'espérance d'une réponse de votre
part, ou bien , ce qui me serait plus agréable encore,
dans celle d'avoir le plaisir de vous voir. Trompé jusqu'à présent dans mon attente , je ne dois attribuer
le tout qu'à un mépris que vous faites de ma personne,
ou bien vous êtes de complicité avec Monsieur votre
frère, comme peut-être avec le médecin de la Salpétrière, dont je vous ai parlé dans ma dernière. Monsieur
votre frère , dites-vous , n'est pas capable de me faire
le moindre mal, puisqu'il est éloigné d'ici de plus de
quatre-vingts lieues. Vous ajoutez que M. Pinel père
est un trop galant homme, pour me faire également
chose semblable. Si, comme vous le dites , ces Messieurs ne sont pas capables de me tourmenter , je
dois donc être un fou dans votre idée; mais je vous
ferai voir le contraire dans la première que je vous
écrirai encore , si vous gardez le silence sur celle-ci,
comme vous l'avez déjà fait sur mes précédentes.

Vous verrez que je connais parfaitement le nom de
dix personnes de leur compagnie , qui sont de mon
pays, et qu'il faut avoir une bonne tête pour me rappeler de tout ce que je me propose alors de vous détailler.

Ce matin, j'avais besoin d'une pièce que j'avais
sous la main; j'ai voulu m'en servir , elle m'a été
enlevée. A ce trait j'ai reconnu les manœuvres de

Monsieur votre frère, qui me promit de mettre obstacle à tout ce que je voudrais entreprendre dans toutes les occasions. Je n'avance donc rien de trop, lorsque je vous dis qu'il s'en est lui-même vanté, en me racontant tous les travaux de chacun des magiciens tant de Paris que de mon pays, et ils me le racontait d'une manière si plaisante, que je m'en amusais moi-même; je dois donc croire à tout ce qu'il m'a dit là-dessus.

J'ai l'honneur d'être, etc.   B.........

Au même.

8 mars 1818.

Monsieur,

Le jour que je vous écrivis ma dernière lettre, j'appris du portier, qui vint faire mon appartement, que vous vous étiez donné la peine de venir me voir; je fus très-mortifié de ne m'être pas trouvé chez moi, ne doutant pas que votre visite devait avoir un motif important; mais pourquoi ne pas me l'annoncer par écrit, je ne vois rien qui ait pu vous en empêcher.

Vous dites au portier, en réponse à mes précédentes, que M. Pinel père était trop galant homme, ainsi que Monsieur votre frère, pour me faire le moindre mal; je ne doute pas que dans la société l'un et l'autre ne soient très-honnêtes, très-polis; mais cela n'empêche pas leurs opérations contre moi, et je vais vous en convaincre.

Lorsque j'étais tourmenté cruellement par la magicienne madame Vandeval, je ne vis dans mes souffrances d'autres ressources que de me jeter dans

les bras du Seigneur et de faire connaître à ses ministres les maux qui m'accablaient. Les prêtres à qui je
m'adressai, me plaignirent beaucoup, et me conseillè-
rent d'aller trouver M. le grand pénitencier de Notre-
Dame, en me disant que la chose était de sa compé-
tence. Ils furent sensibles à mes tourmens, et ils ne
pouvaient se persuader que des misérables pécheurs
pussent se plaire ainsi à faire le mal, sans redouter
la justice-éternelle. Alléguèrent-ils alors, pour se justifier devant l'Être suprême, que mes maux n'étaient
que l'effet d'un esprit aliéné, d'une imagination ex-
travagante, qui me faisait croire à des choses impossibles? Non : à leur invitation, je fus trouver M. Pinel,
dont j'ai déjà parlé, qui, après m'avoir bien examiné,
me trouvant libre dans mes idées et mes raisonnemens, mais sensiblement affecté, se convainquit que
j'étais cruellement tourmenté par des sorciers.

Vous voyez, Monsieur, que M. Pinel, dont la réputation est connue dans l'art de guérir les maladies,
n'est pas un homme à être traité de visionnaire : je ne
dois donc pas l'être moi-même, ou bien il faut en
conclure que, si je suis un fou, M. Pinel doit l'être
aussi; mais il me pria de me tranquilliser, et qu'il
verrait le soir même à chasser madame Vandeval
et sa société.

Cette même nuit, je m'aperçus, étant au lit, d'un
travail tout différent; je ne doutai pas qu'il ne fût
de M. Pinel, il ne ressemblait à aucun de ceux des
autres sorciers. Je vis le lendemain une espèce de
paysage sur la glace de ma cheminée; je cherchai
en vain à le faire disparaître : plusieurs personnes, entre

autres, Messieurs vos frères et M. Papon Lonrini, en ont eu connaissance. Mais revenons à M. Pinel, qui, avec la Vandeval et leurs sociétaires, s'entendaient pour n'agir que de concert et pour me tourmenter; j'ai donc lieu de me plaindre de Monsieur votre frère Etienne, comme de M. Pinel et de tous les autres.

Jugez, Monsieur, quelle doit être ma situation.

Je vous salue,   B.........

Au même.

28 septembre 1818.

Monsieur,

Je crois devoir vous rappeler ici la visite que j'eus le plaisir de vous faire le 21 février dernier; avant de vous quitter, vous me promîtes de voir M. Etienne une heure après, pour l'engager à ne plus me tourmenter. Si cela a été, je vois bien que tout ce que vous avez pu faire a été infructueux, puisque ce jeune homme ne cesse de m'importuner; je vous ai là-dessus adressé plusieurs lettres auxquelles vous n'avez pas daigné répondre; ce qui n'a pas laissé que de me bien mortifier.

Enfin, Monsieur votre frère partit pour le grand séminaire d'Amiens; je crus devoir profiter de cette circonstance, qui me parut propre à le faire rentrer en lui-même, pour l'exhorter au bien; je lui parlai de religion, des principes de la morale, de manière à lui prouver que je n'avais pas l'esprit aliéné, comme il a voulu le faire entendre à tout le monde.

Il répondit à mes sages leçons d'une manière trèshonnête; il m'annonça, dans sa dernière, en date du 7 juillet dernier, son retour prochain à Paris, et qu'il se ferait un plaisir de m'apprendre aussitôt son arrivée.

M. Baptiste, votre frère, et votre cousin M. Lomini, que j'eus occasion de voir plusieurs fois, me dirent que M. Etienne, avant son départ, leur avait laissé plein pouvoir sur moi, et qu'ils me feraient leurs visites nocturnes; sur le mécontentement que je leur en témoignais, ils me quittèrent en riant, et tinrent leur parole, puisque je ne cesse d'être importuné nuit et jour.

Voici près de deux mois que Monsieur votre frère Etienne est ici, et je suis encore à avoir de ses nouvelles; indigné de cette conduite à mon égard, j'écrivis à Monsieur votre père, et je ne le ménageai pas. Je pense que ce digne homme a dû lui faire, en conséquence, des reproches, en lui renvoyant ma lettre.

Ce jeune homme m'invita bientôt après à me trouver, le 23 après-midi, au jardin du Luxembourg, et qu'il m'y attendrait. Je m'y rendis, mais il ne s'y trouva pas.

Le lendemain, je reçus de lui une lettre sous enveloppe, où était renfermée celle que j'avais adressée à Monsieur votre père; ce qui me parut assez déplacé.

Si ce jeune homme voulait se donner la peine de relire les lettres que je lui ai adressées à Amiens; pour peu qu'il voulût alors réfléchir sur les différentes morales que je croyais devoir lui faire dans les derniers mois de l'année 1817 et dans les premiers de la présente année, il me rendrait plus de justice et cesserait de me croire digne d'aller habiter Charenton,

Veuillez donc, Monsieur, prier Monsieur votre père de vouloir bien me répondre, et me marquer ce qu'il croira bon de me dire; alors j'agirai auprès de Monsieur votre père.

Je vous salue, Monsieur, et suis, etc. B.........

La personne à qui j'avais confié ma lettre pour la porter à M. Prieur aîné, l'avait remise à une des femmes de la maison.

Comme je lui demandais une réponse, il a préféré m'en faire une invisiblement; je le nommai aussitôt, et le tapage qu'il faisait alors n'a plus été si fort.

Ses deux autres frères, qui l'assistaient dans cette visite, avant de se retirer, coupèrent le poil du dos de mon Coco. M. Etienne, l'un d'eux, lui avait coupé la queue l'année auparavant.

A MM. Nicolas et Bouges, docteurs en Médecine, à Avignon.

Paris, 1er octobre 1818.

Messieurs,

Je fus présenté en 1809 à M. Guérin, médecin, pour le consulter sur les maux qui m'affectaient, et que j'attribuais à deux femmes, nommées, l'une Jeanneton Lavalette, et l'autre la Mançot. Je ne lui laissai pas ignorer les tourmens qu'elles m'avaient fait endurer pendant plusieurs années. Le docteur employa toutes les ressources de son art pour me rendre le repos, sans pouvoir y parvenir; il crut alors devoir vous consulter en qualité de confrères, et me proposa de prendre un appartement dans sa maison.

pour être plus à portée de faciliter vos opérations ; mais vous vous accordâtes ensemble pour avoir un endroit au Jardin des Plantes, où se trouvait un arbre exposé au nord, place convenable au but que vous vous proposiez ; d'accord là-dessus entre vous, vous m'invitâtes à vous aller chercher le lendemain matin, pour nous rendre au lieu choisi. M. Bouge vint nous y joindre, et vous magnétisâtes l'arbre ; cette opération finie, vous me laissâtes et me recommandâtes d'y rester plusieurs heures, et à y revenir tous les jours, jusqu'à nouvel ordre, vous proposant d'observer les effets qui pourraient s'opérer en moi.

Un après-dîner que j'étais sous l'arbre dans la position où vous m'aviez placé, des bêtes descendirent sur ma tête, et ne laissèrent pas que de m'effrayer ; je vous en parlai dans l'intention de ne plus y revenir ; mais M. Bouge vint chez moi, pour m'annoncer que vous aviez trouvé un autre jardin ; c'était, je crois, celui de M. Jouvier, rue de l'Hospice. Nous y fûmes en effet le lendemain, vous me fîtes prendre la même position qu'auparavant, après avoir fait les mêmes cérémonies. Là venait se promener une grande quantité de personnes de marque ; plusieurs d'entre elles s'intéressaient à mon sort, elles me demandèrent comment je me trouvais, et si je n'éprouvais pas quelque changement en bien dans mon état. Je leur répondis avec sensibilité et avec toute la reconnaissance dont j'étais capable, que je me trouvais assez bien, et que j'espérais que Dieu ferait le reste.

Pendant le temps que durèrent toutes ces opérations, plusieurs personnes me dirent qu'on me trompait,

et que toutes ces opérations n'étaient que des sortiléges
ou de la graine de niais pour m'attraper ; mais je ne
parus pas croire à ce qu'elles me disaient, me ré-
servant le droit d'en juger moi-même.

Quelque temps après, vous crûtes à propos de
mettre fin à ces opérations; je remerciai alors le propriétaire du jardin, qui me répondit très-honnê-
tement.

Que résulta-t-il de tout cela ? Rien du tout; je fus
toujours tourmenté pendant le séjour que je fis dans
votre ville; et M. Bouge, auquel je m'en plaignis, osa
me demander le paiement de ses visites et des peines
que vous aviez prises pour me rendre la tranquillité.
Je lui répondis néanmoins que toute peine méritait
salaire ; mais que comme ma position était toujours
la même, je ne croyais pas qu'il fût temps encore de
le payer.

Des affaires m'appelèrent à Carpentras, et je m'y
rendis, souffrant plus que jamais.

Obligé de venir à Paris et de passer par Avignon,
vous écrivîtes à M. Moreau, vous le mîtes au fait de
me poursuivre à votre place, et il ne s'en est que
trop bien acquitté.

Ce physicien m'envoya, quelque temps après, Monsieur Chaix, propriétaire à Carpentras, ci-devant
courrier de la malle sur la route de Lyon, pour me
dire de sa part, et de celle de M. Pinel, docteur en
médecine à la Salpétrière de Paris, qu'ils ne demandaient pas mieux que de me rendre à la liberté
que j'avais le droit de réclamer, mais que vous
n'étiez pas d'accord avec eux sur ce point, et qu'ils

attendaient vos ordres. Je priai M. Chaix de se charger de négocier cette affaire, lorsqu'il se serait rendu sur les lieux, et de vouloir bien m'en donner des nouvelles. Le temps étant au-delà expiré, et me voyant toujours poursuivi avec fureur, je rappelai à mon ami la promesse qu'il me fit avant son départ de Paris, en lui écrivant de traiter avec vous cet article : il ne répondit pas à cette lettre ; j'en tentai une seconde, à laquelle il ne répondit pas non plus.

Indigné de cela, je me vois dans la nécessité de m'en plaindre à vous-même. Je pense qu'au nom de la religion que nous professons tous, vous voudrez bientôt prendre pitié de mes souffrances, et que vous voudrez bien y mettre une fin, autant que cela vous sera possible, me reposant entièrement sur les prières que je fais à Dieu chaque jour. Veuillez bien, je vous prie, en instruire MM. Pinel et Moreau.

Je suis, en attendant votre réponse,

Votre serviteur,　　B........

Cette lettre étant restée sans réponse, je crus devoir adresser la lettre suivante à M. Cazin, prêtre desservant aux Quinze-Vingts, sous la date du 18 octobre 1818.

Monsieur,

Je prends la liberté de vous écrire, pour vous prier de me dire si vous avez reçu, de M. Etienne Prieur trois lettres ; savoir : la première, en date du 12 octobre 1817 ; l'autre, du 24 du même mois, et la troisième, du 2 janvier 1818. Toutes ces lettres vous étaient écrites pour des causes qui ne vous sont point

étrangères, et qui ne le sont pas plus à M. Etienne
Prieur.

Je vous prie, Monsieur, de vouloir bien me répondre, et vous obligerez celui qui a l'honneur d'être,
avec la plus parfaite considération,

Votre très-humble serviteur,   B.........

---

*Réponse de M. Cazin, prêtre, curé à Marigny,
près Belleau.*

Belleau, 4 novembre 1818.

Monsieur,

Il est vrai que j'ai reçu plusieurs de vos lettres à
Ville-Saint-Geny, que vous m'annoncez m'avoir été
écrites, par la vôtre du 12 octobre de cette année. Je
n'ai pas pu y répondre, n'ayant pas votre adresse;
je pensais que c'étaient des tours de jeunes élèves de
quinze à vingt ans; je vois que je me suis trompé.

Vous voudrez bien saluer le très-révérend Père
Humbert et le Père Auginau, supérieur de tous les
Ordres de Saint François, qui demeure rue Saint-
Jacques, n°. 4, et lui demander s'il ne pourrait pas
m'envoyer une immaculée conception, ainsi qu'un
Saint-François, pour mettre à deux chapelles de
notre Eglise, où il en manque; ce que faisant, vous
obligerez bien, Monsieur, votre très-humble et très-
obéissant serviteur,   CAZIN,

P.-C., dess. de Belleau, par Château-Thierry.

` Quoique antérieures en date, je dois faire connaître les lettres écrites par M. Etiénne Prieur à Monsieur Cazin.

A M. Cazin , prêtre à Saint-Genest.

Paris, 12 décembre 1817.

Monsieur ,

Depuis que vous négligez M. Berbiguier, il a été tourmenté de la part de Moreau , Pinel, Vandeval , et de celle de toute la canaille que vous connaissez bien ; il est tourmenté le jour et la nuit; il sent la plus fine , ce qui est un manque de respect; les farfadets l'accrochent dans la rue , ils grimpent sur son corps lorsqu'il est au lit; il a peur du malin esprit, ce qui dérange sa santé; il vous dit de plus qu'ils ont renversé sa tasse de chocolat , qu'ils font sauter Coco , qui est très-sauvage depuis qu'il a la queue coupée.

Nous espérons qu'il sera délivré le 17 du mois de décembre , comme vous avez promis; ce faisant, vous obligerez M. Berbiguier , et particulièrement moi, qui vous respecte. Il espère que lorsqu'il sera débarrassé, il ne sera jamais au pouvoir de personne, n'ayant jamais consenti à partager les travaux du malin esprit.

J'ai l'honneur d'être , etc. ETIENNE.

A M. Cazin, curé.

Monsieur,

Je suis étonné que vous ne m'ayez pas écrit , vous devez une réponse à M. Berbiguier, dans laquelle vous nous devez un compte exact du travail que vous faites pour lui. Si vous voulez donner son sort à un Monsieur de la maison, nous le donnerons. Le 17 il en croyait être délivré, comme vous me l'aviez promis. Coco est toujours sauteur, sa queue a été coupée par les malins esprits.

M. Papon, qui est sorcier, tiraille les jambes de M. Berbiguier.

J'attends votre réponse avec impatience.

Je suis avec respect, votre serviteur,   ETIENNE.

A M. Cazin, prêtre.

2 janvier 1818.

Monsieur,

Je suis étonné de votre négligence, vos retards et votre insouciance pour M. Berbiguier me scandalisent; cependant vous avez reçu deux lettres, l'une datée du 11, une autre du 23 : elles étaient remplies des détails des mauvais traitemens que reçoit tous les jours M. Berbiguier; son état n'est ni mieux ni plus mal, seulement M. Lomini le travaille, le tourmente nuit et jour. Vous aviez promis de le dégager pour le 17, et cependant il se plaint toujours; il est, de plus, disposé à se plaindre à l'autorité supérieure, pour faire cesser tous ces mauvais manéges. Si par malheur il lui arrivait de se plaindre, vous seriez dans une mauvaise position, car il vous accuserait, ainsi que tous les autres, et il ferait très-bien. Vous connaissez sans doute les peines rigoureuses portées contre les sorciers et les sorcières, enchanteurs et magiciens;

vous savez, en outre, quelles sont les conditions faites entre nous ; donnez le sort affreux à qui vous voudrez, peu nous importe ; ainsi il est inutile de vous rappeler autre chose. Coco est mieux, sa queue repousse ; il court et saute très-bien ; M. Berbiguier ne le rossé plus, il le couche avec lui. Adieu, Monsieur, je vous souhaite une bonne année.   PRIEUR.

Comme je n'étais pas satisfait de la première réponse de M. Cazin, parce qu'elle ne contenait rien de ce que je désirais savoir pour mon soulagement, je me déterminai à lui écrire de nouveau, en lui accusant réception de sa première ; je lui exposai les raisons qui m'obligeaient à lui écrire. Il me fut facile de m'apercevoir que ce Monsieur ne savait rien de ce qui m'affligeait, et je ne savais qui accuser, de lui, ou de M. Prieur qui m'avait fait espérer que ce digne pasteur pouvait m'être d'un grand secours.

Je lui écrivis donc, sous la date du 13 novembre, la lettre suivante :

A M. Cazin, prêtre desservant.

13 novembre 1818.

Monsieur,

J'ai eu l'honneur de recevoir votre lettre du 4 novembre, en réponse à toutes celles que j'ai pris la liberté de vous écrire.

Je suis on ne peut pas plus surpris du silence que vous gardez sur les motifs qui m'avaient principale-

ment déterminé à vous écrire ; ils étaient assez grands
pour mériter votre attention. Vous me dites que vous
regardiez cela comme des jeux d'enfans ! Mais l'estime que vous faites de M. Prieur aurait dû , d'après
ce qu'il vous avait appris ici sur ce qui me concerne ,
et ce qu'il vous a écrit depuis votre départ, aurait dû ,
dis-je , fixer votre attention. Les lettres , au surplus ,
que je vous ai adressées , contenaient toutes mon
adresse , et vous prenez le prétexte de l'ignorer.

J'ose espérer, Monsieur, que, d'après celle-ci, vous
ne révoquerez plus en doute la vérité des faits con-
tenus dans mes précédentes ; que vous voudrez bien
y avoir égard , en y apportant le remède le plus
prompt. L'ignorance dans laquelle vous paraissez
être sur les maux que je souffre , me fait suspecter
votre jeune ami , qui , cependant , me parlait de vous
avec le plus grand respect, dans le temps que vous
desserviez la succursale des Quinze-Vingts. Ce fut lui
qui m'inspira le désir de vous connaître, en me disant
que vous aviez les moyens de me guérir; et je le
priai de me conduire à votre presbytère. Nous vous
écrivîmes et mîmes nos lettres sous la même enveloppe.

Veuillez bien, Monsieur, vous donner la peine de
revoir nos lettres, sur-tout les miennes en particulier , et vous serez assuré de la plus exacte vérité.

Nous étions près de partir avec M. Prieur , lorsqu'un jeune abbé de ses amis vint le voir et lui apprit que vous aviez été nommé à une nouvelle cure,
dont il ignorait le nom. Il fut bien fâché de ce que
vous ne l'en aviez pas prévenu , et je vous prie ,

Monsieur, de croire que je ne l'étais pas moins , prévoyant bien l'obstacle que cela mettrait à mon repos
et au plaisir dont je m'étais flatté, de vous connaître.

M. Etienne crut alors devoir vous écrire, et m'engagea à me transporter à votre ancienne paroisse. Ce
que je fis ; là , je trouvai dans la sacristie un prêtre,
que je priai de vouloir bien m'apprendre le nom du
pays où se trouvait votre nouvelle cure. Il le fit avec
toute l'honnêteté qui distingue les personnes de votre
caractère.

Je suis bien sensible , et très-reconnaissant aux
offres que vous me faites ; mais des affaires de famille me retiennent à Paris et ne me permettent pas
de répondre à vos bontés ; je ne puis que vous en
remercier.

Je suis très- fâché de ne pouvoir m'acquitter des
commissions dont vous avez bien voulu me charger,
une indisposition me prive de ce plaisir : je présume
qu'elle ne sera pas longue ; et au reçu de la réponse
que je vous prie de vouloir bien me faire , je m'en
acquitterai, s'il en est temps encore.

J'ai l'honneur de vous saluer , et d'être, Monsieur,
Votre très-humble serviteur , B.........

M. Cazin à M. Berbiguier.

17 novembre 1818.

Monsieur ,

Soyez persuadé que si j'eusse connu votre adresse,
comme vous le marquez, je n'aurais pas attendu si

longtemps d'avoir l'honneur de vous répondre, ainsi que vous vous en plaignez, et j'aurais pris la liberté de vous demander, lorsque je fus avec M. Demerson à l'hôtel où était M. Prieur, et qu'il a quitté depuis plus de six mois.

Je ne me souviens pas d'avoir reçu une de vos lettres, jointe à une autre de ce jeune homme qui, la dernière fois que je l'ai vu, a quitté l'Eglise, lorsque j'y disais la messe, et a disparu pour moi, depuis, sans retour. J'ai resté aux Quinze-Vingts six mois après son départ, et je n'ai pu le rejoindre depuis. Il est vrai que j'ai beaucoup entendu parler de vous par lui.... « La suite de cette lettre, que je ne transcris pas, donne à penser que M. Prieur trompait M. Cazin tout comme il me trompait moi-même. »

Si votre santé vous permet de faire les commissions que j'ai pris la liberté de vous donner, vous m'obligerez beaucoup; il n'est pas nécessaire de vous les répéter, vous les avez par écrit dans ma lettre du 4 de ce mois.

Je suis bien fâché de ne vous avoir pas vu lorsque nous fûmes à votre hôtel. Vous devez bien croire que pendant six mois que j'ai demeuré à l'hôtel Pelletier, près Saint-Sulpice, si j'eusse eu votre adresse, comme vous me l'annoncez, je me serais fait un devoir de vous demander de vos nouvelles, ainsi que de celles du jeune Prieur.

Je voudrais bien avoir des nouvelles de mon paquet, que j'ai laissé à Vrilly, chez M. le Maire, en revenant du Gardon.

En les demandant au chantre de Saint-Sulpice,

qui m'a écrit à ce sujet , vous voudrez bien lui dire
que je n'en ai pas eu de nouvelles. Après avoir écrit
à M. le directeur des diligences à Amiens , je suis
allé, étant à Paris , à tous les bureaux d'expédition ,
et n'en ai pu avoir des nouvelles. Ce M. chantre de
Picquigny à Saint-Sulpice en avait chargé son beau-
frère , qui lui a écrit , et qui m'a envoyé sa lettre à
Belleau, après avoir écrit à Amiens.

J'ai l'honneur de vous saluer et d'être avec estime
et considération , votre très-humble et très-obéissant
serviteur ,   CAZIN,
                    Prêtre-desservant l'Eglise de Belleau.

P. S. Si vous avez des nouvelles de M. Etienne
Prieur, et que vous puissiez le voir, je vous prie de
m'en instruire et de le saluer de ma part , ainsi que
M. Demerson et le très - révérend Père Humbert ,
sans oublier le Frère Michel, sacristain aux Dames
de la Légion-d'Honneur, rue Barbette , à la Mère de
Famille.

N. B. Quand j'irai à Paris, à la noce de ma petite-
nièce, si l'on m'y engage, je désire que l'on m'offre un
logement, n'étant pas charmé de demeurer à Picpus
pendant deux semaines, gênant ceux où j'étais, et
qui me doivent ce qu'ils sont. J'aurai alors le plaisir
de voir M. Demerson.

Il ne me fut pas difficile de juger par ces lettres
que ce digne ministre des autels n'avait pas la moindre
connaissance de mes maux, et que ses lettres étaient
supposées , les miennes n'étant jamais parvenues

auprès d'un homme aussi respectable que M. Cazin.
Rien ne peut excuser un pareil manége, qui donne
la mesure du caractère de M. Etienne Prieur, que je
laisse à définir à mes lecteurs.

Je viens à présent au dépouillement des lettres de
MM. les hommes de loi. Cette correspondance ne
sera pas moins extraordinaire, c'est la mort de mon
oncle qui l'a motivée.

J'avais écrit à M. C..... pour me plaindre des
lenteurs que l'on mettait dans mes affaires. Cette
plainte parut ne pas lui plaire ; c'est ce qu'on va voir
par la lettre suivante.

A M. Berbiguier, rue Mazarine, n. 54.

Ce 6 avril 1818.

Monsieur,

J'ai lieu d'être surpris du ton fort peu convenable
de votre lettre.

Je ne vous ai fait aucune promesse qui me soit personnelle, et je sais tenir celles que je suis dans le cas
de faire.

Je ne vous ai fait faire aucune démarche, et j'en
ai fait beaucoup dont j'aurais pu m'abstenir ; j'aurais
suivi en cela l'exemple de M. Y..., qui reste dans
son cabinet, et qui fait bien. C'est aussi ce que je
ferai à l'avenir, puisqu'on me sait si peu de gré de
mes efforts.

Vous pouvez faire, Monsieur, tout ce que vous
voudrez, je n'ai rien à redouter.

Recevez, Monsieur, mes très-humbles salutations,

C.....

6 mai 1818.

A M. C....., notaire à Paris.

Monsieur,

Je suis allé lundi, 4 de ce mois, chez M. Y..., notaire, pour m'instruire si vous vous êtes entendu avec M. J..... et les avocats, concernant les papiers qui doivent servir à la liquidation, et qui doivent être entre vos mains, et que vous devez remettre à M. Y..., notaire.

Nous étions convenus, le 1er avril dernier, que M. J...... ne demanderait que quinze jours, auxquels je souscrirais, ainsi que les cohéritiers.

Voyant cette prolongation, toutes les démarches que vous m'obligeâtes à faire, et les promesses que vous me fîtes à ce sujet, je dois vous dire que toutes ces choses deviennent très-insipides, tant de votre part que de celle de M. J....... et de MM. les avocats.

J'attends de vous, Monsieur, une réponse qui me guidera sur ce que je dois faire.

J'ai l'honneur d'être, etc.　　　　B.........

A M. J......., avocat.

16 mai 1818.

Monsieur,

Les héritiers Berbiguier, au désespoir de voir qu'on se joue de leur patience et de leur misère, se sont rendus chez moi pour savoir enfin quels moyens ils devront prendre pour obtenir justice contre ceux qui s'obstinent à garder leur avoir.

J'ai cru M. C..... seul coupable de ces éternels délais.

Il m'a répondu que ce n'était nullement sa faute, mais bien la vôtre ; qu'aussitôt qu'il a eu vos derniers renseignemens pour faire son compte, il l'a fait, Monsieur, sur-le-champ, et vous l'a envoyé, mis au net, dès le surlendemain, à votre adresse ; c'est au 12 mai qu'il fournira le sien, je veux dire pour la mise entière au net.

Maintenant, je vous supplie, au nom de ce qu'il y a de plus sacré, de m'écrire et de me fixer précisément le jour où vous nous donnerez votre *ultimatum*, car je n'y tiens plus.

Ces retards m'accablent, et vous devez en être dégoûté aussi.

J'ai l'honneur de vous saluer,   B. ..

A M. Berbiguier, propriétaire.

25 mai 1818.

J'ai l'honneur de saluer M. Berbiguier, je le prie de se trouver le vendredi, 29 mai, à sept heures du soir, chez M. Y..., pour assister à la conférence qui aura lieu sur la liquidation.

Son très-humble et obéissant serviteur,

C...., *avoué.*

A M. J......, avocat.

21 mai 1818.

Monsieur,

M. l'avocat S.... écrivit dernièrement à M. C....., pour s'instruire s'il avait fait l'ouvrage concernant mes cohéritiers. Celui-ci lui fit réponse qu'il vous avait envoyé toutes les pièces relatives à mon affaire, le 12 du présent, et toutes réglées.

Je priai M. l'avocat de vous écrire, pour vous demander un jour, afin de régler définitivement tout cela. Je mis cette lettre à la poste samedi dernier, 16 du courant; hier je me suis transporté chez cet avocat pour lui demander ce que vous lui aviez répondu.

Je ne sais, en vérité, si vous êtes à la tour d Babel, quand vous parlez entre vous autres avocats et notaires : on le croirait, en voyant une telle prolongation dans une affaire aussi simple et si peu considérable.

Je mets moi-même cette lettre à la poste, et j'attends votre réponse au plus tôt.

Vous ne devez pas ignorer, Monsieur, que voilà six ans que je suis ici, pour une chose qui devrait être terminée depuis très-longtemps.

J'ai l'honneur d'être, etc.   B.........

A M. Y..., notaire.

ce 30 mai 1818.

Monsieur,

Hier au soir, étant réunis chez vous, votre commis ou clerc fit lecture de l'inventaire. M. J.... n'ayant pas remis toutes les pièces nécessaires, je vous prie, Monsieur, de vouloir bien avoir la complaisance de lui écrire, pour que ce Monsieur produise, dans le plus court délai, les papiers qui nous manquent, et dont il est porteur, parce que je veux en finir.

Je prie MM. les avocats de vouloir bien se tenir prêts pour vous remettre les états.

J'espère, Monsieur, que vous voudrez bien apporter la plus grande célérité dans cette affaire.

J'ai l'honneur de vous saluer,   B.........

A M. C..., notaire.

ce 30 mai 1818.

Monsieur,

D'après les instructions que j'ai de M. Comaille, qui vient d'apprendre, de la part de M. Y..., notaire, que M. J.... n'a plus aucuns papiers, que vous les avez tous, et qu'on n'attend plus qu'après vous pour terminer les affaires de la liquidation, je ne sais que dire et que penser de vous à ce sujet.

- Vous vous rejetez tous les uns aux autres. Un jour c'est M. J....; un autre, ce sont MM. les avocats; on dirait, Messieurs, que vous ne vous entendez pas. La langue de la chicane serait-elle celle qu'on employait à la tour de Babel ? Voilà six ans que je suis dans un hôtel garni, pour faire liquider une malheureuse succession où il ne reste plus qu'à glaner : il faut cependant que je sache quelles sont les causes du retard que l'on s'obstine à mettre dans cette affaire ; la faute en est sans doute à quelqu'un d'entre vous ; c'est pourquoi je vous prie, Monsieur', de vouloir bien me répondre pour que je sache si je serai parisien toute ma vie.

J'espère, Monsieur, que cette affaire ne sera pas éternelle, et que vous voudrez bien satisfaire à la justice de ma demande, et il en serait temps, ou jamais non.

Il est facile de s'apercevoir que dans toutes autres mains que celles des avocats, cette affaire serait terminée il y a déjà long-temps ; mais vous faites comme les loups, vous ne vous mangez pas les uns les autres.

J'ai l'honneur de vous saluer,   B.........

A M. de L..., avocat.

Monsieur,

Comme avoué chargé des intérêts de madame, veuve Berbiguier, cette dame doit désirer, sans doute, une fin dans la liquidation d'une affaire qui traîne déjà depuis trop long-temps ; elle ne peut avoir d'autre désir que de la voir finir, ainsi que les autres intéressés : je ne vois pas quel motif particulier pourrait la faire agir autrement.

Je viens donc vous prier, Monsieur, de faire tout pour donner une fin au plus tôt à cette malheureuse liquidation.

J'ai l'honneur de vous saluer,   B.........

A M. C..., avocat.

Monsieur,

Sans date.

J'ai invité M. J..., avocat, M. de L..., avoué, et M. C...., notaire, ainsi que M. Y..., de faire enfin connaître aux cohéritiers de la succession de M. Berbiguier ce qu'ils en ont à retirer. Je crains bien autrement qu'il ne restera plus à ceux-ci que des écailles à partager, les huîtres étant totalement mangées. Je crois vous en dire assez.

J'ai l'honneur de vous saluer,   B.........

A M. C..., notaire.

Monsieur,

ce 11 juin 1818.

Je me suis fait l'honneur de vous écrire le 9 du courant, pour vous inviter à faire tenir à M. Y..., notaire, les pièces que vous avez en main, sans lesquelles il ne peut rien faire. Il faut bien, Monsieur, que cette affaire finisse, ou que l'on dise pourquoi.

J'espère que vous voudrez, Monsieur, me faire une réponse qui me donnera enfin à connaître à quoi je dois m'en tenir là-dessus. Il faut que cette affaire finisse; et j'ai, ainsi que tous les autres intéressés, le droit de l'espérer.

J'ai l'honneur de vous saluer,   B.........

A M. J..., avocat.

12 juin 1818.

Monsieur,

J'ai eu l'honneur de vous écrire, le 21 du mois de mai dernier, sans que vous ayez daigné me répondre. Vous avez cependant fait passer à M. Y..., notaire, les pièces relatives à la succession. Les cohéritiers furent en conséquence invités à se réunir le 29 du même mois. La lecture desdites pièces ayant alors été faite, on s'aperçut bientôt qu'il vous restait encore d'autres pièces essentielles en main.

Quels sont donc les motifs qui vous engagent à garder les pièces dont il s'agit? Ce jeu-là n'amuse pas, comme vous devez bien le croire, les parties intéressées; elles ne peuvent voir, sans frémir, l'énormité des frais qu'un plus long retard à terminer cette affaire va leur occasionner, et dont vous devriez enfin les mettre à l'abri.

Il est donc bien clair qu'on use de tout moyen pour éterniser cette affaire.

Veuillez, une fois pour toutes, faire cesser ce retard de votre côté, et que tout cela finisse.

J'ai l'honneur de vous saluer,   B.........

M. de S...... à M. Berbiguier.

16 juin 1818.

Monsieur,

Madame Berbiguier désire autant que vous de voir terminer les affaires de la succession de feu son mari.

Depuis le commencement des contestations , toutes ses démarches ont eu pour but d'en voir la fin. Depuis long-temps je presse la reddition des comptes de M. J... : aussitôt leur apurement fait, la liquidation marchera de suite.

J'attends la remise de ces comptes , qui sont depuis peu de temps dans les mains de M. L...

Je ne ferai pas attendre les observations que j'ai à y faire.

J'ai l'honneur d'être parfaitement votre très-humble serviteur ,   S. D.......

***

M. Berbiguier à M. de S... , avocat.

ce 19 juin 1818.

Monsieur,

J'ai reçu votre lettre , datée du 12 courant, dans laquelle vous me faites connaître les intentions de madame veuve Berbiguier sur la succession de feu son mari , mon oncle ; j'étais très - persuadé que ses intentions, à cet égard, étaient conformes aux miennes.

J'ai adressé deux lettres à M. C.... , notaire , l'une en date du 9, et l'autre du 11 du courant : il n'a répondu ni à l'une ni à l'autre ; je le priais de faire tenir à M. Y... , notaire, les papiers qu'il avait reçus de M. J...... , avocat.

Les démarches faites par M. et madame Comaille, auprès de MM. les hommes de lois, ont été vaines, ils étaient renvoyés toujours des uns aux autres. Ce fut alors que je me déterminai à écrire , sans être pour cela plus avancé, puisque je suis encore à attendre de leur côté une réponse à mes lettres.

J'écrivis à M. J.... deux lettres, l'une le 21 mai dernier, et l'autre le 12 de ce mois ; je le priai de mettre toutes les pièces en état d'être présentées, afin de terminer cette malheureuse affaire, qui traîne depuis cinq ans, et de ne pas la renvoyer de Judas à Pilate ; de nous éviter par-là des courses inutiles, qui nous font perdre notre temps, épuisent notre corps et nos bourses. Eh bien, vous saurez, Monsieur, que je suis encore à attendre de M. J.... une réponse.

D'après cela, Monsieur, vous voyez la nécessité de coharter M. J...., pour le forcer à rapporter toutes les pièces le plus tôt possible, et d'engager tous ces autres Messieurs à faire, pour le bien des cohéritiers, la plus active diligence. Veuillez bien, je vous prie, leur écrire à cet effet.

Pardon, Monsieur, de la liberté que je prends de vous charger de tant de peine.

J'ai l'honneur de vous saluer, Monsieur, et d'être avec la plus parfaite considération,

Votre très-humble serviteur,   B.........

M. L*** à M. Berbiguier.

25 juin 1818.

Monsieur,

Étonné de ce que vous m'annonciez par votre lettre, que vous aviez écrit à M. J.... deux billets, sans avoir de lui aucune réponse, j'ai été le voir ; il m'a dit avoir effectivement reçu ces deux billets de vous, mais qu'il n'avait pu y répondre, attendu que vous ne lui aviez pas indiqué votre adresse. Je lui ai dit que vous demeuriez rue Mazarine. Quant à votre numéro, je ne m'en suis pas rappelé : il m'a promis de vous répondre ; ainsi, Monsieur, vous voyez que dans le retard dont vous vous plaignez, il y a un peu de votre faute ; au surplus, tout sera réparé.

Nous avons tous un égal intérêt à la prompte conclusion des affaires de votre succession : elles tirent à leur fin ; si elles ne sont pas terminées plus tôt, c'est qu'exigeant beaucoup de travail, elles étaient de nature à entraîner beaucoup de temps ; mais elles finiront incessamment, j'en ai du moins l'espérance.

M. J.... a remis depuis longtemps les pièces de son compte ; ce compte est maintenant entre les mains de M. A..., et va passer dans celles de M. C....., votre avoué ; il me reviendra ensuite, et je le garderai très-peu de temps. J'ai à cœur de sortir madame Berbiguier, ainsi que vous, Monsieur, et vos autres cohéritiers, de ces lenteurs, qui, je le sens bien, doivent vous fatiguer tous, et vous sur-tout, si votre intention n'est pas de vous fixer à Paris.

J'ai l'honneur de vous saluer avec considération,

De L***.

———————

M. Berbiguier à M. de L.....

29 juin 1818.

Monsieur,

J'ai reçu votre lettre du 25 de ce mois, relativement aux démarches que vous ayez eu la bonté de

faire pour moi auprès de M. J..... C'est à tort que
cet avocat vous a dit qu'il ne pouvait me répondre,
ne sachant pas mon adresse. Un jugement rendu en
sa faveur, par la Cour, mit cet homme de loi dans
le cas de me le faire signifier, et ce jugement m'est
ainsi parvenu ; il pouvait donc avoir mon adresse,
comme il l'eut lors de cette signification. Je regarde cela encore comme une défaite de sa part ;
mais maintenant que M. votre collègue peut se rappeler de ma demeure par l'effet de votre complaisance, je ne suis pas moins à attendre de ses nouvelles.

Vous avez raison de penser, Monsieur, que n'ayant
pas le dessein de me fixer ici, j'aie à cœur de voir terminer bientôt notre affaire ; toutes ces considéra-
tions entrant dans l'intérêt de madame Berbiguier et
de tous les autres co-intéressés, cela est très-bien
de votre part, et c'est avec plaisir que je vous en
remercie, car tous mes soins ne tendent qu'à ce
but ; cette ville n'offre à la vue que des roses, et il y
a beaucoup trop d'épines, il me tarde de la quitter.

Je suis retenu ici depuis six années: les peines que j'y
éprouve, en ne voyant pas terminer mes affaires, sont
grandes ; les sacrifices que cela m'occasionne sont ruineux pour moi ; il n'est donc pas étonnant que je cherche
à m'en éloigner le plus tôt qu'il me sera possible, pour
aller dans mon pays trouver la paix et la tranquillité.

Je vous demande bien pardon, Monsieur, des démarches que vous avez voulu faire pour moi auprès
de M. J.....

Je suis, Monsieur, avec considération,

Votre serviteur,   B.........

M. *Berbiguier* à M. J......

18 août 1818.

Monsieur ,

J'ai eu l'honneur de vous écrire deux lettres, la première , en date du 21 mai , et la seconde , le 12 juin de cette année , toujours relativement aux affaires de la succession de mon oncle. J'ignore quelles sont les raisons qui vous ont dispensé de me répondre. Est-ce parce que votre fortune est au-dessus de la mienne? Cela me donnerait encore plus de regret d'avoir manqué la succession de mon oncle, qui me rendrait aujourd'hui plus que millionnaire , et moins digne de mépris de votre part; mais sa perte m'a été plus sensible que celle d'avoir perdu sa succession ; je ne l'ai pas recueillie, malgré la bonne volonté où il était de me la laisser , et je ne l'ai manquée que par une mort aussi subite que surprenante: ce jour, qui devait être pour moi le plus beau de ma vie, fut le plus malheureux. Je l'avais vu bien portant la veille , et le lendemain je ne fus appelé que pour le voir expirant ; ce qui me fit perdre sa fortune et le meilleur des parens.

Mais vous, qui avez été nommé son exécuteur testamentaire, vous connaissez mieux que personne l'état dans lequel était cette succession. Comment n'avez-vous pas vu que les réclamations que fait madame Berbiguier, par votre organe , des prétendues dettes de mon oncle, ne pouvaient pas exister , puisque, par l'argent qu'il a laissé, il pouvait très-facilement les payer de son vivant?

Je vous prie, Monsieur, de communiquer cette lettre à madame Berbiguier.

J'ai l'honneur, etc.   B.........

M. J...... à M. Berbiguier.

Ce 27 août 1818.

Monsieur,

J'ai reçu les observations écrites que vous avez faites sur le compte que j'ai fourni ; il en résulte qu'on me demande des explications que je peux, et que j'offre de donner, excepté sur ce qui m'est étranger, et qui ne peut être expliqué que par les notaires.

Pour accélérer le tout, j'ai renvoyé mon compte à M. Y..., et je lui propose, pour mardi soir, dans mon cabinet, une conférence qui pourra lui donner tous les renseignemens désirés, qu'il aurait cependant pu se procurer de MM. les héritiers ou de leurs pièces mêmes.

Agréez, Monsieur, mes très-humbles salutations.

J.....

M. Berbiguier à M. J...., avocat.

5 septembre 1818.

Monsieur,

J'ai reçu votre lettre, en date du 27 août dernier : elle me donne quelques éclaircissemens qui sont relatifs à la succession, et que vous dites être à la connaissance des cohéritiers ; n'ayant pas grande communication avec eux, je n'ai pu, de ce côté, en être instruit, et M. C..... ne m'en a jamais non plus parlé.

Madame Berbiguier ne sait ni lire ni écrire, malheureusement pour elle; je vous prie de lui communiquer ma lettre du 18 août de cette année, si vous ne l'avez déjà fait, d'après ma dernière, à laquelle vous n'avez pas répondu. J'exprimais dans cette lettre toute ma sensibilité sur la mort de mon oncle; vous dûtes vous-même vous en convaincre, et je ne pouvais mieux la témoigner que par ma lettre à MM. les marguilliers de Saint-Roch, à l'effet de leur faire accepter une fondation pour deux messes, l'une pour feu M. Berbiguier, mon oncle, et l'autre pour moi, persuadé que les vivans n'ont pas moins besoin de prières que les morts. Cette fondation porte encore de faire brûler tous les ans, à la chapelle de la Vierge, et le jour de sa fête, un cierge pesant cinq livres. Sur l'invitation qui me fut faite par les marguilliers, je me transportai chez M. Auvray, agent d'affaire de la fabrique de la paroisse St.-Roch. J'offris le premier cierge, et les deux premières messes à mes frais, ne voulant pas qu'ils fussent compris dans la somme convenue et payée.

Ne pouvant écrire à madame veuve Berbiguier, je ne puis lui faire connaître par lettres tout ce dont je désirerais l'instruire. Veuillez donc bien lui communiquer mes observations et lui en faire la lecture; lui dire que j'offre à Dieu, et aux pieds de la sainte Croix, tous les sacrifices que je suis obligé de faire ou de supporter, bien convaincu qu'au jour du jugement dernier chacun sera jugé selon ses bonnes ou mauvaises actions.

Je vous prie, Monsieur, de vouloir bien accélérer la fin de cette affaire, et de prendre en considération les intérêts de tous les cohéritiers; les plaintes que ce retard occasionne de leur côté font tenir des propos qu'il serait temps de faire cesser.

Pardon, Monsieur, de la peine que je vous donne. Je suis bien aise de connaître tous vos titres et qualités, j'aurai attention désormais de ne pas les oublier, lorsque j'aurai l'honneur d'écrire à Messieurs les gens de loi.

J'ai l'honneur de, etc.   B.........

M. Berbiguier, à M. J...., avocat.

Paris, 25 septembre 1818.

Monsieur,

J'ai reçu votre lettre du 8 courant, dans laquelle vous manifestez le désir de terminer les affaires de la succession de mon oncle; vos intentions étant d'accord là-dessus avec les nôtres, j'espère que vous ne tarderez pas de rendre vos comptes et de convoquer à cet effet une assemblée de tous les intéressés.

Vous m'obligerez, Monsieur, en votre qualité d'exécuteur testamentaire, de me faire savoir si vous avez fait rentrer tous les fonds qui sont dus à la succession, ce qui éviterait encore une plus longue prolongation peut-être pour en voir une fin.

Je m'étais plaint à M. de L..... de toutes ces len-

teurs, la dernière fois que je l'ai vu. Cet avoué me
promit que tout serait terminé au commencement du
mois d'octobre prochain, temps auquel je pouvais
fixer mon départ de cette ville.

La réponse que je vous prie de faire à ma lettre
guidera la conduite que je dois tenir ici. Si cette
affaire traînait encore en longueur, je me verrais
forcé à des dépenses que je voudrais éviter de faire,
s'il est possible. Etant assuré que je ne serais pas obligé
de passer ici l'hiver, je ne ferai alors aucune des
provisions que je serai, autrement, dans le cas de faire.
Je vous remercie de l'intérêt que vous paraissez prendre à moi.

J'ai l'honneur de vous saluer.   B.........

M. Berbiguier, à M. J...., avocat.

3 octobre 1818.

Monsieur,

Je n'ai pas manqué de répondre à votre lettre, datée
du 18 septembre dernier; mais vous n'avez pas répondu à la mienne du 25 du même mois, dans laquelle
je vous demandais si, en votre qualité d'exécuteur-
testamentaire, vous aviez fait rentrer tous les fonds
dus à la succession de feu M. Berbiguier.

Je vous le réitérerai sans cesse, Monsieur; veuillez
bien vous accorder avec MM. les hommes de loi, pour
donner une fin à cette affaire : je n'attends plus que
cela pour savoir moi-même la conduite que je dois tenir.

J'ai l'honneur de vous saluer et d'être, etc. B.........

M. J.... à M. Berbiguier.

3 octobre 1818.

Monsieur,

Il m'est impossible de tenir une correspondance aussi suivie que celle que vous exigez ; vous avez un avoué très-intelligent, et vous pouvez vous entendre avec lui.

Cependant, si, à partir de mercredi, vous voulez vous donner la peine de passer le matin avant onze heures, ou le soir, à quatre heures, je vous donnerai avec plaisir les renseignemens que vous pourrez désirer.

J'ai l'honneur de vous saluer.   J......

M. Berbiguier à M. J...., avocat.

5 octobre 1818.

Monsieur,

J'ai reçu votre lettre du 3 de ce mois, où vous vous plaignez de la trop grande activité de ma correspondance avec vous. Vous m'y dites que j'ai un avoué très-intelligent, avec lequel je pourrais communiquer; et vous offrez sur cela de me donner tous les renseignemens que je puis désirer, si je veux prendre la peine d'aller chez vous le matin à onze heures, ou bien le soir à quatre. Il me semble, Monsieur, que vous auriez bien pu me dire, dans votre réponse, si vous aviez retiré, oui ou non, les fonds qui sont dus à la succession de feu M. Berbiguier, mon oncle, et quel serait le jour fixé pour une assemblée définitive.

J'ai dit plusieurs fois à M. C... que cette affaire aurait été moins malheureuse pour moi, si on l'eût confiée en d'autres mains que les vôtres; les comptes en seraient rendus depuis longtemps, et je ne serais pas réduit à consommer ici mon avoir, dans un hôtel garni, où l'on me retient depuis six ans.

Entre vous autres, Messieurs, vous ne vous mangez pas, vous ne demandez que frais et bosse, et tout cela n'amuse pas les cohéritiers, et moi particulièrement.

Je vous prie donc, Monsieur, de vouloir bien répondre catégoriquement à ma demande, si vous voulez faire cesser une correspondance qui n'est pas dans vos vues. Je ne vois pas la nécessité de me transporter chez vous, parce que ma visite ne serait peut-être pas plus fructueuse que tant d'autres.

J'ai l'honneur de vous saluer,   B........

M. Berbiguier à M. de L....., avocat.

8 octobre 1818.

Monsieur ,

La dernière fois que j'eus le plaisir de vous voir, vous m'assurâtes, sur les plaintes que je vous fis de l'extrême lenteur que vous et les autres hommes de loi apportiez à terminer les affaires de la succession de feu M. Berbiguier; vous m'assurâtes, dis-je, qu'elle serait finie au commencement d'octobre présent mois, et que je pourrais me rendre alors dans ma ville natale : nous voici cependant au 8 de ce mois , et je n'entends plus parler de rien qui puisse m'en annoncer la fin.

J'ai adressé plusieurs lettres à M. J...., pour savoir de lui, en sa qualité d'exécuteur testamentaire , s'il avait fait rentrer tous les fonds dus à l'hoirie de feu M. Berbiguier. Je le priai de convoquer une assemblée pour mettre une fin à cette affaire.

Cet homme de loi répondit à mes deux premières lettres, mais seulement pour m'inviter à passer chez lui, pour me donner verbalement les renseignemens que je lui demandais. Accoutumé, depuis long-temps, à être ainsi promené vainement, je n'ai pas cru devoir me rendre à cette invitation, et je me suis contenté de lui écrire pour lui en donner les raisons motivées sur ce que je viens de vous exposer, et le forcer à me dire par écrit ce qu'il voulait ne m'expliquer sans doute que verbalement et pour cause.

Si je regrette quelque chose de la succession de mon oncle, succession à laquelle j'aurais dû m'attendre, c'est de me voir aujourd'hui dans l'impossibilité de faire des heureux; et en cela j'aurais certainement rempli les intentions de mon oncle; mais Dieu en a autrement ordonné, je me soumets à ses décrets.

J'espère, Monsieur, que vous ne négligerez rien de votre côté pour accélérer la fin de notre liquidation. Je vous prie de vouloir bien remettre à M. J... les papiers dont vous êtes chargé, si toutefois vous ne l'avez déjà fait, et de convoquer au plutôt les cohéritiers à une séance qui soit enfin la dernière. Convenez du lieu, du jour et de l'heure, et veuillez aussi prendre la peine de répondre à ce que je vous demande.

J'ai l'honneur d'être, etc.   B.........

M. de L... à M. Berbiguier.

12 octobre 1818.

Monsieur,

Je ne sais pas pourquoi vous m'imputez le retard qu'endure l'affaire de la succession de votre oncle, tandis que vous savez, comme je vous l'ai déjà dit, qu'il n'y avait plus rien à faire pour moi dans cette affaire, et que je n'y fais effectivement plus rien depuis bien long-temps. Tout dépend actuellement de M. Y... , chargé de faire la liquidation ; cependant il faut dire que ce n'est pas sa faute si elle n'est pas faite. Le compte de M. J... doit être préalablement apuré, et n'a pu l'être encore, à raison de quelques difficultés qu'il a fait naître, et sur lesquelles on n'a pu s'entendre, je crois, jusqu'à présent, parce qu'ayant fait quelques absences pendant les vacances, je ne suis pas parfaitement au courant de ce qui s'est passé et fait depuis un mois. Je vais m'y remettre, et presser de tous mes efforts la fin de vos affaires. Dans l'intérêt de madame Berbiguier , je le désire autant que vous.

J'ai l'honneur de vous saluer bien parfaitement,

De L...

A M. J... , *notaire.*

5 octobre 1818.

Monsieur ,

Je vous prie de vouloir bien , à la première assemblée qui aura lieu, mettre toute la célérité possible pour terminer les affaires de la succession , et de communiquer la lettre ci - incluse à votre assemblée , à laquelle je fais la même prière.

J'ai l'honneur de vous saluer.   B.........

A MM. les hommes de loi chargés des affaires concernant l'hoirie de défunt Edouard-Xavier Berbiguier.

2 novembre 1818.

Messieurs ,

Je ne suis pas dans l'intention de me trouver à votre assemblée, je me rappelle y avoir été une fois pour des motifs auxquels on ne fit pas grande attention. Arrangez comme il vous plaira la sauce de votre poisson , je ne saurais m'accommoder là-dessus au goût des Parisiens. Par une fatalité sans exemple, ce poisson n'est pas à ma disposition, quoique M. Berbiguier mon oncle me l'eût réservé. Cette proie m'étant échappée, arrangez-la à votre mode, et prenez garde qu'elle puisse être encore de quelque profit. Donnez à la sauce de ce poisson, dont il ne reste peut-être que les arrêtes , les apparences de quelque chose, et je verrai alors ce que chacun de ceux qui doivent assister au repas en aura retiré de profit. Je fais moi - même ma cuisine à la mode de mon pays, sans faire de grands frais, et jamais aux dépens de personne. J'ai déjà goûté un peu de ce poisson; mais ce n'est pas moi qui me suis servi, je me suis contenté de ce que vous avez bien voulu me donner.

Je vous prie, Messieurs, de terminer au plutôt ce repas. J'assisterai au dessert. Je ne crois pas que les fruits en soient très-beaux; ils n'auront, je pense, ni goût, ni saveur.

J'ai l'honneur de vous saluer, Messieurs, et d'être votre serviteur,   B.........

A M. Y...., notaire.

Monsieur,

J'ai prié ma cousine Comaille, qui doit avoir l'hon- neur de vous voir au sujet de la succession de mon oncle, de me donner connaissance du résultat de vos travaux. La lenteur surprenante de cette affaire me cause de grandes inquiétudes. Je désire donc de savoir où nous en sommes. D'après votre réponse, je verrai d'agir de manière à tout terminer.

Comme vous devez bientôt faire la vente des effets, ne voulant pas m'y présenter, je désirerais avoir une des cannes à pomme d'or ayant appartenu à feu mon oncle, sur l'estimation qui en sera faite à juste prix. Cet objet, qui serait, comme tant d'autres choses, aujourd'hui à ma disposition, si le bon Dieu l'avait voulu, peut encore, en le payant, devenir ma pro- priété, si le prix n'est pas au-dessus de sa valeur.

Pardon , Monsieur , de la peine que je vous donne
J'ai l'honneur de vous saluer.   B........

M. Y.... à M. Berbiguier.

3o novembre 18i8.

Madame Comaille a dû vous dire , Monsieur ,
que l'affaire marchait selon le vœu exprimé aux dernières réunions qui ont eu lieu chez moi.

Je ferai part aux parties intéressées du désir que
vous avez , d'avoir sur estimation , et non à l'enchère,
la canne à pomme d'or.

J'ai l'honneur, Monsieur, de vous saluer.   Y....

M. Berbiguier à M. C...., avocat.

Monsieur ,

Je viens vous souhaiter le bon jour et vous prier,
en même temps, de me donner connaissance des
raisons qui existent encore pour procurer de nouveaux retards à une affaire qu'on veut décidément
éterniser. J'attends de vous cette complaisance ,
pour me déterminer suivant ce que vous voudrez
bien m'apprendre, à employer toutes les mesures
possibles pour activer vos opérations.

J'ai l'honneur de vous saluer.   B.........

*Lettres qui constatent la fondation que j'ai faite
à Saint-Roch pour le repos de l'âme de mon
très-cher oncle.*

*A MM. les Administrateurs de la fabrique de
Saint-Roch.*

10 juillet 1818.

Messieurs,

Si rien ne s'oppose à l'accomplissement d'un vœu que j'ai depuis longtemps fait, de la fondation d'un cierge de cinq livres, qui serait placé entre la Sainte-Vierge et Saint - Joseph, derrière l'Enfant Jésus, et de deux messes, l'une pour le repos de l'âme de François-Xavier-Edouard, l'autre à l'intention d'Alexis-Vincent-Charles Berbiguier, je viens vous prier, Messieurs, de vouloir bien me le faire savoir.

J'ai l'honneur d'être, etc.   B.......

Six semaines après, je reçus la réponse suivante à cette demande.

A M. Berbiguier.

1er septembre 1818.

Monsieur,

Je vous prie de vouloir bien prendre la peine de passer chez moi, le matin avant neuf heures, ou le soir à cinq heures, pour conférer sur une affaire qui vous concerne.

Agréez, Monsieur, l'expression de mes sentimens les plus distingués, et veuillez me croire

Votre très-humble et très-obéissant serviteur,

AUVRAY,

Agent des affaires de la paroisse Saint Roch.

Nota. Le même jour, je me rendis chez M. Auvray, et je versai entre ses mains le prix convenu pour les susdites fondations, l'une du cierge de cinq livres, qui brûlera tous les ans le 15 août, et l'autre pour deux messes applicables selon les intentions du fondateur.

———————

Voici quelques nouveaux fragmens des lettres qui m'ont été écrites par la race farfadéenne :

A M. Berbiguier.

Abomination de la désolation, tremblement de terre, déluge, tempête, vent, comète, planète, océan, flux, reflux, génie, sylphe, faune, satyre, sylvain, adriade et amadriade.

Le mandataire du grand génie du bien et du mal, allié de Belzébuth et de l'enfer, et compagnon d'armes d'Astarot, triomphateur et séducteur d'Eve, auteur du péché originel, et ministre du zodiaque,

A droit de posséder, de tourmenter, de piquer, de purger, d'exciter la nature impuissante, de rôtir, empoisonner, poignarder et litifier le très-humble

et très-patient vassal Berbiguier , pour avoir séduit la Mançot, avoir convoité la Vandeval , outragé
la nature, et avoir maudit la très-honorable et indissoluble société magique.

En foi de quoi nous avons fait apposer les armes
de la société.

Fait au soleil , en face de la lune , le grand-officier
ministre plénipotentiaire , le 5818ᵉ jour, et la 5819ᵉ
nuit , grand'croix, et tribun de la société magique.

Le présent pouvoir aura son effet sur son ami
Coco.

THÉSAUROCHRYSONICOCHRYSIDES.

Par Son Excellence le secrétaire ,
PINCHICHI PINCHI.

———

3o mars , 1818.

Dans huit jours tu seras en ma puissance.
Malheur à toi , si tu fais paraître ton ouvrage.

———

*L'Ambassadeur de tous les esprits malins, Rhotomago,
le cinquième jour de la lune, à M. Berbiguier,
exterminateur de la cohorte infernale.*

Berbiguier, finiras-tu de me tourmenter, moi, et
tous mes collègues ? Misérable que tu es ! tu viens de me
faire périr quatorze cents de mes sujets, et moi-même
j'ai failli être victime le jour de tes travaux, lorsque
j'étais dans le tuyau de ton poêle. Si tu voulais être plus
indulgent pour nous, nous te nommerions notre souve-

rain; regarde quelle place éminente tu posséderais! Tu serais le chef de tous les esprits; tu jouirais non-seulement de ce grand avantage, mais encore de celui de posséder toutes les belles qui seraient dans ton palais; car tu dois savoir que nous avons ici toutes les reines, les princesses, enfin toutes les plus belles femmes qui, depuis 4800 ans, ont fait les délices de tous les grands héros de ce monde.

Enfin, je t'explique assez clairement mes intentions et celles de tous mes collègues; vois et consens, tu seras le plus heureux de tous les mortels; sinon, crois que, si tu ne cesses de nous tourmenter, nous serons forcés de nous armer contre toi pour arrêter tes persécutions, et nous viendrons en masse te livrer combat avec des torches foudroyantes, t'exterminer dans le courant de l'été.

Le grand Lucifer vient de convoquer
et faire appel de tous les généraux
et soldats infernaux, pour
te soumettre à nous par
la voie de la douceur,
ou, sinon, par la
force; ainsi
consens,
il est
temps.

Le chef et tous les esprits ont signé avec moi pour te demander la paix.

L'Ambassadeur extraordinaire,

Rhothomago.

J'ai dans mes papiers bien d'autres pièces qui serviraient à appuyer de plus en plus tout ce que j'ai dit dans mon ouvrage ; mais il faut réserver quelque chose pour la réponse que je me propose de faire aux téméraires qui seront assez hardis pour me réfuter. Le dernier coup que je leur porterai sera le coup de la mort.

J'ai plus de mille attestations des personnes que j'ai guéries à l'aide de mon remède ; j'ai la lettre de M. Pinel, qui me conseille de prendre des bains, comme si les bains pouvaient calmer l'ardeur qui m'anime, et qui doit toujours augmenter jusqu'à la destruction totale de la race farfadéenne.

J'ai les dernières lettres qui m'ont été écrites par M. Bonnet, qui m'avait promis de faire abjuration de ses erreurs, et qui, lorsqu'il a été poussé dans ses derniers retranchemens, voulait me faire tomber dans un piége qu'il m'avait sans doute tendu à Versailles, où il m'invitait d'aller dîner avec lui.

J'ai les certificats qui m'ont été délivrés par les personnes qui sont attaquées, comme moi, par les farfadets.

J'ai des notes sur tout ce qui m'a été dit par une Allemande qui possède de grands pouvoirs dans la société diabolique.

J'ai la preuve que les hommes de loi voulaient m'empêcher de faire paraître mon ouvrage, parce qu'ils craignent d'être dévoilés:
mais qu'ils tremblent, les misérables! si lorsque
je ferai ma réponse à mes détracteurs, je n'ai
pas reçu d'eux une parfaite satisfaction, je les
ferai connaître nominativement à l'univers entier; j'ai bien voulu, cette fois, ne les désigner
que par leurs initiales, parce que je ne veux
pas leur laisser le prétexte de justifier tous les
retards qu'ils ont mis à me nuire.

J'ai.... j'ai.... j'ai.... Farfadets, je suis encore
discret; je finis ici le chapitre qui contient mes
pièces justificatives; mon imprimeur m'assure
qu'il ne me reste du papier que tout juste ce
qu'il me faut pour terminer mon chapitre de
Conclusions: je m'arrête et je lui obéis.... Vous
riez de ce que je n'ai pas encore tout dit! Patience! patience! vous savez, pour me servir
trivialement des paroles d'un ancien proverbe,
que je suis ferré à glace contre vos prestiges
abominables et diaboliques, et contre toutes
vos magies farfadéennes.

CHAPITRE LXXXII.

Conclusion de mon Ouvrage. Péroraison.

Me voilà enfin arrivé à mon dernier chapitre! Encore quelques jours, et mon ouvrage sera dans les mains des souverains, à qui je le dédie ; encore quelques jours, et tous les farfadets de la terre vont être déconcertés, honnis, poursuivis et chassés de ce bas monde, qu'ils infectent de leur présence !

O mon Dieu! que d'actions de grâces n'ai-je pas à vous rendre! J'ai réussi à finir un ouvrage que les farfadets m'avaient affirmé que je ne pourrais pas terminer.

Bientôt les Jeanneton la Vallette, les Mançot, les Vandeval, ne vont plus appartenir à ce sexe adorable qui fait le bonheur de toutes les âmes vertueuses, quand il se laisse lui-même guider par la vertu.

Bientôt M. Pinel n'aura plus la faculté de dire qu'il sait guérir de la folie, et il ne se permettra plus d'accuser de monomanie ceux qui ont eu assez de talens pour le deviner et l'apprécier à sa juste valeur.

Bientôt M. Moreau et Mademoiselle Lenor-

Lith de Langlumé

mand ne pourront plus tromper personne à l'aide de leur prétendue nécromancie, qui n'est autre chose que l'art de fasciner les personnes crédules qui leur portent leur argent pour leur donner le plaisir de mêler des cartes que le hasard ne dirige jamais d'après leurs désirs.

Bientôt la famille Prieur, les Papon Lomini et tous les carabins des écoles, ne pourront plus se liguer contre celui qui réellement doit être considéré comme leur fléau, et qu'ils ont voulu faire passer pour fou, quand ils ont vu qu'il leur était impossible de l'enrôler dans la compagnie diabolique.

Bientôt les Bouge et les Nicolas ne pourront plus se servir du Magnétisme pour enrôler les malheureux mortels au service de Belzébuth et de Satan, qui furent leurs maîtres avant d'avoir été ceux de MM. Pinel et Moreau.

Bientôt mon compatriote Chaix va se mettre en route et arriver à franc étrier dans la capitale, afin de me poursuivre devant le tribunal correctionnel, pour l'avoir calomnié.

Bientôt je sortirai triomphant de toutes ses poursuites, parce que les juges devant qui je serai appelé ne perdront jamais de vue la déclaration solennelle que j'ai faite, et que je dois répéter en finissant mon ouvrage: Que je n'ai jamais entendu attaquer mes ennemis en leur qualité d'hommes ou de femmes, mais bien seulement comme farfadets; que ce n'est que quand ils sont les agens du diable que je les considère comme mes ennemis; que je ne leur veux du mal que lorsqu'ils se rendent invisibles; que je suis, au contraire, leur ami, lorsqu'ils se présentent à moi sous leurs figures humaines, et que tout ce que j'ai fait à leur égard vient à l'appui de ma justification.

Bientôt les médecins ne seront plus des charlatans. Bientôt les avocats ne feront pas traîner *in æternum* les affaires qu'on sera contraint de leur confier.

Bientôt les exécuteurs testamentaires seront forcés à rendre compte de leur gestion.

Bientôt les procureurs et les avoués seront dans la nécessité de donner leurs parcelles, et ne se paieront pas de leurs propres mains avant d'avoir terminé les affaires dont on leur aura donné la direction.

Bientôt toute la canaille noire ne renverra plus d'Hérode à Pilate les malheureux plaideurs qui sont dans la nécessité d'avoir recours à elle.

Bientôt ceux à qui on fait des dépôts, ne s'approprieront plus ce qui ne leur appartient pas, et seront forcés de répondre à la confiance qu'on a bien voulu avoir en eux.

Bientôt je ne craindrai plus d'attaquer en justice ceux qui ne veulent pas rendre leurs comptes.

Bientôt le roi de France forcera tous les avocats de son conseil à être dignes du nom révéré dont ils se parent pour rester dans une inaction condamnable.

Bientôt tous les farfadets seront piqués par les lardoires que le gouvernement fera fabriquer, ou emprisonnés dans les bouteilles où les souverains les feront renfermer.

Bientôt ceux qui ont ordre de remettre à des tiers des sommes qu'on leur a confiées, sans exiger un reçu de leur part, se pénétreront de ces deux grandes maximes de l'Évangile : *rends à Dieu ce qui est à Dieu, et à César ce qui est à César. Le bien d'autrui ne retiendras*, etc.

Je ne finirais plus si je voulais vous tracer dans ce chapitre tout ce que les farfadets endureront sous bien peu de temps. J'arrive à ma péroraison.

O mon Dieu ! vous lisez au fond de mon cœur, vous savez que je n'ai pas d'autre ambition que celle de vous servir, de vous adorer et de me soumettre à vos volontés divines ; inspirez aux souverains à qui je dédie mon ou-

vrage , le dessein de me seconder dans toutes
mes opérations.

Forcez les incrédules à croire à toutes les
vérités que je leur ai révélées , et que les farfadets vont qualifier d'idées chimériques.

Faites que les hommes de lettres soient les
premiers à proclamer l'utilité de l'ouvrage qu'ils
liront sous bien peu de jours.

Amenez dans mon réduit toutes les âmes
sensibles pour examiner mon lit couvert d'é-
pingles , d'aiguilles et de poinçons, qui retiennent les farfadets captifs, et qui , quoique plan-
tés dans tous les sens, auraient peut-être donné
la mort à tout autre qui, comme moi , ne s'en
servirait pas pour votre plus grande gloire. Se-
condez-moi dans les combats journaliers et
nocturnes que je livre à vos ennemis, dont le
nombre augmente chaque jour davantage , malgré les pertes que je leur fais éprouver par tous
mes remèdes antifarfadéens.

Inspirez aux malheureux qui se sentent des
maux de reins, à piquer leurs habits avec des
épingles, comme je le fais à chaque instant du
jour , pour emprisonner les farfadets qui me
persécutent et que j'étourdis ensuite avec un
martinet, qui ne leur donne pas la mort, mais
qui les oblige d'aller faire une visite à M. Pinel,

pour se faire guérir des blessures que je leur ai faites.

Faites repentir la Mançot et la Jeanneton la Valette de m'avoir donné un sort qui a fait le malheur de ma vie.

Donnez pour exemple aux Pinel, Bouge et Nicolas, le dévoûment de ces véritables enfans d'Esculape, qui se sont sacrifiés pour le bien de l'humanité, et qui ont applani les Pyrénées qui nous séparaient d'un peuple qui sera notre allié pour la vie. Faites connaître à tous les médecins farfadets à quel point le dévoûment de Mazet vous a été agréable ; il est maintenant dans votre saint paradis, tandis que les autres ne trouvent de plaisir qu'à suivre les ordres de Belzébuth, qui les tourmentera lorsqu'ils quitteront cette terre, où ils croient avoir trouvé le bonheur en se rendant invisibles et en écoutant les leçons des grands monstres du farfadérisme.

Inspirez aux prêtres de votre église d'ordonner des auto-da-fés des cartes dont se servent les Moreau, les Lenormand, les nécromanciens, les nécromanciennes, les bohémiens et les bohémiennes, pour tromper les crédules humains, ou pour les faire tomber dans le piége que leur a tendu le grand-maître de la secte diabolique.

Ramenez M. Étienne Prieur dans le séminaire où il avait commencé à se repentir de ses
trop nombreuses erreurs. Inspirez à sa mère
un peu plus de civilité que ce qu'elle en eut
lorsqu'elle ne craignit pas de m'écrire une lettre
plus que malhonnête. Donnez à son père un
peu plus de force pour qu'il puisse être le
maître dans sa maison. Ramenez ses frères et
M. Papon Lomini dans le chemin de la vertu,
d'où ils se sont écartés par les conseils qu'ils
ont écoutés du plus persévérant de mes ennemis.

Faites rougir mon compatriote Chaix d'avoir
été l'agent fidèle de la compagnie qui me persécute; retirez-le de la route farfadéenne qu'il
parcourt depuis qu'il n'est plus courrier de la
malle; faites-le plutôt rentrer, puisqu'il aime
tant à voyager, au service d'une administration
bien utile, plutôt que de le laisser courir sur
le chemin de la terre à l'enfer, et de l'enfer
dans les nuages, qu'il a plusieurs fois conjurés
pour détruire les récoltes des départemens méridionaux de la France.

Inspirez les ministres des souverains qui
vous représentent sur la terre, afin qu'ils con-
seillent à leurs maîtres de me seconder dans
tout ce que je fais pour détruire les farfadets.

Ne permettez plus que parmi les précepteurs

de la jeunesse il s'introduise de prétendus philosophes qui la pervertissent au lieu de l'instruire.

Dessillez les yeux de tous les carabins des écoles, qui se croient des hommes avant que la barbe leur ait poussé sur le menton.

Protégez les vierges innocentes contre les tentatives des monstres qui usurpent nuitamment des droits qui ne leur appartiennent pas.

Placez dans les mains des écoliers des livres de piété, et défendez-leur de lire des romans, qui leur donnent du goût pour les passions qui avilissent l'homme et la femme.

Faites respecter votre religion sainte et ses nouveaux apôtres qui en propagent les doctrines sacrées : le berger ramènera au bercail la brebis égarée.

Faites persévérer les prêtres de vos autels dans la résolution qu'ils ont prise de ne pas recevoir dans les églises les corps des mortels qui ont la faiblesse de se suicider. Qu'ils suivent mon exemple, et qu'ils apprennent par ma conduite que les hommes n'ont pas le pouvoir de s'enlever eux-mêmes le bien le plus précieux qui nous ait été transmis par votre puissance infinie.

Rappelez aux grands de la terre le mandat qu'ils ont reçu de votre volonté divine. Vous

leur avez imposé le devoir de rendre heureux
ceux qui obéissaient à leurs lois ; il faut alors
que leurs lois soient aussi douces que celles
que vous leur avez imposées à eux-mêmes.

Inculquez de plus en plus dans l'âme des
dames et des demoiselles, que la vertu, la décence, la modestie, la pudeur, la retenue, sont
l'apanage le plus beau de l'empire qu'elles
exercent et qu'elles doivent exercer sur les
hommes.

Précipitez des nuages où ils osent s'élever
ces nouveaux géans, ennemis de votre puissance divine, que j'ai su si bien qualifier par
le nom de farfadets.

Donnez aux juges qui acceptent la tâche pénible de scruter les actions des hommes, le
discernement qui leur est nécessaire pour ne
pas commettre des erreurs. Alors je n'aurai
pas à craindre la dénonciation dont me menace
M. Chaix, je pourrai braver ses menaces ; et
s'il m'attaque, ce ne sera que pour donner une
preuve de plus de la faiblesse de son esprit,
lorsqu'il ne jouit plus de cette invisibilité que
Belzébuth lui procure toutes les fois qu'il veut
venir me persécuter.

Arrachez aux avocats et aux procureurs cet
ample costume de crêpe qui couvre tant d'iniquités, et dont ils se font un égide contre tous

ceux qui, comme moi, ont le courage de les dévoiler.

Faites proclamer par l'ange qui doit annoncer aux humains la fin du monde, qu'il est encore temps de se repentir. Peut-être qu'alors j'aurai la satisfaction de voir revenir dans le temple de la vertu le bigot sans religion, l'hypocrite dangereux et perfide, le faux ami, l'ambitieux, l'orgueilleux, le médisant, le misanthrope, l'athée, l'incrédule, l'irréligieux, le calomniateur, le délateur et tous les misérables qui composent cette affreuse compagnie qui me persécute depuis plus de vingt - six ans, et qui fait journellement et nuitamment le tourment de braves gens qui ne veulent pas marcher sous leur bannière criminelle et ensanglantée.

Bannissez de notre terre malheureuse tous les insensés qui s'occupent de politique, et qui ne veulent pas se pénétrer qu'elle ne marche jamais que lorsqu'elle est escortée par la discorde et par la cruauté ; alors nous ne verrons plus sous la voûte azurée de ces prétendus philosophes qui ne sont vertueux que lorsqu'ils dorment, s'ils ne sont pas criminels en songe ; de ces écrivains qui calculent depuis le matin jusqu'au soir la phrase qui excitera le mieux les passions de ceux qui ont le malheur de lire ce qu'ils enfantent; de ces poëtes qui ne sont heureux que lorsqu'ils peuvent créer une épigramme contre les hommes qui suivent tous vos préceptes, une chanson contre ceux qui entonnent vos cantiques, un pot-pourri contre ce qu'il y a de plus sacré sur la terre, une hérésie contre les vérités qui nous ont été révélées, et sur lesquelles vous avez basé votre religion sainte propagée par les bons pasteurs.

Préservez notre belle France de la peste qui a affligé un peuple voisin. La majeure partie des Français marche maintenant dans la route du bien; trop longtemps on s'en était écarté.

Faites fermer les maisons de jeux, de débauches et de prostitutions, où font leur demeure habituelle les recruteurs de la légion farfadéenne; alors les eaux de la Seine ne rouleront pas jusqu'aux filets de Saint-Cloud les cadavres des malheureux que le désespoir conduit à une mort qu'ils se donnent en croyant mettre un terme à leurs maux, quand ils se sacrifient pour la vie éternelle à la puissance de Belzébuth, grand-maître des infâmes, des cruels farfadets.

Guidez les pas des humains qui voudront venir voir ma chambre pour contempler en original ce que j'ai fait rendre par mon peintre dans ma dernière lithographie. C'est alors

qu'on me louera de la guerre que je fais, depuis mes persécutions, aux infâmes farfadets qui
me martyrisent, qu'on me verra sur mon lit,
armé de mes poinçons, couvert par dix milliers
d'épingles qui tiennent ma couverture sus-
pendue sur mon corps, entouré des farfadets que
je viens de vaincre, et qui n'ont pas pu me résister, quoiqu'ayant à leur tête l'infâme et
cruel Rhotomago ; c'est alors qu'on pourra examiner mon baquet révélateur et mes bouteilles-prisons si funestes à la race farfadéenne ;
c'est alors qu'on pourra voir dans tous ses détails l'ensemble de cette lithographie, que j'ai
voulu ajouter à celles qui ornaient déjà mon
ouvrage, et que je place pour la plus grande
instruction de mes lecteurs, à la page 420 de
ce troisième volume, qui est en regard de mon
dernier chapitre, pour donner plus de poids
à la péroraison de mon ouvrage, et donner
la conviction à mes lecteurs des souffrances
que je fais endurer aux farfadets.

O mon Dieu ! que d'actions de grâces n'ai-je
pas à vous rendre ! Malgré les farfadets, mon
ouvrage est terminé ; mes cruels ennemis se
désespèrent : je porterai toujours, malgré eux,
la coiffure caractéristique de ma persévérance. J'irai bientôt offrir à tous les journa-
-listes deux exemplaires de l'ouvrage qui doit

m'immortaliser. Je verrai si parmi eux il existe des farfadets, car je dois être critiqué par les farfadets et loué par ceux qui ne le sont pas.

Je vous remercie, ô mon Dieu ! c'est aujourd'hui le dernier jour que j'entrerai chez mon imprimeur pour lui apporter de la copie, il vient de me dire qu'il n'en avait plus besoin, si je ne voulais pas aller au-delà de la vingt-huitième feuille de mon troisième volume.

Il faudra donc que je réserve pour mon ouvrage supplémentaire tout ce que j'avais encore à écrire contre les farfadets ! ...... Tant mieux, j'aurai alors de nouveaux matériaux, et ma réponse à mes critiques sera parfaite.

Je me prosterne à vos pieds, créateur et maître du ciel et de la terre; mon âme s'aggrandit, mon esprit s'épure, mon corps est dégagé de tout ce qui le faisait souffrir; je vois M. Pinel confondu, Moreau dans les petites maisons, Chaix banni de sa belle patrie, Étienne Prieur désolé, ses père, mère, frères et cousins, dévorés par les remords; je vois la Vandeval, la Jeanneton la Valette et la Mançot demander grâce à votre toute-puissance. Le moment de la clémence est enfin arrivé, la terre ne sera plus souillée par la présence des farfadets infernaux.

Dieu du ciel et de la terre, bénissez mon

travail, faites qu'il tourne à votre plus grande
gloire; que la haine que je porte aux farfadets,
les combats que je soutiens contre eux, les
détruisent entièrement; que votre justice s'appe-
santisse sur tous ceux qui ne veulent reconnaître
pour leur maître que Belzébuth. Donnez-moi
la perspicacité de deviner, lorsque le corbillard
porte les restes d'un farfadet, que le mort appartenait pendant sa vie à cette race infernale;
alors je le suivrai jusques dans l'Eglise où on
le transporte, pour vous adresser cette prière:
Seigneur, que votre justice se fasse; punissez
des flammes de l'enfer celui dont on va présenter
la dépouille mortelle dans votre temple, et qui
est la cause d'une nouvelle profanation. Je ne me
formaliserai pas des regards de ses complices qui
doivent l'accompagner jusqu'au cimetière,
et qui ne craignent pas de me désigner comme
ayant été la cause de la mort de leur parent.

Eloignez de votre église ceux qui doutent de
votre toute-puissance et qui sont vos ennemis
et les miens. Donnez-moi le talent de connaître
leurs regards criminels, sombres et féroces,
lorsqu'ils osent me fixer, même dans votre
sacré sanctuaire, au moment qu'on célèbre le
Saint Sacrifice de votre Fils bien-aimé. Forcez
les farfadets à lire mon ouvrage pour rougir de
mon triomphe et de mes jouissances.

III.   28

Amenez devant moi la vierge que j'ai promis d'associer à ma destinée lorsque ma victoire serait complète. J'ai déjà reçu presque tous les sacremens ; il est écrit dans votre saint paradis que je dois jouir de celui du mariage.

Foudroyez tous les libertins qui se font les apôtres de l'adultère, ceux-là sont aussi des farfadets bien dangereux.

Donnez-moi toutes les vertus qui ont été nécessaires aux bienheureux que vous avez admis dans le séjour des justes.

Faites que par la vente de mon ouvrage je puisse récupérer la fortune de mon oncle dont les farfadets m'ont privé, afin que je puisse rendre heureux ceux qui doivent vivre avec moi.

Donnez-moi les moyens de secourir l'infortune, de faire de nombreuses aumônes et d'offrir l'hospitalité aux pauvres qui sollicitent les secours d'autrui.

Récompensez tous ceux qui m'ont servi dans ce monde et qui sont parvenus à alléger le poids de mes tourmens affreux.

Faites-moi persévérer dans ce genre de vie qui m'a procuré quelquefois bien des consolations ; préservez-moi de l'intempérance, de la gourmandise, de l'orgueil, de la luxure, de la vanité, de la paresse, de l'envie, de l'avarice, et de tous les vices que vous avez si bien qualifiés en les désignant par les mots de péchés mortels.

Faites grandir en moi la foi , l'espérance et la charité, qui sont les trois vertus théologales que j'ai toujours pratiquées et que je pratiquerai tant que je serai sur la terre.

Donnez-moi, après mon mariage , des successeurs dignes de vous et de moi ; et si tel est votre volonté, qu'il puisse exister encore des farfadets , lorsqu'ils arriveront sur cette terre de tribulation , délivrez-en ma progéniture.

Préservez-moi de la calomnie ; je n'ai déjà été que trop calomnié.

Donnez-moi l'éloquence qui me sera nécessaire pour répondre victorieusement à mes détracteurs ; ne leur permettez pas de faire encore de nouvelles dupes par leur critique sardonique, diabolique et farfadéenne.

Ajoutez à ma gloire acquise celle que je dois encore acquérir en vous restant dévoué et en sacrifiant ma tranquillité au dessein bien senti que j'ai formé, de vous être toujours agréable.

Bon Dieu ! bon Dieu ! bon Dieu ! désignez-moi aux honnêtes gens comme un de vos serviteurs fidèles , et je n'aurai plus rien à désirer.

Jouissance pure, l'amour de Dieu remplit tous mes sens ; depuis bien long-temps je ne savais pas ce que l'on appelait bonheur sur la terre, et maintenant je suis heureux, je sais ce que ce mot signifie.

Ce que j'éprouve en ce moment ne peut se décrire ; je vois devant moi tout ce que la nature a fait de parfait, j'admire une beauté céleste qui me représente l'image de celle qui doit un jour faire mon bonheur.

O mon Dieu ! vous m'éclairez de votre divine lumière ; je vous contemple, je vous supplie, et vous exaucez ma prière.

Vous m'avez rendu la santé, vous m'avez donné la force de résister à toutes les tentations : merci, mon Dieu, merci, je suis glorieux du regard que vous avez bien voulu m'accorder. Je suis heureux !.....

Nous voilà arrivés en l'an mil huit cent vingt-deux, et c'est le premier jour de cette année que je finis mon troisième volume. C'est dans la première quinzaine de janvier que j'offrirai pour étrennes mon ouvrage aux souverains à qui je l'ai dédié.

Ah ! pourrais-je mieux finir mon travail que par la chanson qui a été composée par un de mes jeunes amis, qui m'assure que je suis poète, quoique de ma vie je n'aie jamais fait des vers.

Mortels vertueux, réunissez-vous à moi, chantons tous ensemble ;

AIR · *Du vaudeville de madame Favart,*
ou : *Un soir que sous son ombrage.*

Farfadets ,
A jamais
Ici je démasque
Vos mauvais
Projets ,
Et vos excès ,
Et leurs succès ;
Sans pudeur
De l'honneur
Vous prenez le masque,
Je veux pour toujours
Faire cesser vos malins tours.

Un Dieu lui-même m'anime,
Il enflamme mon courroux,
Je suis le fléau du crime.
Ainsi , monstres , tremblez tous ,
Je vais conjurer vos charmes
Et détruire leurs effets ....
Je prépare mes armes,
Malheur aux farfadets !
Farfadets ,
A jamais
Ici je démasque
Vos mauvais
Projets ,
Et vos excès ,
Et leurs succès ;

Sans pudeur
De l'honneur
Vous prenez le masque ,
Je veux pour toujours
Faire cesser vos malins tours.

Les chagrins, la maladie,
Vous accablent-ils, soudain
Dans votre injuste folie
Vous accusez le destin.
Moi , dans une erreur semblable
Je ne tomberai jamais ,
Dans tout ce qui m'accable
Toujours des farfadets.
Farfadets,
A jamais
Ici je démasque
Vos mauvais
Projets ,
Et vos excès,
Et leurs succès ;
Sans pudeur
De l'honneur
Vous prenez le masque,
Je veux pour toujours
Faire cesser vos malins tours.

Plus d'un mari débonnaire ,
De pleurs les yeux humectés ,
Pour terminer une affaire,
Part sur la foi des traités.
Il revient ; sa ménagère

Lui montre un petit cadet....
Comment donc est-il père ?
Encore un farfadet !
Farfadets,
A jamais
Ici je démasque
Vos mauvais
Projets,
Et vos excès,
Et leurs succès ;
Sans pudeur
De l'honneur
Vous prenez le masque,
Je veux pour toujours
Faire cesser vos malins tours.

Ils empruntent mille formes,
Quand ils tendent leurs réseaux ;
Beaux, vilains, petits, énormes,
Femmes, enfans, animaux.
A leurs nombreuses conquêtes
Echapperons-nous jamais,
Si dans toutes les bêtes
On voit des farfadets ?
Farfadets,
A jamais
Ici je démasque
Vos mauvais
Projets,
Et vos excès,
Et leurs succès ;
Sans pudeur
De l'honneur

Vous prenez le masque ,
Je veux pour toujours
Faire cesser vos malins tours.

Souvent, dans leur perfidie ,
Pour me prendre en leurs filets ,
De femme jeune et jolie
La nuit ils prennent les traits.
Ah ! combien de pauvres têtes
Voudraient , je le parierais ,
Avoir dans leurs couchettes
De pareils farfadets !
Farfadets ,
A jamais
Ici je démasque
Vos mauvais
Projets ,
Et vos excès ,
Et leurs succès ;
Sans pudeur
De l'honneur
Vous prenez le masque ,
Je veux pour toujours
Faire cesser vos malins tours.

Fillettes aux doux visages ,
Prenez garde aux farfadets ;
Auteurs, pour tous vos ouvrages
Redoutez les farfadets.
Femmes, pour demeurer sages ,
Ah ! fuyez les farfadets.
Maris, dans vos ménages
Craignez les farfadets.

Farfadets,
A jamais
Ici je démasque
Vos mauvais
Projets,
Et vos excès,
Et leurs succès ;
Sans pudeur
De l'honneur
Vous prenez le masque,
Je veux pour toujours
Faire cesser vos malins tours.

Fin du Troisième et dernier volume.

TABLE

DES CHAPITRES

DU TROISIÈME VOLUME.

443

446

447

Fin de la Table du Troisième et dernier volume.

3 vol.
10ᵗ

COUNTWAY LIBRARY OF MEDICINE
BF
1552
B45
v.3
RARE BOOKS DEPARTMENT